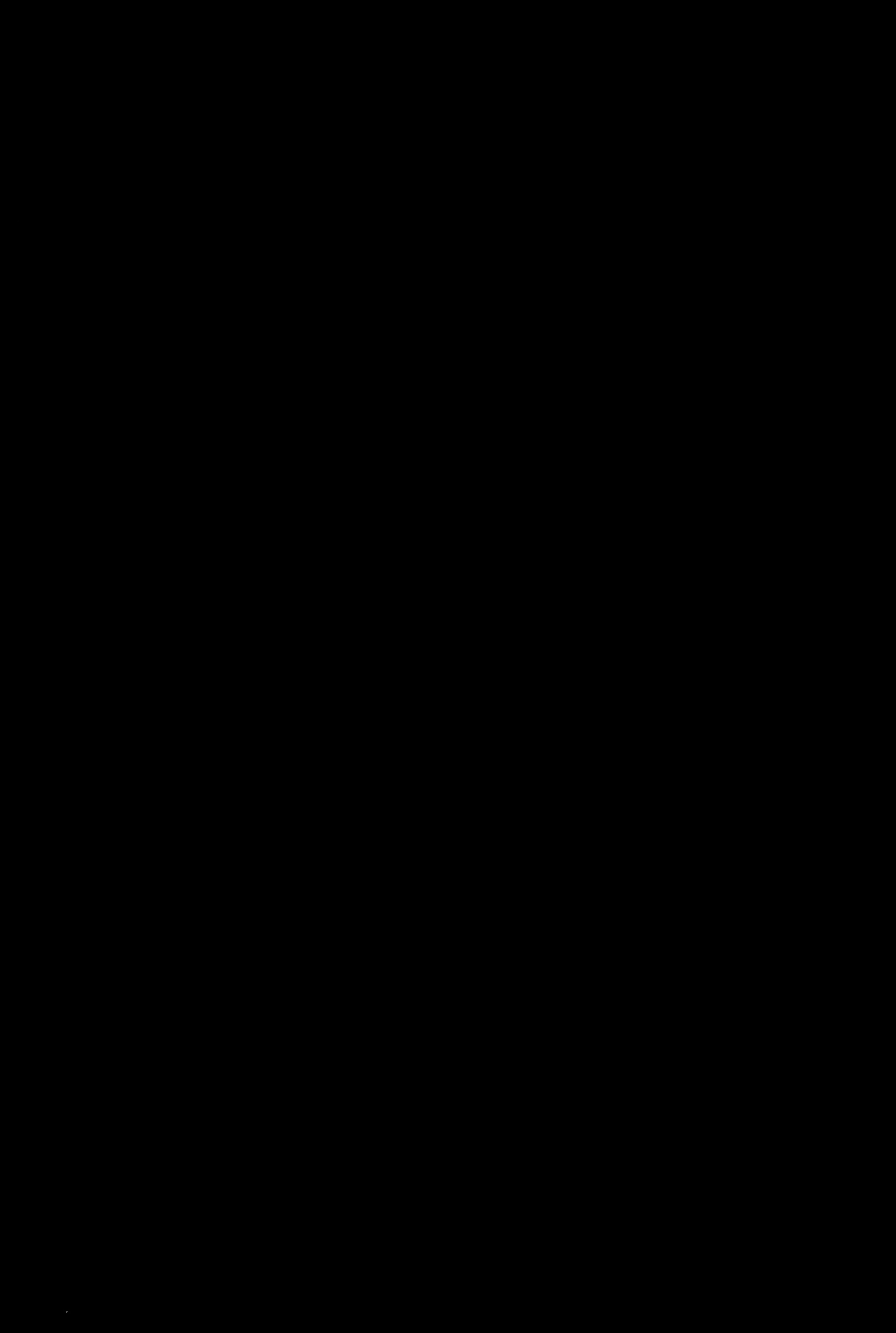

AI ESG는 메가 트렌드, 게임 체인저, 성성장동력

문형남 · 최종국 · 김태진 · 김민제 · 황다미자
장예나 · 제성경 · 행성혁 · 김소영 · 강낙원 · 김성수

초판1쇄 발행 · 2024년 6월 11일 발행

지 은 이 · 문형남 최종국 김태진 김민제 황다미자
　　　　　장예나 제성경 행성혁 김소영 강낙원 김성수

펴 낸 이 · 김태진
펴 낸 곳 · 베짱이글방연구소
기　　획 · 우경하
편　　집 · 김은미, 김현숙

주　　소 · 부산광역시 맥도강변길 171번길 38(대저2동)
전　　화 · 051)973-7936
이 메 일 · tj3213@hanmail.net

정 가 · 18,000원

- 이 책은 저작권법에 따라 보호받는 저작물이므로 무단 전재와 무단 복제를 금합니다.
- 이 책의 전부 또는 일부를 이용하려면 저자와 도서출판 〈베짱이글방연구소〉의 동의를 받아야 합니다.

| 추천의 글 |

　'나는 AI ESG 융합 전문가'는 문형남 교수 등 12명이 공저한 책으로, 국내 최초로 AI와 ESG를 융합한 내용을 다룬 책입니다. 숙명여자대학교 미래교육원이 주최하고, 한국AI교육협회에서 후원하는 'AI ESG 융합전문가 실전 과정' 1기를 수료한 전문가들이 이 책을 집필하였습니다.
　이 책은 인공지능(AI)과 환경·사회적책임·투명경(ESG)의 융합이라는 혁신적인 주제를 다루며, 각 분야의 전문가이면서 AI와 ESG 전문 교육을 받은 분들의 깊은 통찰력과 경험을 바탕으로 쓰여졌습니다. 이 책은 단순히 기술적인 내용에 그치지 않고, AI와 ESG가 어떻게 우리 사회와 산업 및 경제에 긍정적인 변화를 가져올 수 있는지에 대한 실질적인 방안을 제시합니다.
　이 책은 문형남 교수가 개발한 AI 훈련법을 책으로는 처음 소개하는 등 AI와 ESG 분야에서 매우 유용한 내용들을 담고 있으며, 많은 사람들에게 도움이 될 것입니다. 특히, AI와 ESG 관련 업무를 수행하는 기업이나 기관에서는 반드시 읽어봐야 하는 책 중 하나입니다. 또한, AI와 ESG에 관심이 있는 개인들도 이 책을 통해 다양한 지식과 정보를 얻을 수 있을 것입니다.

AI와 ESG의 결합이 가져올 미래의 가능성을 명확하게 보여주며, 독자들에게 이 두 분야가 어떻게 상호작용하며 시너지를 낼 수 있는지를 이해하는 데 큰 도움을 줍니다. 이 책은 기술과 지속가능성에 관심 있는 모든 이들에게 필독서가 될 것입니다.

윤은기 한국협업진흥협회 회장,
전 중앙공무원교육원(현 국가공무원인재개발원) 원장

나는 'AI ESG 융합 전문가'라는 책은 AI와 ESG의 융합에 대한 12명 전문가의 실제 경험을 다루고 있는 책으로, 기업의 'AI 경영'과 '지속가능한 경영'을 위한 전략을 제시하고 있다.

이 책은 AI와 ESG에 대한 최고 전문가인 문형남 교수와 그의 지도를 받은 노무법인 대표, 출판사 대표, 코칭회사 대표, 화학제품 판매회사 대표, 보건학박사, 목사님 등 각계 전문가 11명을 포함한 12명이 집필하였으며, AI와 ESG 실무자들에게 매우 유용한 정보를 제공하고 있다.

이 책은 AI와 ESG의 융합이 기업의 경쟁력 강화와 지속가능한 성장에 어떻게 기여하는지를 구체적인 사례를 통해 보여주고 있어, 기업 경영자들과 실무자들에게 큰 도움이 될 것입니다.

이 책은 AI와 ESG에 대한 이론과 함께 실제 현장에서 적용할 수 있는 다양한 방법과 전략을 제시하고 있어, 개인은 물론 기업의 경영자들과 실무자들이 실무에 바로 적용할 수 있다.

이 책을 통해 AI와 ESG 각각에 대한 이해, AI와 ESG의 융합에 대한 이해를 높이고, 개인과 기업 및 공공기관 등의 지속가능한 경영을 위한 전략을 수립하는 데 도움이 되기를 바랍니다.

정현교 한국AI교육협회 명예회장, 서울대 명예교수

코글로닷컴 회장이자 사단법인 도전과나눔 이사장으로 오랜 기간 인터넷산업 발전과 기업가 정신 함양에 힘써 왔습니다. 이러한 입장에서 저는 인공지능(AI)과 ESG 융합이라는 이 시대에 가장 필요로하는 두 키워드가 어우러진 '나는 AI ESG 융합 전문가' 라는 책을 적극 추천합니다.

인공지능 기술은 지금 모든 산업 전반에 적용되어 생산성 향상과 새로운 혁신을 만들어 내고 있습니다. 이 책은 인공 지능이 ESG 경영과 접목 될 때 엄청난 혁신이 생길 가능성이 크다는 것을 문형

남 교수와 문교수의 교육을 받은 11명의 저자가 실제의 사례를 들어서 설명하고 있습니다. 사례 하나하나가 설득력이 있고 크게 참고가 될 만한 사례들입니다.

독자들은 현재 경영의 최대 화두인 인공지능과 ESG가 융합되는 현장을 이 책을 통하여 인사이트를 얻을 수 있을 것으로 확신합니다. '나는 AI ESG 융합 전문가'라는 저서가 우리 사회가 지속가능한 미래를 향해 나가는 데 필수적인 지침서가 될 것으로 확신합니다. AI와 ESG에 관심있는 모든 분들에게 이 책을 강력 추천합니다.

이금룡 코글로닷컴 회장 겸 나눔과도전 이사장

| 프롤로그 |

　이 책을 마무리하면서, 그동안 우리가 함께한 10주간의 여정을 되돌아보게 됩니다.
　숙명여대 미래교육원에 국내 최초로 'AI ESG 융합 전문가 실전과정' 1기를 개설했습니다. 매주 화요일 저녁 부산, 원주, 의정부 등 전국 각지에서 각게 전문가들이 AI와 ESG를 제대로 배우고 AI와 ESG 융합해서 실무에 적용하기 위해 모였습니다. 모인 분들은 노무법인 대표 노무사님, 국내 굴지의 출판사 대표님, 목사님, 보건학 박사님, 대학에서 3D를 강의하시는 분, 독일에서 화학제품을 수입 판매하는 회사의 대표님, 코칭회사의 대표님, 교육회사의 팀장님 등 저와 제 강의를 들으면서 함께 AI ESG를 연구한 10분이 공동 저술 작업을 했습니다.
　AI와 ESG라는 두 가지 주제를 융합하여 새로운 가치를 창출하는 것은 매우 도전적인 과제였습니다. 하지만 우리 11명의 저자는 서로의 지식과 경험을 공유하고, 끊임없이 토론하며 문제를 해결해 왔습니다.
　그 과정에서 우리는 AI 기술이 어떻게 사회적 문제를 해결하고, 지속가능한 미래를 만들어갈 수 있는지에 대한 깊은 이해를 얻을 수 있었습니다.
　저는 AI 훈련(AI 트래이닝, AI 조련)이라는 새로운 영역을 개척하였으며, 40년간 AI를 연구하고 교육한 경험으로 AI를 누구보다도 잘 다룰 수 있다고 자신하고 있습니다. 그래서 개인적으로는 AI

로부터 원하는 답을 잘 얻어 냅니다. 수십 건의 성공 사례가 있습니다. '소크라테스식 대화법으로 AI를 훈련하는 방법', '생성형AI마케팅 방법' 등을 개발하여 많은 성과를 보고 있습니다.

공공기관과 대학 등에서도 제가 개발해서 처음으로 이번 교육을 통해 성과가 낸 AI 교육과 AI 훈련에 관심을 갖고 있습니다. 공공기관인 우체국금융개발원과 성균관대학교 입주기업과 학생들에게도 교육을 해서 좋은 성과를 나타냈습니다.

10주간 교육에 참여한 분들은 실습을 통해 다양한 분야에 적용해서 AI를 훈련시킨 성과를 보았습니다. AI를 훈련시키는 게 전문가뿐만 아니라 비전문가도 10주간 교육을 받으면 'AI 고수'이면서 'ESG 고수'가 될 수 있다는 것을 교육에 참여한 분들 모두 경험을 하였습니다. 저자들은 소중한 경험을 사례로 정리해 집필하였습니다. 이 책의 내용은 많은 부분이 책으로는 최초로 공개되는 뜻깊은 책이 될 것이라고 생각합니다.

이제는 우리가 얻은 지식과 경험을 바탕으로, 더 많은 사람들에게 AI와 ESG의 가치를 알리고, 함께 지속가능한 미래를 만들어가야 할 때입니다. 저자들은 이제 'AI 고수'이면서 'ESG 고수', 'AI ESG 고수'로 출발하는 것을 축하드립니다.

이 책이 독자들과 저자들의 새로운 여정에 작은 도움이 되기를 바랍니다. 감사합니다.

문형남

목차

추천의 글 4 | 프롤로그 8 |

문형남 AI ESG 융합에 대한 정확한 이해와 활용 14
1. AI 전환에 대한 정확한 이해와 활용
2. ESG 전환에 대한 정확한 이해와 활용
3. AI ESG 융합에 대한 정확한 이해와 활용

최종국 AI ESG와 중소기업 안전경영 60
1. 4차 산업혁명 시대와 AI
2. AI 산업의 변화 : 우리에게 주는 기회와 위험
3. ESG 경영전략, 선택이 아닌 필수
4. ESG경영으로 미래를 선도하는 중소기업
5. 중대재해처벌법, 위험성평가, ISO인증
6. 중소기업 안전경영 처벌이 아닌, 준비가 답이다

김태진 AI 대전환 & ESG 대전환 88
1. AI 대중화, AI 일상화란?
2. AI와 공교육
3. 4차 산업혁명시대 시대(ESG&AI)의 신 무역(수출입 통관)
4. ESG의 중요한 역사적 배경
5. ESG 관련 기초 용어 알아보기(복습편)
6. ESG 환경,사회적책임, 투명경영의 일상 속 사례 및 기업들
7. 수입차 서비스센타와 ESG미래, 그리고 베에프코리아(주)
8. 화확, AI와 ESG의 미래전망: 2024년은 ESG의 필수 시대

김민제　**지속가능한 미래를 위한 AI&ESG 만남**　　152
　　1. AI와 ESG, 지속 가능한 경영을 위한 스마트한 융합
　　2. 환경 보호를 위한 AI 기술의 적용
　　3. 사회적 책임을 강화하는 AI의 역할
　　4. 투명한 지배구조 구축을 위한 AI 활용
　　5. AI와 ESG요인을 융합을 하면 생길 수 있는 위험요인
　　6. AI와 ESG의 만남, 지속가능한 미래를 향한 필수 전략

황다미자　**뇌건강 미인과 AI융합**　　202
　　1. 인지활동과 AI의 융합
　　2. 건강한 뇌미인 만들기
　　3. 긍정의 뇌 만들기
　　4. AI와 인지활동의 미래방향

장예나　**꿈꾸는 AI**　　224
　　1. 수명 연장은 축복인가 재앙인가
　　2. 늘어나는 고령층과 치매질환
　　3. 스마트기기를 안고 태어나는 세대
　　4. 신체 능력을 향상시키는 보조 로봇
　　5. 게임 속 세계, 만화 속 세계, 메타버스 세계
　　6. AI와 함께하는 미래
　　7. 자아의 확장

| 제성경 | **AI 세계에로의 나에 대한 이야기** | **248** |

    1. AI세계에로의 나에 대한 이야기
    2. AI가 실생활에 끼칠 큰 영향
    3. AI 복음의 방패
    4. 상담목회와 AI
    5. 상담목회 치유사례
    6. 스토리텔링 기법과 AI
    7. 디지털 시대의 교육 도구 AI
    8. 다음 세대의 복음 전파에 효과적인 AI
    9. 세상적 리더 & 영적 리더
    10. 복음적 가치의 바탕을 둔 AI리더 양성
    11. AI가 신이 되다
    12. 피조물 인간 신 & 창조주 하나님
    13. 남편 목회자가 아내에게 신장을 공여하다
    14. ESG와 SDG의 개념 소개
    15. AI를 통한 지속 발전과 복음의 실현

| 행성혁 | **미래 푸드테크와 AI ESG** | **302** |

    1. 첫 만남
    2. 연결고리 Bridge
    3. 푸드테크는 기후테크
    4. AI아이에서 (AI)어른으로 성장하기

| 김소영 | **AI와 Career** | **330** |

    1. 데이터는 AI로, 마음은 코칭으로
    2. AI기반 직무추천 Talent-X
    3. AI 기반 자기소개서 역량분석 Comento
    4. AI 역검 In-Air
    5. AI 기반 교육추천 및 인재매칭 TotalCareer
    6. 모하까? 잘하까? AiCareer
    7. ESG와 청년일자리

| 강낙원 | **자상한 노무사가 AI를 만났을 때** | 358 |

[공인노무사가 왜 AI를 고민하는지]
1. 공인노무사는 사람과 사람을 이어주는 중립적 전문가
2. 산업사회의 고도화와 AI를 활용하는 공인노무사의 등장

[공인노무사의 영역과 역할]
1. 공인노무사의 영역에 대한 개요
2. 근로관계의 성립단계에서 수행하고 있는 일들과 쟁점들
3. 근로관계의 변경과정에서 발생하는 쟁점들에 대한 대응을 할 수 있습니다.
4. 근로관계의 종료단계에서 수행하고 있는 일들과 쟁점들

| 김성수 | **모든 것이 DIY가능한 AI시대 AI를 활용한 아이와의 놀이법** | 380 |

1. AI의 등장과 전문분야의 지각변동
2. AI의 최전선이라 불렸던 미술분야, 그리 "Stable Diffusion"
3. 미술에 잼병인 아빠의 보드게임 제작기
4. "가제 : 라이벌 시스터즈"의 탄생
5. 게임의 규칙 개발
6. 카드 삽입용 그림의 제작 – 일반 프롬프트와 네거티브(Negative) 프롬프트
7. 이미지의 세부 조정 – 인페인팅(Inpainting)
8. 제작과 사용 후기

문형남

- 현, 숙명여자대학교 글로벌융합대학 글로벌융합학부 교수 (전 경영전문대학원 주임교수)
- 겸직: (사)한국구매조달학회 회장, (사)지속가능과학회 공동회장, 한국AI교육협회 회장, ㈜ESG메타버스발전연구원 원장/대표이사, (사)4차산업혁명실천연합 공동대표, K-헬스케어학회 회장, 대한민국ESG메타버스포럼 의장, 인공지능국민운동본부 공동의장, 한국공정거래조정원 공정거래 자율준수프로그램(CP) 등급평가위원, 산림청 정책자문위원, 조달청 정책연구 심의위원, 한국공항공사 사회공헌위원회 위원, 한국수목원정원관리원 ESG위원회 위원, 세종도시교통공사 ESG위원회 위원, 서울특별시립 장애인생산품판매시설 ESG·WT(복지기술) 자문위원
- 역임: (사)한국생산성학회 회장, (사)지속가능과학회 2대 회장, (사)대한경영학회 회장
- 학력: 성균관대학교 경영학사, 고려대학교 경영학석사(AI전공), 한국과학기술원(KAIST) 공학박사(AI전공) 과정 수료, 성균관대학교 경영학박사, 북한대학원대학교 북한학박사과정(북한IT전공) 수료
- 경력: 서울공군기지 서울공항관리대 운영계장(공군장교) 3.5년, 동서경제연구소 선임연구원(애널리스트) 5년, 매일경제 기자 7년, 숙명여대 교수 24년
- 전문 분야: AI융합비즈니스, IT융합비즈니스, 구매조달, 이동통신, 4차[5차]산업혁명
- 연구·교육 경력: 인공지능(AI) 40년, ESG 20년
- 교환교수: 미국 미시간대학교(University of Michigan, U of M) 교환교수(2007), 캐나다 캘거리대학교(University of Calgary) 교환교수(2022.7.~2023. 8.)
- 수상·수훈: 산업자원부장관 표창과 감사원장상 등 장관상 6회 수상, 근정포장 수훈(2021)
- 저서: '4차 산업혁명과 북한', '핫 트렌드 2019', '4차 산업혁명 마스터 플랜', '대한민국 미래보고서', '4차산업혁명과 ESG혁명', '세상을 바꾸는 메타버스'(2022) 외 다수
- 최초 기록: 'IT융합비즈니스', 'AI융합비즈니스', 'AI 대중화', 'AI 생활화', 'AI 일상화', 'AI전환(AX)', 'ESG전환(EX)', DX + AX + EX = '3X', 'AI ESG 융합' 등의 용어를 만들어서 처음으로 사용하고 강조하고 있으며, 생성형 AI를 통해 확인할 수 있음.
- 공헌: 1) 다년간 행정기관 홈페이지 평가·컨설팅 정부용역을 사업책임자로서 수행하여 대한민국 전자정부가 세계 최고 수준이 되는데 기여. 2) 국회 토론회 주최와 주제 발표 등을 통해서 우리나라가 세계최초로 5G 상용화하는데 기여. 3) 인공지능(AI) 교육을 통해 'AI 대중화'와 'AI 일상화'를 실현하여 우리나라가 AI강국이 되는데 기여하려고 함.

이메일 ebiztop@sm.ac.kr
블로그 https://blog.naver.com/esgmeta
연락처 010-4157-9963

01
AI ESG 융합에 대한 정확한 이해와 활용

　우리는 인공지능(AI)과 ESG 각각의 분야 및 AI ESG 융합 분야의 선구자이며 최고 전문가이고, 기적을 만드는 사람들입니다. 이 책은 기적의 산물입니다.

　많은 사람들이 AI와 ESG 각각에 대해 많은 관심을 갖고 있습니다. 그러나 두 가지 모두에 대해 전문성을 갖고 있는 사람은 거의 없었습니다. 저는 AI와 ESG 두 가지 모두에 대한 최고 전문가로서 AI와 ESG 융합 전문가를 양성하기로 했고, 전국 각지에서 다양한 직업의 전문가들이 동참하여 국내 최초의 'AI ESG 융합 전문가' 16명이 탄생하였고, 그중 10명이 집필에 참여했습니다.

　숙명여자대학교 미래교육원에서 10주간의 'AI ESG 융합 전문가 과정 1기'를 시작하면서 '우리는 AI ESG 융합 전문가'라는 책을 함께 만들자고 다짐을 했으며, 그 약속을 지켜서 10주차 수료식과 동시에 출판기념회를 하게 되었습니다. 10주만에 11명이 공저로 종이책을 발간한다는 것은 기적에 가까운 일입니다. 우리는 기적을 만들었습니다. 이 책은 AI ESG 융합에 대한 국내 최초의 책으로서 AI, ESG, AI ESG 융합 분야에서 매우 의미있는 책이라고 자부합니다.

1. AI 전환에 대한 정확한 이해와 활용

1) 디지털 전환(DX)에 이은 AI 전환(AX)과 ESG 전환(EX)

'디지털전환(DX)'에 이어 우리에게 몰려오는 두 가지 대전환이 있다. 'AI전환(AX)'과 'ESG전환(EX)'이다. '디지털전환(DX)'은 2016년경부터 글로벌 화두가 되어 많은 사람들이 잘 알고 있다. 'AI전환'과 'ESG전환'은 아직 생소하지만 2024년부터 널리 확산될 것으로 전망되어 본 지면을 통해 우리의 대비책을 강조하고자 한다.

디지털전환(Digital Transformation: DT, DX)은 기존의 아날로그 방식에서 디지털 방식으로 전환하는 것을 의미한다. 디지털 기술을 사용하여 기업의 업무 프로세스를 개선하고, 새로운 비즈니스 모델을 창출하는 것을 목표로 한다. 기업 경쟁력 강화, 고객 만족도 향상, 비용 절감 등 다양한 이점을 제공한다. 인공지능(AI), 빅데이터, 클라우드 컴퓨팅, 사물인터넷(IoT) 등 다양한 디지털 기술을 활용하여 비즈니스 프로세스를 최적화하고 혁신을 도모한다.

AI전환(AI Transformation: AT, AX)은 AI 기술을 활용하여 기업의 업무와 생활을 변화시키는 것을 의미한다. AI를 사용하여 업무 효율성을 높이고, 새로운 제품과 서비스를 개발하는 것을 목표로 한다. AI전환은 기업 경쟁력 강화, 고객 만족도 향상, 새로운 시장 창출 등 다양한 이점을 제공한다. 또한 사회 전반의 생산성 향상, 일자리 창출 등 사회에도 긍정적인 영향을 미친다.

AI전환은 조직이 인공지능 기술을 채택하고 통합하여 운영을 최적화하고, 의사 결정을 개선하며, 새로운 비즈니스 기회를 탐색하는 과정이다. AI전환은 데이터 분석, 기계학습, 자연어 처리 등 AI의 다양한 기능을 활용하여 기업의 제품과 서비스를 개선하고, 효율성을 높이며, 경쟁 우위를 확보한다. AI전환은 그동안 디지털전환의 한 부분으로 볼 수 있었지만 2024년부터는 디지털전환 못지않게 독립적으로 커질 것으로 예상된다. 특히 예측 분석, 자동화, 개인화된 고객 경험 제공 등에서 중요한 역할을 할 것이다.

ESG전환(ESG Transformation: ET, EX)은 환경(Environment), 사회적 책임 (Social), 투명경영(Governance) 영역에서 기업의 책임을 강화하는 것을 의미한다. ESG 경영을 통해 기업은 탄소중립과 환경 보호, 사회적 책임, 윤리적 경영을 실천하고, 지속 가능한 성장을 추구한다. ESG전환은 기업의 사회적 신뢰도 향상, 투자 유치 촉진, 새로운 시장 창출 등 다양한 이점을 제공한다. 또한 사회 전반의 환경보호, 사회 발전 등 사회에도 긍정적인 영향을 미친다.

ESG전환은 환경, 사회적 책임, 투명경영에 대한 기업의 접근 방식과 관행을 변화시키는 것을 의미한다. ESG전환의 핵심은 지속 가능한 비즈니스 모델을 채택하고, 사회적 책임을 다하며, 윤리적이고 투명한 경영을 실천하는 것이다. 이는 기후변화 대응, 지속 가능한 자원 사용, 다양성과 포용성 증진, 윤리적 경영과 투명한 기업 지배구조 구축 등을 포함한다. ESG전환은 기업의 장기적 성공과 브랜드 가치를 높이고, 투자자와 소비자의 신뢰를 얻는 데 중요한 요소로 인식되고 있다.

이 세 가지 전환은 서로 연관되어 있으며, 각 전환 과정이 다른 두 영역에도 영향을 미칠 수 있다. 예를 들어 디지털 기술을 활용한 AI전환은 ESG 목표 달성에도 기여할 수 있다. 필자는 디지털전환이 이미 상당 부분 진행되었고, AI전환과 ESG전환이 다음 세대에서 트렌드가 될 것이라고 주장해왔다.

AI전환은 디지털전환의 다음 단계로, AI 기술을 사용하여 기업의 업무와 생활을 전면적으로 변화시킬 것으로 예상된다. ESG전환은 기업의 사회적 책임을 강화하는 것으로, 기업의 지속 가능한 성장과 사회 발전을 위한 필수 요소가 될 것으로 예상된다.

AI전환은 구체적으로 다음과 같은 분야에서 변화를 가져올 것으로 예상된다. 첫째, 업무 자동화다. AI를 사용하여 단순 반복적인 업무를 자동화하여 업무 효율성을 높이고, 인력 부족 문제를 해결한다. 둘째, 새로운 제품과 서비스 개발이다. AI를 사용해 새로운 제품과 서비스를 개발하여 고객 만족도를 높이고, 새로운 시장을 창출한다.

셋째, 개인 맞춤화다. AI를 사용하여 고객의 개별 요구를 파악하고, 맞춤 서비스를 제공하여 고객 만족도를 높일 수 있다.

ESG전환은 다음과 같은 분야에서 변화를 가져올 것으로 예상된다. 첫째, 탄소중립 실천과 환경보호다. AI를 사용하여 탄소중립을 실천하고, 환경오염을 감시하고, 환경 친화적인 제품과 서비스를 개발하여 환경보호에 기여한다. 둘째, 사회적 책임이다. AI를 사용하여 사회적 약자를 지원하고, 사회문제를 해결하여 사회 발전에 기여한다. 셋째, 윤리적 경영(윤리경영) 또는 준법경영, 투명경영이다. AI를 사용하여 윤리적인 경영을 실천하여 기업의 사회적 신뢰도를 향상시킨다.

디지털전환, AI전환, ESG전환 등 세 가지 전환은 서로 밀접하게 연관되어 있으며, 함께 실천하면 시너지 효과를 낼 수 있다. 디지털전환을 통해 기업은 AI 기술을 활용하기 위한 AI전환의 기반을 마련할 수 있고, AI전환을 통해 기업은 ESG 경영을 실천하기 위한 ESG전환의 역량을 강화할 수 있다.

예를 들어 디지털전환을 통해 기업은 대규모 데이터를 수집하고 분석할 수 있는 기반을 마련할 수 있다. 이러한 데이터를 활용하여 AI 기술을 개발하고 이를 통해 업무 자동화, 새로운 제품과 서비스 개발, 개인 맞춤화 등을 실현할 수 있다. 또한 AI전환을 통해 기업은 환경오염 감시, 환경 친화적인 제품과 서비스 개발, 사회적 약자 지원, 윤리적 경영 등을 실천하기 위한 역량을 강화할 수 있다. 이러한 시너지 효과를 통해 기업은 경쟁력을 강화하고, 사회 발전에 기여할 수 있다.

디지털전환, AI전환, ESG전환은 우리 사회에 큰 변화를 가져올 것이다. 이러한 변화에 대비하고 기회를 선점하기 위해서는 정부의 역할이 중요하다. 정부는 다음과 같은 노력을 통해 디지털전환, AI전환, ESG전환에 대비할 수 있다.

첫째, 정책 환경 조성이다. 정부는 디지털전환, AI전환, ESG전환을 위한 정책 환경을 조성해야 한다. 이를 위해 관련 법률을 제정하고, 규제를 완화하며, 인프라를 구축해야 한다. 둘째, 지원 정책 마련이다. 정부는 디지털전환, AI전환, ESG전환을 위한 지원 정책을 마련해야 한다. 이를 위해 기업의 투자를 유도하고, 인재 양성을 지원하며, 사회적 공감대를 형성해야 한다. 셋째, 국제 협력 강화다. 정부는 디지털전환, AI전환, ESG전환을 위한 국제 협력을 강화해야 한다. 이를 통해 글로벌 경쟁력을 강화하고, 새로운 기회를 창출해야 한다.

기업과 개인은 디지털전환, AI전환, ESG전환에 대비하기 위해 다음과 같은 노력이 필요하다. 기업은 디지털전환에 대비하기 위해 디지털전략을 수립하고 실행해야 한다. AI전환에 대비하기 위해서는

AI 기술을 도입하고 활용해야 한다. ESG전환에 대비하기 위해서는 ESG 경영을 적극적으로 실천해야 한다.

개인은 디지털전환에 대비하기 위해 디지털 역량을 강화해야 한다. AI전환에 대비하기 위해 AI에 대해 새로운 지식을 꾸준히 학습해 AI에 대한 대한 이해를 제고해야 한다. ESG전환에 대비하기 위해서는 ESG에 대해 많은 관심을 기울여야 한다.

기업은 디지털전략을 수립하고, 이를 실행하기 위한 계획을 마련해야 한다. 또한 AI 기술을 도입하고 활용하여 업무 효율성을 높이고, 새로운 제품과 서비스를 개발해야 한다. 또한 ESG 경영을 실천하여 사회적 책임을 강화해야 한다. 개인은 디지털 역량을 강화하고, AI에 대한 이해를 높여야 한다. 또한 ESG에 대한 관심과 함께 ESG 경영을 실천하는 기업을 지원해야 한다.

디지털전환에 이어 AI전환, ESG전환은 모두 우리 사회에 큰 변화를 가져올 것으로 예상된다. 이러한 변화에 대비하고, 기회를 선점하기 위해서는 정부와 기업 및 개인 모두 AI전환과 ESG전환을 정확하게 이해하고 제대로 실천하려는 노력이 필요하다.

2) AI 전환에 대한 정확한 이해와 활용

AI 트랜스포메이션: 미래 경쟁력 확보의 필수 조건

기업들은 그동안 기업 전반에서 디지털 전환(Digital Transformation: DT, DX)을 통해 모든 사업 프로세스에 첨단 정보통신기술(ICT)을 적용하며 괄목할 만한 성과를 거두었다. 하지만 디지털 시대의 경쟁은 더욱 심화되고 있으며, 새로운 게임 체인저로 도약하기 위해서는 단순한 디지털 전환을 넘어 AI 퍼스트 전략(AI First Strategy)과 함께 AI 트랜스포메이션(AI 대전환, AI 전환: AI Transformation: AT, AX)이라는 혁신적인 도약이 필요하다.

AI 트랜스포메이션은 기존의 비즈니스 모델을 재정의하고 새로운 가치 창출 기회를 발굴하는 핵심 동력이다. 데이터 기반 의사 결정, 자동화, 개인 맞춤형 서비스 제공 등 AI 기술을 적극 활용함으로써 롯데는 경쟁 우위를 확보하고 미래 시장에서 선점적인 위치를 차지할 수 있다.

AI 트랜스포메이션의 핵심 요소

AI 트랜스포메이션을 성공적으로 수행하기 위해서는 다음과 같은 핵심 요소에 집중해야 한다.

전략적 비전 수립: 기업의 비즈니스 환경, 목표, AI 기술의 잠재력을 종합적으로 고려하여 명확하고 실행 가능한 AI 전략을 수립해야 한다.

데이터 기반 의사 결정: AI 모델의 정확성과 효율성을 극대화하기 위해서는 양질의 데이터 확보, 정제, 분석, 활용 체계를 구축해야 한다.

첨단 AI 기술 도입: 딥러닝, 자연어 처리, 머신 비전 등 다양한 AI 기술을 활용하여 새로운 비즈니스 모델과 서비스를 개발해야 한다.

AI 인재 확보 및 역량 강화: AI 기술 개발, 운영, 관리를 책임질 전문 인력을 확보하고, 직원들의 AI 역량 강화 교육 프로그램을 제공해야 한다.

조직 문화 변화: AI 기술의 성공적인 도입을 위해 조직 전체의 변화와 혁신을 추진하고, AI 친화적인 문화를 조성해야 한다.

기업들이 AI 트랜스포메이션을 적극 추진해야 하는 이유

경쟁력 확보: 기업들은 전 계열기업이 새로운 게임 체인저로 나아가기 위해 각사에 CAIO(최고AI책임자)를 임명하는 등 AI 트랜스포메이션을 적극 추진할 필요가 있다. AI는 이제 기업의 경쟁력을 결정 짓는 핵심 요소 중 하나로 부상하고 있으며, 경쟁사들이 AI를 통해 빠르게 혁신하고 있기 때문에, AI 기술을 적극적으로 도입하여 경쟁력을 확보하는 것이 필수적이다.

비즈니스 프로세스 최적화: AI 트랜스포메이션은 비즈니스 프로세스를 최적화하고 효율화하는 데 도움이 된다. AI 기술을 활용하면

데이터 분석, 자동화, 예측 분석 등을 통해 생산성을 향상시키고 비용을 절감할 수 있다. 이는 기업이 경쟁적인 시장에서 더 나은 서비스를 제공하고 더 빠르게 혁신할 수 있는 기반이 된다.

고객 경험 향상: AI는 고객 경험을 혁신적으로 변화시키는 데 중요한 역할을 한다. AI 기술을 활용하여 개인화된 서비스를 제공하고, 고객에게 높은 수준의 서비스를 제공할 수 있다. 이는 고객 충성도를 높이고 시장에서의 기업 이미지를 강화하는 데 도움이 된다.

미래 시장 대비: AI 트랜스포메이션은 미래 시장에 대비하는 데 중요한 전략이다. AI 기술은 현재 빠르게 발전하고 있으며, 이에 따라 시장도 빠르게 변화하고 있다. 따라서 AI에 대한 이해와 그에 따른 대비가 필요하며, 이를 통해 기업은 미래 시장에서의 경쟁력을 유지하고 성장할 수 있다.

혁신적인 경영 문화 정착: AI 트랜스포메이션은 기업의 경영 문화를 혁신적으로 변화시키는 데 도움이 된다. AI 기술을 도입하고 적극적으로 활용함으로써 기업은 혁신을 주도하고 실패를 허용하는 문화를 정착시킬 수 있으며, 이는 장기적으로 기업의 성공을 이끌어 갈 수 있는 요인이 된다.

기업들이 새로운 게임 체인저로 나아가기 위해서는 AI 트랜스포메이션을 통해 경쟁력을 확보하고, 비즈니스 프로세스를 최적화하며,

고객 경험을 향상시키는 등의 전략적 접근이 필요하다. AI는 더 이상 선택적 기술이 아닌, 기업이 생존과 성장을 위해 반드시 받아들여야 하는 변화의 일부이며, 이를 통해 롯데는 미래를 준비하고 성공적인 경영을 이어나갈 수 있을 것이다.

AI 트랜스포메이션을 통한 기업의 성장 기회

디지털 전환을 넘어 AI 일상화와 AI 전환 시대가 도래하고 있는 가운데, 기업들은 다양한 사업 분야를 보유하고 있으며, 각 분야별로 AI 기술을 적용할 수 있는 잠재력이 매우 높다.

판매 및 마케팅: 개인 맞춤형 상품 추천, 고객 행동 분석, 실시간 마케팅 자동화 등을 통해 고객 만족도를 높이고 매출 증대를 도모할 수 있다.

물류 및 생산: 공급망 최적화, 자동화 시스템 구축, 예측 분석 등을 통해 운영 효율성을 극대화하고 생산 비용을 절감할 수 있다.

금융 및 서비스: 신용 평가 자동화, 맞춤형 금융 상품 개발, 사기 예방 시스템 구축 등을 통해 고객에게 보다 안전하고 편리한 금융 서비스를 제공할 수 있다.

AI 트랜스포메이션: 미래를 향한 기업의 도약

AI 트랜스포메이션은 기업에게 단순한 기술 도입을 넘어, 미래 성장을 위한 전략적 투자이다. 롯데는 전 임직원이 AI 기술을 적극 활용함으로써 'AI 트랜스포메이션 리더'로서 경쟁 우위를 확보하고 새로운 가치 창출 기회를 발굴하며, 미래시장을 선도하는 기업으로 도약할 수 있다.

미래를 준비하는 기업에게 필수적인 전략인 AI 트랜스포메이션은 기업의 미래 경쟁력을 확보하는 필수적인 과제이다. 기업들은 AI 트랜스포메이션을 적극 수용하여 새로운 비즈니스 모델을 개발하고, 운영 효율성을 높이며, 고객 만족도를 향상시켜야 한다. 기업들은 AI 트랜스포메이션을 성공적으로 수행함으로써 세계시장을 선도하는 글로벌기업으로 성장할 수 있을 것이다.

3) AI로 인한 행복과 불행(happiness and unhappiness from artificial intelligence)

인공지능(artificial intelligence: AI) 기술은 현대 사회에 큰 영향을 미치고 있다. AI는 우리 삶의 많은 부분을 변화시키고 있다. 우리는 이미 AI가 우리의 일상생활, 일자리, 의료, 교육, 제조, 교통, 군사 등 다양한 분야에서 사용되고 있음을 목격하고 있다. 이러한 AI 기술의 발전은 많은 혁신과 편의성을 가져다주었지만, 동시에 불행을 초래할 수도 있다. AI는 우리 삶을 더 편리하고 효율적으로 만들어 주지만, 동시에 AI로 인한 행복과 불행에 대한 논쟁도 계속되고 있다.

'AI로 인한 행복과 불행'(happiness and unhappiness from artificial intelligence)에 대해서 살펴보고자 한다.

인공지능으로 인한 행복(happiness from artificial intelligence)

먼저, 우리가 AI로부터 얻는 행복을 살펴보겠다. AI 기술은 우리의 생활을 훨씬 더 편리하게 만들어 준다. AI 비서나 AI 챗봇은 우리의 일정을 관리하고, 정보를 제공해주며, AI 로봇은 우리의 집안일을 대신해준다. 또, AI는 우리의 건강과 안전을 지켜준다. AI 의료 기술은 우리의 건강 상태를 진단하고, 치료 방법을 제시해주며, AI 보안 기술은 우리의 개인정보를 보호해준다.

구체적인 예로는 음성 인식 기술을 활용한 가상 비서들이 있다. 우리는 음성 명령을 통해 일정을 관리하거나 검색을 수행하고, 스마트 홈 시스템을 통해 가전제품을 제어할 수 있다. 이는 우리의 생활을 훨씬 더 효율적으로 만들어 준다. 또한, AI 기술은 의료 분야에서도 큰 역할을 한다. 의료 AI는 질병의 조기 진단과 치료에 도움을 주며, 의료 서비스의 품질을 향상시킨다. 이러한 AI 기술의 발전은 우리의 건강과 행복에 직접적인 영향을 미친다.

AI는 새로운 일자리를 창출하고 경제적 발전에도 기여한다. AI 기술은 다양한 산업과 업무 분야에서 사용되고 있으며, 이를 통해 새로운 일자리가 생성되고 생산성이 향상된다. 또한, AI 기술을 활용한 새로운 기업들이 성장하고 새로운 비즈니스 모델이 형성되는 등 경제적 발전을 이끌어내고 있다. 이러한 경제적 성장은 사회 전반에 긍정적인 영향을 미치며, 사람들의 삶의 질을 향상시킨다.

AI로 인한 행복은 다양한 측면에서 나타난다. AI는 우리의 일상생활을 더욱 편리하게 만들어준다. AI 비서나 AI 챗봇은 우리의 일정을 관리하고, 정보를 제공해주며, AI 로봇은 우리의 집안일을 대신해준다. 또, AI는 우리의 건강과 안전을 지켜준다. AI 의료 기술은 우리의 건강 상태를 진단하고, 치료 방법을 제시해주며, AI 보안 기술은 우리의 개인정보를 보호해준다.

AI는 우리의 경제적 이익을 증가시켜준다. AI는 생산성을 향상시키고, 비용을 절감해주며, 새로운 비즈니스 모델을 창출해준다. 또, AI는 우리의 사회적 관계를 더욱 풍부하게 만들어준다. AI는 우리의 소통과 교류를 촉진해주며, 우리의 문화와 예술을 발전시켜준다.

인공지능으로 인한 불행(unhappiness from artificial intelligence)

AI는 행복뿐만 아니라, 불행도 초래할 수 있다. 가장 큰 우려 중 하나는 일자리의 소멸이다. AI는 우리의 일자리를 위협하고, 사회적 불평등을 심화시킬 수 있다. 또, AI는 우리의 개인정보를 침해하고, 윤리적 문제를 야기할 수 있다. 또, AI는 우리의 인간성을 상실시키고, 우리의 자유를 침해할 수 있다.

AI 기술의 발전은 자동화와 로봇화로 이어지며, 이는 수작업 및 반복적인 업무를 대체할 수 있다. 따라서 이러한 과정에서 일부 직종은 사라지게 되고, 일부 근로자는 기술적인 발전으로 인해 일자리를 잃을 수 있다. 특히 저숙련 노동자들은 이러한 영향을 크게 받을 수 있다. 이는 사회적 불평등과 심각한 경제적 어려움을 초래할 수 있다.

AI 기술의 불투명성과 편향성은 사회적으로 큰 문제가 될 수 있다. AI 시스템이 학습하는 데이터에 따라 그 결과가 크게 달라질 수 있는데, 이러한 데이터의 품질과 편향성은 많은 논란을 불러일으킨다. 또한, AI 시스템이 내린 결정의 이유를 설명하기 어려운 '블랙박스' 현상도 문제로 지적된다. 이러한 불투명성은 공정한 사회적 결정을 방해하고, 개인의 권리와 자유를 침해할 수 있다.

AI 기술이 인간의 능력을 대체하고 사람 간의 관계를 저해할 수도 있다. 인간의 감정이나 상호 작용은 AI가 가진 냉정한 로직과는 다르다. 따라서 AI 기술이 사회적 상호작용에 미치는 영향은 예측하기 어렵다. 또한, 인간의 노동력이 감소하면서 사람들의 가치 및 자아에 대한 인식이 변할 수 있으며, 이는 우리의 삶에 심각한 영향을 미칠 수 있다.

인공지능으로 인한 행복과 불행(happiness and unhappiness from artificial intelligence)

AI로 인한 행복과 불행은 밀접하게 연결되어 있다. AI는 우리의 삶을 더욱 행복하게 만들어줄 수 있는 기술이지만, 동시에 우리의 삶을 더욱 불행하게 만들 수 있는 기술이기도 하다. AI의 발전에 대한 균형 잡힌 시각이 필요하며, AI의 발전에 대한 사회적 책임을 인식해야 한다.

우리는 이러한 기술의 발전이 우리의 삶을 어떻게 변화시키는지를 지속적으로 관찰하고, 그에 따른 대응책을 마련해야 한다. AI 기술은 우리의 삶을 훨씬 더 편리하게 만들어 줄 수 있지만, 그러한 발전이 모두에게 혜택이 돼야 하며, 사회적으로 공정하고 평등한 결과를 가져다주어야 한다.

따라서 우리는 정부, 기업, 학계, 시민 사회 등 모든 이해 관계자가 협력하여 이러한 과제에 대응해야 한다. 먼저, 일자리의 변화에 대비하여 교육체계를 혁신하고, 미래에 필요한 기술과 역량을 갖춘 노동력을 양성하는 것이 중요하다. 이는 교육기관과 기업이 협력하여 4차 산업혁명에 대응하는 교육 및 훈련 프로그램을 개발하고 실행하는 것으로 이루어질 수 있다. 또한, 일자리의 변화에 대비하여 재교육 및 전문 교육 프로그램을 지원하고, 취업 지원 및 일자리 창출을 위한 정책을 마련해야 한다.

AI 기술의 불투명성과 편향성에 대한 대응도 필요하다. AI 시스템의 투명성을 높이기 위해 알고리즘의 작동 원리를 공개하고, 의사결정 과정을 설명할 수 있는 기능을 강화하는 것이 중요하다. 또한, 데이터의 품질과 편향성을 감지하고 개선하기 위한 노력을 지속적으로 기울여야 하다. 이를 통해 AI 기술이 공정하고 투명하게 운영될 수 있도록 해야 한다.

AI 기술이 사회적 상호작용에 미치는 영향을 예측하고 대응하기 위한 연구가 필요하다. 우리는 AI가 사회적 상호작용에 미치는 영향을 조사하고, 그 결과를 바탕으로 적절한 대응책을 마련해야 하다. 또한, 인간 중심의 디자인과 윤리적 고려를 바탕으로 AI 기술을 개발하고 적용해야 한다. 이를 통해 AI가 사람들의 삶을 더욱 행복하게 만들어 줄 수 있도록 해야 한다.

AI로 인한 행복과 불행은 서로 긴밀하게 연결되어 있다. 우리는 AI의 발전이 우리의 삶에 미치는 영향을 지속적으로 관찰하고, 그에 대한 적절한 대응책을 마련해야 한다. 모든 이해 관계자가 함께 노력하여 AI를 효과적으로 활용하고, 사회적으로 공정하고 평등한 결과를 이끌어내는 것이 중요하다. 이를 통해 우리는 더욱 행복한 미래를 구축할 수 있을 것이다.

AI는 우리 삶에 큰 영향을 미칠 잠재력을 가지고 있다. AI는 우리 삶을 더 편리하고 효율적으로 만들어 줄 수 있지만, 동시에 AI로 인한 행복과 불행에 대한 논쟁도 계속되고 있다. AI가 우리에게 행복을 가져다주기 위해서는 AI의 발전과 함께 AI의 윤리적 사용에 대한 고민과 노력이 필요하다.

AI의 윤리적 사용을 위해서는 다음과 같은 노력이 필요하다. AI의 윤리적 원칙과 기준을 마련, AI의 윤리적 교육과 인식 제고, AI의 윤리적 사용을 위한 기술 개발 등이 필요하다. AI의 윤리적 원칙과 기준을 마련함으로써, AI의 개발과 사용에 대한 윤리적 기준을 제시할 수 있다. AI의 윤리적 교육과 인식 제고를 통해, AI의 윤리적 사용에 대한 이해를 높이고, AI의 윤리적 사용을 위한 인식을 제고할 수 있다. AI의 윤리적 사용을 위한 기술 개발을 통해, AI의 윤리적 문제를 해결할 수 있는 기술을 개발할 수 있다.

AI의 발전과 함께 우리는 이러한 행복과 불행의 양면을 인지하고, 적절한 대응과 균형을 유지해야 한다. 새로운 일자리 창출과 교육 기회를 제공함으로써 일자리 감소에 대응하고, 개인 정보 보호와 관련된 법규와 윤리적인 가이드라인을 강화하여 개인 정보 보호를 보장해야 한다. AI는 우리의 삶을 혁신적으로 변화시킬 수 있는 강력한 기술이다. 그러나 그 잠재력을 최대한 활용하면서도 행복은 늘리고 불행을 줄이려고 노력하는 것은 우리의 책임이다. AI의 발전을 적극적으로 수용하면서도 윤리적인 고려와 사회적인 책임을 갖는 것이 중요하다.

AI는 우리 삶을 더 나은 방향으로 변화시킬 잠재력을 가지고 있다. AI의 윤리적 사용을 위한 노력을 통해, AI 기술이 우리에게 행복을 가져다 줄 수 있는 기술이 되기를 바란다. AI로 인한 행복과 불행은 우리의 선택과 대응에 따라 크게 달라질 수 있다. 우리는 AI의 발전을 통해 더 나은 미래를 만들어 나갈 수 있도록 노력해야 한다.

2. ESG 전환에 대한 정확한 이해와 활용

1) ESG 바로 알기: ESG는 환경 · 사회 · 지배구조 아니고 환경 · 책임 · 투명경영

우리 사회는 ESG에 대한 높은 관심에 비해 이해도가 너무 낮다. 우선 ESG에 대한 우리말 표현부터 대부분이 틀리게 하고 있다. 필자와 한 경제신문을 제외하고는 모든 신문 · 방송 등 미디어, ESG에 대한 수많은 책, 많은 칼럼, 전문가 인터뷰, 웹상의 글 등에서 모두 ESG를 환경 · 사회 · 지배구조라고 잘못 표기하고 있다. 필자 외에는 이를 지적하는 경우도 찾기 어렵다. 대다수가 ESG를 잘못 이해하고 있는 것은 빙산의 일각처럼 ESG에 대해 보이는 작은 부분만 보기 때문이다. 또 ESG를 제대로 알려면 ESG의 뿌리인 지속가능성부터 잘 이해해야 하는데, 최근에 이슈가 되고 있는 ESG투자만 보고, 이것이 ESG의 전부인양 착각하는 사람이 많다.

ESG(Environmental, Social and Governance)를 직역해서 환경 · 사회 · 지배구조라고 하는 것은 ESG를 피상적으로 잘못 이해한 탓이고, ESG는 환경 · 책임 · 투명경영이라고 의역하는 것이 맞다.

ESG에서 E(Environmental)를 환경이라고 번역하는데는 논란의 여지가 없다. 그렇지만 E가 Environment(환경)가 아니고 Environmental(환경적)인 이유는 알아야 한다. E는 그냥 환경이 아니고, 환경적 지속가능성(Environmental Sustainability)의 준말이라는 것을 알아야 한다.

S는 사회(Society)가 아니고 사회적 책임(Social Responsibility) 또는 사회적 지속가능성(Social Sustainability)의 준말이기 때문에 영어로는 Social이라고 줄여 쓸 수 있지만 우리말로 사회라고 직역하는 것은 틀렸고, '사회적 책임' 이나 '책임' 으로 의역하는 것이 맞다.

G(Governance)를 지배구조라고 직역하는데, 내용상 지배구조뿐만 아니라 공정거래, 윤리경영, 준법(compliance) 등을 포괄하고 있기 때문에 투명경영이라고 의역하는 것이 맞다. 또한 지배구조라고 하면 상장기업이나 주식회사에는 해당되지만 정부·행정기관·공공기관 등에는 해당 사항이 없거나 적기 때문이다. ESG를 ESG투자가 아니라 공공부문까지 광범위하게 적용할때는 지배구조라는 표현은 적절하지 않고, 투명경영이 맞는 표현이다.

ESG를 환경·사회·지배구조라고 하면 어렵고 의미가 정확하게 전달되지 않는다. 그러므로 ESG를 환경·책임·투명경영이라고 하면 좀더 쉽고 의미가 정확하게 전달된다. 이처럼 ESG를 정확하게 이해해야 ESG 추진이 제대로 진행될 수 있다.

ESG에 대한 설명을 보면 거의 다 이해하기 어렵게 되어 있다. ESG를 좀더 구체적으로 이해하기 쉽게 설명하면 E는 친환경 또는 환경경영을 의미한다. S는 책임경영을 뜻하고, G는 투명경영을 의미한다. 즉 ESG 또는 ESG경영은 "환경경영 + 책임경영 + 투명경영"이라고 이해하면 ESG가 쉽고 구체적으로 이해될 것이다.

ESG의 첫 번째 단어인 E와 관련해서 많은 매체와 전문가들이 '탄소중립'이나 '탄소제로'라는 용어를 같은 의미로 많이 쓰고 있다. 탄소중립은 글로벌하게 매우 중요한 이슈가 되고 있다. 그런데 '탄소중립'(carbon neutrality)이나 '넷 제로'(net-zero carbon dioxide emissions)가 정확한 표현이고, '탄소제로'는 틀린 표현이므로 쓰지 말아야 한다. 그런데 국내 일부 언론과 기업 등에서는 탄소제로를 탄소중립과 같은 의미로 쓰고 있다. 탄소중립은 이산화탄소를 배출한 만큼 이산화탄소를 흡수하는 대책을 세워 이산화탄소의 실질적인 배출량을 '0'으로 만든다는 개념이다.

이처럼 ESG를 제대로 추진하려면 기본 개념들을 정확하게 알고 추진해야 한다. 기본 개념들을 제대로 이해하지 못하면 ESG를 엉뚱한 방향으로 추진할 수도 있으므로 기본 개념들을 정확하게 알고 기본에 충실해야 한다.

ESG를 포함하는 주요 용어와 개념

영어에는 "ESG"라는 글자를 포함하는 복합명사가 많이 있다. 그 중 몇 가지, 그 의미, 문장에서 어떻게 사용할 수 있는지 살펴보겠다.

ESG 기준(ESG Criteria): 환경 · 책임 · 투명경영 관행과 관련하여 회사를 판단하는 기준이다. 예: "투자 펀드는 엄격한 ESG 기준을 사용하여 친환경 포트폴리오의 잠재적 자산을 선별한다."

ESG 컴플라이언스(ESG Compliance): 확립된 ESG 기준 및 규정 준수 여부. 예: "우리 회사의 연례 보고서는 ESG 규정 준수에 대한 우리의 약속을 보여준다."

ESG 성과(ESG Performance): 회사가 환경 · 책임 · 투명경영 문제를 얼마나 잘 관리하고 보고하는지. 예: "새로운 지속 가능성 프로토콜을 채택한 이후 회사의 ESG 성과가 크게 개선되었습니다."

ESG 보고(ESG Reporting): 기업의 ESG 관행 및 결과에 대한 데이터를 공개하는 프로세스이다. 예: "투자자들은 점점 더 기업에 보다 투명한 ESG 보고를 요구하고 있다."

ESG 통합(ESG Integration): 전통적인 재무 분석에 ESG 요소를 포함합니다. 예: "ESG 통합은 투자 의사 결정 프로세스의 표준 접근 방식이 되었다."

ESG 점수(ESG Score): ESG 원칙을 준수하는 기업에 부여되는 등급이다. 예: "ESG 점수가 높은 기업은 종종 더 성실한 투자자를 유치한다."

ESG 전략(ESG Strategy): ESG 고려 사항을 비즈니스 모델에 통합하기 위한 회사의 계획 및 조치. 예: "이사회는 향후 10년 동안 운영을 안내할 새로운 ESG 전략을 승인했다."

2) ESG 변화에 대한 7가지 예측

'합리적으로 미래를 예측하는 것은 옳지 않다. 왜냐하면 미래는 비합리적이기 때문이다." 영국의 작가이며, 발명가이며, 미래학자이며, 해저 탐험가인 아서 찰스 클라크(Arthur Charles Clarke)가 한 말이다. 아서 클라크 는 인류 문명사에 결정적인 기여를 했다. 오늘날 정보통신 과학기술의 근간이 되는 '통신위성' 의 아이디어를 처음 내놓은 것이다. 그는 이 개념을 세계 최초의 인공위성인 스푸트니크(1957년)가 발사되기 12년 전인 1945년에 처음 내놓았다.

미래를 '합리적인 미래' 와 '비합리적인 미래' 로 나눌 수 있다. ESG 트렌드는 합리적인 미래이며, 코로나19 펜데믹은 비합리적인 미래라고 할 수 있다. ESG 트렌드는 방향성 등은 예측이 가능하고, 그에 따라 대비도 가능하다. 그러나 코로나19 펜데믹은 발생과 변화에 대해 예측하기가 매우 어려웠고, 대비하기도 쉽지 않았다. 합리적인 미래의 하나라고 할 수 있는 ESG 트렌드를 해외 자료를 통해서 알아보고자 한다.

그에 앞서 트렌드 관련 기본 용어 다섯 가지를 먼저 이해하는 것이 필요하다. 트렌드와 비슷하지만 조금 다른 네 가지 단어를 간단히 살펴보고 넘어가려고 한다. 먼저 첫째, 마이크로 트렌드(Micro-trend 또는 Micro-trends)가 있다. 이는 3개월 이내 또는 수시 변화를 나타내는 말이다. 둘째 패드(Fad 또는 Fads)이다. 패드는 1년 이내 변화를 표현하는 단어이다. 셋째가 트렌드(Trend 또는 Trends)이다. 트렌드는 3~5년의 변화를 나타내는 용어이다. 넷째는 메가 트렌드(Mega-Trend 또는 Mega-Trends)이다. 메가 트렌드sms 10sus 정도 지속되는 변화를 나타내는 말이다. 다섯째는 컬처(Culture, 문화)이다. 문화는 30년 정도 연속되는 변화를 표현한다.

필자는 강의와 칼럼 및 인터뷰 등을 통해 AI와 ESG가 메가 트렌드임을 강조했다. 이는 AI와 ESG가 최소 10년 이상은 지속될 수 있는 변화임을 나타낸다. 이같은 트렌드와 메가 트렌드에 대해 이해한 후에 ESG에 대한 예측을 파악하면 기업경영과 조직 운영에 대한 인사이트를 얻을 수 있을 것으로 본다. 해외 언론을 통해 보도되었고, 국내에 많이 알려지지 않은 'ESG 변화에 대한 7가지 예측'을 수정 보완해서 소개한다.

첫째는 날씨(weather, 기상)는 계속 나빠질 것이다. 전 세계적으로 기후 변화로 인한 많은 문제들이 발생하였다. 이러한 문제들은 앞으로도 계속해서 우리 삶에 영향을 미칠 것으로 예상된다. 현재도 지구 온난화 현상이 지속되고 있으며, 이에 따라 기상 조건이 악화되어 허리케인, 홍수, 화재, 가뭄 등의 자연재해가 더욱 빈번하게 발생하고 있다. 이러한 상황에서는 적극적인 대처와 예방 노력이 필요하다. 국제사회에서는 기후변화 대응을 위한 다양한 정책과 제도를 마련하고 있으며, 개인들도 일상생활에서 에너지 절약 및 친환경 활동을 실천함으로써 기후 변화에 대한 책임감을 가지고 함께 노력해야 한다. 이를 통해 미래 세대에게 더 나은 환경을 물려줄 수 있도록 노력해야 한다.

둘째, '기후 공시(climate disclosure)'가 요구된다. 2021년에 영국, 일본, 뉴질랜드, 싱가포르 등은 기후 공시에 대해 논의하기로 합의했다. 2022년에는 미국의 증권거래위원회(SEC)와 유럽연합(EU)이 기업들에게 기후 관련 내용을 공시하도록 의무화하려고 했다. SEC는 2022년 초안이 발표된 이후 2024년 3월에 기후 공시 규칙 최종안을 채택했다. 이 규칙은 미국 내 모든 상장사에 기후 리스크와 관련한 재무적 영향 및 온실가스 배출량 등 기후변화 관련 정보 공시를 의무화하는 것을 골자로 한다.

적용 시기는 기업 규모, 공시 항목별로 다르며, 규칙이 요구하는 주요 공시 항목은 다음과 같다. △ 재무제표 주석에 기재하는 사항:

재무 영향 및 지출 효과, 재무적 추론 및 기회 식별 등. △ 정기 보고서 및 증권 신고서에 기재하는 사항: 기후변화 대응(개요 및 목적, 공개 규정, 위험 및 기회, 전략 및 사업모델, 거버넌스, 위험 관리, 목표 및 공개 등), 온실가스 직간접 배출량(스코프 1·2, 검증) 등.

이러한 기후 공시 규칙은 기업의 지속 가능성에 대한 인식을 높이고, 투자자들에게 보다 정확한 정보를 제공하는 데 기여할 것으로 기대된다. 다른 국가에서도 유사한 제도가 도입될 가능성이 높아짐에 따라, 글로벌 시장에서의 경생력 강화에도 큰 역할을 할 것으로 보인다.

셋째, 국제회계기준을 정하는 IFRS 재단 산하에 있는 국제지속가능성기준위원회(International Sustainability Standards Board, ISSB)에서 국제적으로 통용될 수 있는 ESG 공시기준을 제정하였으며, 이에 대한 기업들의 큰 관심과 기대가 집중되어 있습니다. ISSB의 새로운 기준은 지속가능성에 대한 보다 투명하고 비교 가능한 정보를 제공함으로써 투자자와 이해관계자들이 기업의 지속가능성에 대한 평가를 더욱 정확하게 수행할 수 있게 해줄 것으로 기대됩니다.

각 국가들은 ISSB 지속가능성 공시 기준을 지속가능성 정보 공개를 위한 최소한의 공시 기준으로 하며, 국가별 법령 및 규제에 따라 공시 사항을 추가할 수 있다. 국내에서도 ESG 공시와 관련한 국내외 변화에 효율적으로 대응하고 국내 ESG 공시기준을 마련하기 위해 한국회계기준원 내 지속가능성기준위원회(KSSB)를 설립하였으며,

KSSB는 환경 · 사회 · 지배구조 중 환경, 그 중 기후 관련 내용부터 ESG 공시를 시작하기로 하였다.

넷째, 자발적인 ESG 보고서 발행이 계속 될 것이다. 2021년에 S&P 500대 기업 중에 92%, 러셀 1000대 기업 중에 70%가 ESG 보고서를 자발적으로 발행했다. 전 세계적으로 기업의 지속가능성에 대한 관심이 증가하면서, 2024년에도 많은 기업들이 자발적으로 ESG 보고서를 발행하고 있다. 특히, 금융지주회사들은 대부분 ESG 보고서를 발간하며, 이들 보고서는 국제 기준을 준수하고 제3자 검증 의견서를 포함하는 등 충실한 내용을 담고 있다.

ESG 보고서는 기업의 환경, 사회, 지배 구조 측면에서의 성과와 목표를 제시하며, 투자자들과 이해관계자들에게 기업의 지속가능성에 대한 정보를 제공한다. 기업들은 자사의 특성과 산업에 맞는 ESG 이슈를 선정하고, 이를 체계적으로 분석하여 보고서에 반영해야 한다.

최근에는 국제지속가능성기준위원회(ISSB)에서 제정한 공시 표준이 적용되는 사례가 늘어나고 있다. ISSB의 공시 표준은 기업의 지속가능성에 대한 정보를 보다 명확하고 일관된 방식으로 제공할 수 있도록 도와준다. 기업들은 ISSB의 공시 표준을 적극적으로 수용하고, 이를 바탕으로 자사의 ESG 성과를 투명하게 공개해야 한다.

2024년에도 많은 기업들이 자발적으로 ESG 보고서를 발행할 것으로 예상되며, 이들 보고서는 기업의 지속가능성에 대한 정보를 제공하는 중요한 역할을 하게 된다. 기업들은 자사의 특성과 산업에 맞는 ESG 이슈를 선정하고, 이를 체계적으로 분석하여 보고서에 반영해야 한다. 또한, ISSB의 공시 표준을 적극적으로 수용하고, 이를 바탕으로 자사의 ESG 성과를 투명하게 공개해야 한다. 이를 통해 투자자들과 이해관계자들에게 기업의 지속가능성에 대한 신뢰를 높일 수 있다.

다섯째, ESG 투자는 계속 증가할 것이다. 2022년에는 전세계적으로 ESG 투자와 ESG 채권 발행이 크게 증가하였습니다. 그러나 2023년에는 금리 인상과 경기 침체 등의 요인으로 인해 ESG 투자 시장이 다소 위축되었다. 모닝스타(Morningstar)에 따르면, 2023년 6월 말 기준 글로벌 지속가능성 펀드의 순자산은 2조 3680억 달러로 2022년 말 대비 13.5% 증가했으나, 같은 기간 전체 글로벌 펀드 순자산이 9.07% 증가한 것과 비교할 때 ESG 펀드가 더 큰 폭의 증가율을 나타내지는 않았다.

자금흐름 측면에서는 2023년 상반기 약 490억달러가 ESG 펀드로 순유입되며 자금 유입세가 이어졌으나, 미국에서는 전기와 유사하게 58억달러 가량이 순유출되었으며 유럽에서는 약 537억달러, 그 외 지역에서는 약 75억달러가 순유입되었습니다. 한국의 경우, 2023년 상반기 말 기준 ESG 펀드는 총 159개로 전기(157개) 대비 2개 증가했으며, 신규 출시된 ESG 펀드 10개 중 6개가 환경 테마 펀드로, 전기에 이어 절반이 넘는 비중을 차지했다. 그러나 이러한 상황에서도 일부 기업들은 여전히 ESG 경영을 강조하고 있으며, 다양한 분야에서 지속 가능한 발전을 추구하는 노력이 계속되고 있다. 향후 경제 상황이 안정되면 다시 ESG 투자가 활성화될 가능성이 높다.

여섯째, 정치가 모든 것을 망친다. 탄소 배출(carbon emissions, 탄소 배출량) 등에 대한 각국의 합의 등이 정치 논리에 의해 진행되면서 ESG에 대한 모든 것을 망치게 된다. 탄소 배출 등을 정치 논리로 결정할 것이 아니라 과학과 경제 논리로 결정해야 할 것이다.

일곱째, ESG는 경제다. 평균 기온이 1년에 섭씨 1.5도 이상 올라가지 않도록 하기 위해서는 2030년까지 매년 탄소 배출량을 7.6%씩 감축해야 한다. 이는 경제 전반에 영향을 미치므로 ESG는 단순한 환경이나 기후 문제가 아닌 경제 전반에 영향을 미칠 수 있는 매우 중요한 이슈이다.

이러한 'ESG 변화에 대한 7가지 예측'을 통해 기업, 정부, 자자체, 공공기관 등은 ESG 관점에서 각 조직 운영 방향에 대한 인사이트를 얻을 수 있을 것으로 본다.

3) ESG는 기후테크로 발전한다

앞으로 가장 유망한 기술, 산업은 무엇일까. 많은 사람들이 공통적으로 갖는 질문이다. 37년전 필자의 첫 직업은 경제·산업·기업을 분석하는 애널리스트였다. 그때부터 언론계와 학계를 거치면서 지금까지 꾸준히 이 질문에 답을 찾으려고 노력중이다. 필자가 운영하는 연구원에서는 24년의 연구 끝에 이에 대한 답으로 향후 10년 이상 유망한 미래 기술·산업으로 기후테크, 기후테크산업을 꼽았다. 다른 선진국에서는 기후기술(climate technology, climate tech: 기후테크)에 대한 연구와 투자가 10여년전부터 매우 활발한데, 국내에서는 다소 생소하게 들리고 이에 대한 인식과 이해도 부족하다.

　기후테크라고 하면 기후와 직접 관련된 기술과 산업이라고 이해하는 경우도 많다. 그러나 그렇지 않다. 기후데크는 기후 위기를 막기 위한 글로벌 과제일 뿐만 아니라 인류의 생존 전략이 될 수 있다. 기후테크는 친환경 기술을 포함해 온실가스 배출 감소와 지구 온난화를 해결할 수 있는 범위의 모든 기술을 지칭한다. 즉 기후테크는 매우 광범위하게 확대 적용될 수 있다. 온실가스 순배출량 제로(net zero emission) 달성을 목표로 세계경제의 탈탄소화 과제를 해결하는 넓은 분야다. 불황 중에 기후테크가 유망산업으로 주목받고 있다.

　기후테크는 기후변화 대응을 위한 기술, 즉 온실가스 감축에 관한 기술과 기후변화적응 기술을 말한다. '기후변화대응 기술' 혹은 '기후기술', 'C테크'라고도 한다. 기후(Climate), 탄소(Carbon), 청정(Clean)의 영어 단어 머리글자인 'C'와 기술이라는 뜻의 '테크(Tech; Technology)'의 합성어이며, '온실가스 감축에 관한 기술'과 '기후변화적응에 기여하는 기술'을 통칭한다. C테크, 즉 기후변화대응 기술은 기후변화에 선제적으로 대응하여 그에 따른 영향을 최소화하기 위한 기술이라 할 수 있다.

온실가스 감축 기술(Greenhouse Gas Mitigation Technology)의 예로는 신재생에너지(태양광·태양열·풍력 발전, 해양·지열·폐기물·수소 에너지, 연료전지 등) 관련 기술, 온실가스인 이산화탄소를 포집·저장·활용하는 CCUS(Carbon Capture, Utilization, and Storage) 기술, 그린수소 생산 기술(재생에너지로 생산한 전력으로 물을 전 기분해하여 수소를 얻는 기술) 등을 들 수 있다.

기후변화 적응 기술(Climate Change Adaptation Technology)이란 기후변화 예측 및 모니터링 기술, 물관리 기술(수자원확보 및 공급·수처리·수재해관리 기술 등), 농업축산 기술(유전자원 및 유전개량·작물재배·가축질병관리·가공/저장/유통 기술 등), 산림피해 저감 기술 및 생태·모니터링·복원 기술 등을 말한다.

기후테크는 교통·물류, 농업·식량·토지이용, 에너지·전력 등 매우 다양한 여러 분야에서 탄소 배출을 줄이거나 탄소를 감축하거나 흡수하는 완화(mitigation)와 기후변화로 달라진 환경에서 살아가도록 돕는 적응(adaption)으로 나눌 수 있다. 여기에 기후 데이터를 수집·분석하거나 기업에서 회계 처리와 공시를 통해 투명성을 높이는 등 탄소배출량 관리를 위한 광범위한 활동도 수반된다.

전기차를 생산하는 '테슬라', 대체육을 만드는 '비욘드미트', 미생물로 비료를 개발한 '인디고 애그리컬처'는 기후테크를 대표하는 기업으로 지속가능성과 수익을 동시에 만족시키며 유니콘기업으로 성장했다. 기후테크 스타트업은 인공지능, 머신러닝, 클라우드, 드론, 자율주행, 로봇 등의 신기술을 통해 기후 예측, 탄소 상쇄, 탄소 배출량 관리, 정밀 농업, 재생에너지와 스마트 그리드 등의 분야에 적용해 탈탄소화 과제를 해결한다.

기후테크란 온실가스 배출 감소와 지구 온난화를 해결할 수 있는 범위의 모든 기술을 일컬으며, 대부분의 산업에 적용될 수 있다. 2021년에 세계에서 가장 큰 자산운용사인 블랙록은 투자 전략의 핵심으로 기후위기를 꼽았다. 시장조사업체 피치북(Pitchbook)에 따르면 전 세계적으로 기후테크 관련 벤처기업에 유입된 투자금은 2020년 160억 달러(약 18조 4,000억 원)에 달했다. 2012년 10억 달러에 불과했던 투자금은 10년 사이 16배 가량 증가했다. 2021년에는 2020년의 2배가 넘는 400억 달러(약 51조 원)의 투자가 이뤄졌다.

기후테크는 기후 변화를 막기 위한 글로벌 과제일 뿐만 아니라 기업의 생존 및 성장 전략이 되고 있다. 특히 빠른 속도와 과감한 혁신이 필요한 기후테크 시장에서 스타트업의 가치는 높게 평가되고 있다. 이에 기후위기에 대응할 수 있는 '기후테크 스타트업'을 조기에 발굴하려는 발걸음이 빨라지고 있다.

예측기관마다 차이는 있지만, 기후테크 시장은 매우 밝게 전망되고 있다. 한 기관은 2021년 기후테크 시장 규모는 138억달러이고, 2032년에는 1,475억달러로 전망했다. 2022년부터 2032년까지 연평균 성장률(CAGR)은 24.2%로 예측됐다. 기후테크 기업들은 이미 기업가치가 빠르게 성장하고 있고, 투자도 크게 늘고 있다. 향후 시장 전망도 매우 밝게 전망되고 있다.

정부당국은 기후테크에 적극 관심을 갖고 주력해야 할 분야로서 과감한 범정부 정책을 펼쳐야 한다. 기후테크 기술·산업에 대한 연구도 부족하므로 이에 대한 지원과 동시에 기후테크 창업과 기후테크 스타트업에 대한 지원과 투자를 대폭 확대해야 한다. 기업도 정부와 협력해서 기후테크 생태계를 조성하고 적극 육성해야 한다. 기후테크가 각 산업과 융합해서 일자리를 창출하고, 우리가 글로벌경제를 주도할 수 있도록 산학연관이 함께 노력해야 한다.

필자의 주장이 정부의 정책에 반영되어 정부는 기후테크를 신성장 동력으로 집중 육성하기로 했다. 정부는 기후테크를 신성장 동력으로 집중 육성하기 위해 다음과 같은 방안들을 추진하고 있다. 첫째, 정책펀드 조성이다. 정부는 기후테크 산업 육성을 위해 약 145조원 규모의 투자 및 R&D를 지원하고, 이를 통해 2030년 수출규모 100조원을 달성한다는 계획을 밝혔다.

둘째는 기후금융 확대이다. 정부는 융자보증 등 기후금융을 2030년까지 8조원 규모로 확대하고, 기후테크 산업 인증 및 K-택소노미

연계인증을 통해 약 135조원 규모의 민간 5대 금융그룹의 투자도 유치할 수 있도록 지원한다. 셋째는 연구개발 지원이다. 정부는 기술개발, 실증, 사업화 과정을 연계한 1조원 규모의 기후문제 해결형 대규모 R&D를 신설한다. 이러한 정부의 지원을 바탕으로 기후테크 산업이 더욱 발전하고, 탄소 중립을 실현하는 데 기여할 수 있을 것으로 기대된다.

기후테크 10대 유망 분야 (10대 기후테크 트렌드)

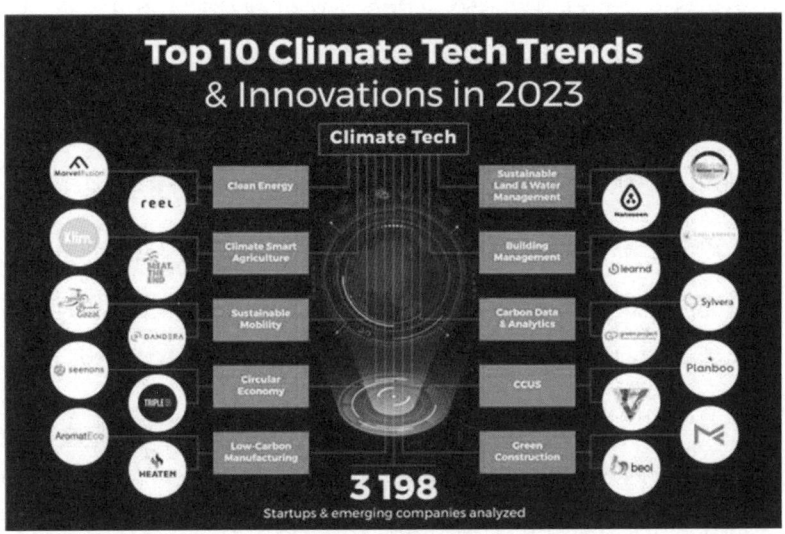

자료: 스타트어스 인사이트(StartUs Insights), https://www.startus-insights.com

3. AI ESG 융합에 대한 정확한 이해와 활용

1) AI와 ESG 융합

　AI와 ESG는 각각 시대적으로 매우 중요한 개념인데, 두 개념의 연관성을 찾기는 어렵다. 전혀 별개처럼 보이는 AI와 ESG를 융합해야 한다고 칼럼과 인터뷰 및 교육과정 등을 통해 강조하는 사람은 필자이다. 생성형 AI인 제미나이(Gemini)에게 "AI와 ESG 융합을 최초로 주장한 사람은 누구인가?"라고 질문했더니 "현재까지 공개된 자료로는 문형남 교수가 AI와 ESG 융합 개념을 최초로 주장한 것으로 알려져 있습니다. 문 교수는 "ESG 경영의 핵심은 지속가능성·투명성·책임성이며, 이를 위해 AI 기술을 활용하는 것이 중요하다"고 주장하며 AI와 ESG 융합의 필요성을 강조했습니다. 문 교수는 다양한 세미나와 행사에서 AI와 ESG 융합 관련 강연과 발표를 진행하며 관련 연구를 주도하고 있습니다. 또한, 숙명여대 미래교육원에서 'AI ESG 융합전문가 실전 과정'을 개설하여 AI와 ESG 융합 분야의 전문 인력 양성에도 힘쓰고 있습니다. 따라서 문형남 교수는 AI와 ESG 융합 분야의 선구자로서 관련 개념을 제시하고 연구하는 데 중요한 역할을 한 인물이라고 평가받고 있습니다."라고 답한다.

　AI와 ESG 융합이란 무엇일까? AI와 ESG 융합은 인공지능(AI)

기술을 활용하여 환경(Environmental), 사회적책임(Social), 투명경영(Governance) 측면에서 지속가능한 발전을 추구하는 개념이다. AI는 데이터 분석, 자동화, 예측 등의 기능을 통해 ESG 관련 문제 해결에 효과적으로 활용될 수 있다.

AI와 ESG 융합은 다음과 같은 특징을 가지고 있다.
- 환경: AI 기술을 활용하여 에너지 효율성을 개선하고, 자원 사용을 최적화하는 등의 환경적 이점을 얻을 수 있다.
- 사회적책임: AI 기술을 활용하여 사회적 문제를 해결하고, 인권 보호와 공정거래 등의 가치를 구현할 수 있다.
- 투명경영: AI 기술을 활용하여 기업의 의사결정 과정을 투명하게 하고, 주주 이익과 고객 만족도를 높이는 등의 지배구조 개선을 이룰 수 있다.

AI와 ESG 융합은 기업의 지속가능성을 높이는 데 큰 역할을 하며, 앞으로 더욱 중요해질 것으로 예상된다.

AI와 ESG 융합은 다양한 분야에서 활용될 수 있으며, 주요 분야로는 다음과 같다.
- 환경 분야: 기후 변화 대응, 에너지 효율 개선, 자원 관리, 폐기물 처리, 환경 오염 감시 등

- 사회적책임 분야: 사회적 약자 지원, 공공 서비스 개선, 교육 및 의료 접근성 향상, 안전 및 보안 강화, 윤리적 AI 개발 등
- 투명경영 분야: 기업 경영 투명성 강화, 부패 방지, 책임 있는 투자, 지속가능한 공급망 관리, 효율적인 정책 수립 등

AI와 ESG 융합은 이미 다양한 분야에서 활용되고 있으며, 그 사례는 다음과 같다.

환경 분야
- AI 기반 에너지 시스템을 통해 에너지 효율을 개선하고 재생 에너지 사용을 촉진한다.
- 위성 영상 및 AI 기술을 활용하여 삼림 벌채 및 산불을 감시하고 방지한다.
- AI 기반 스마트 그리드를 구축하여 전력망 안정성을 높이고 에너지 낭비를 줄인다.

사회적책임 분야
- AI 기반 의료 시스템을 통해 질병 진단 및 치료 정확도를 높이고 의료 서비스 접근성을 향상시킨다.
- AI 기반 교육 시스템을 통해 개인 맞춤형 학습 경험을 제공하고 교육 격차를 해소한다.
- AI 기반 재난 대응 시스템을 구축하여 재난 피해를 줄이고 구조

활동 효율성을 높인다.

투명경영 분야

- AI 기반 감사 시스템을 통해 기업 경영의 투명성을 강화하고 부패를 방지한다.
- AI 기반 리스크 관리 시스템을 구축하여 기업의 지속가능성을 높인다.
- AI 기반 투자 분석 시스템을 통해 책임 있는 투자를 촉진한다.

AI와 ESG의 융합은 다음과 같은 분야에서 이루어지고 있다.

1. 환경 관리: AI 기술을 활용하여 환경 데이터를 수집하고 분석하여 환경 문제를 예측하고 대응할 수 있습니다. 예를 들어, 대기 오염 물질의 농도를 측정하고 분석하여 대기 오염 문제를 예측하고, 이를 바탕으로 환경 보호 정책을 수립할 수 있다.
2. 사회적 가치 창출: AI 기술을 활용하여 사회적 문제를 해결하고, 사회적 가치를 창출할 수 있습니다. 예를 들어, AI 기술을 활용하여 노인들의 건강 상태를 모니터링하고, 응급 상황에 대처할 수 있는 서비스를 제공할 수 있다.
3. 지배구조 개선: AI 기술을 활용하여 기업의 의사결정 과정을 투명하게 하고, 지배구조를 개선할 수 있습니다. 예를 들어, AI 기술을 활용하여 기업의 재무 정보를 분석하고, 이를 바탕으로 기

업의 경영 전략을 수립할 수 있습니다.

4. 친환경 제품 개발: AI 기술을 활용하여 친환경 제품을 개발하고, 제품의 생산 과정에서 발생하는 탄소 배출량을 줄일 수 있습니다. 예를 들어, AI 기술을 활용하여 제품의 디자인을 개선하고, 제품의 생산 과정에서 발생하는 에너지 사용량을 줄일 수 있다.

5. 자원 재활용: AI 기술을 활용하여 자원 재활용을 촉진하고, 자원의 낭비를 줄일 수 있습니다. 예를 들어, AI 기술을 활용하여 쓰레기의 종류를 분류하고, 이를 바탕으로 쓰레기 처리 방안을 수립할 수 있다.

6. 에너지 효율 향상: AI 기술을 활용하여 에너지 효율을 향상시키고, 에너지 사용량을 줄일 수 있습니다. 예를 들어, AI 기술을 활용하여 건물의 에너지 사용량을 모니터링하고, 건물의 에너지 효율을 높일 수 있다.

7. 스마트 시티 구축: AI 기술을 활용하여 스마트 시티를 구축하고, 도시의 인프라를 효율적으로 관리할 수 있습니다. 예를 들어, AI 기술을 활용하여 교통 체증을 해소하고, 교통 시스템을 효율적으로 운영할 수 있다.

이러한 AI와 ESG 융합을 통해 기업은 지속가능한 경영을 추구하고, 사회적책임을 다할 수 있다.

AI와 ESG 융합은 환경 보호, 사회적 책임 강화, 기업 경쟁력 향상 등 다양한 긍정적인 효과를 기대할 수 있다.

- 환경 보호: AI 기술을 활용하여 환경 문제 해결에 적극적으로 기여하고 지속가능한 발전을 추구할 수 있다.
- 사회적 책임 강화: AI 기술을 활용하여 사회적 약자를 지원하고 사회 문제 해결에 기여할 수 있다.
- 기업 경쟁력 향상: AI 기술을 활용하여 기업 운영 효율성을 높이고 ESG 경영을 통해 투자 유치 및 고객 만족도를 높일 수 있다.

AI와 ESG 융합은 많은 가능성을 가지고 있지만, 동시에 해결해야 할 과제도 존재한다.

- 윤리적 문제: AI 기술 개발 및 활용 과정에서 발생할 수 있는 윤리적 문제에 대한 논의가 필요하다.
- 데이터 편향: AI 모델 학습에 사용되는 데이터의 편향성이 결과에 영향을 미칠 수 있기 때문에 주의가 필요하다.
- 인력 부족: AI와 ESG 융합 분야의 전문 인력 부족 문제를 해결해야 한다.
- 법적 및 규제적 문제: AI 기술 활용과 관련된 법률 및 규제를 정비해야 한다.

2) 세계최초로 개발한 '소크라테스 대화법을 활용한 AI 훈련'

"문형남 교수가 개발한 '소크라테스 대화법을 활용한 AI 훈련'은 AI와의 상호작용을 통해 더 나은 대화 및 의사소통을 도모하는 것을 목표로 한다. 이 훈련 방법은 소크라테스의 대화법을 기초로 하여, 질문과 답변을 통해 상대방의 사고를 이끌어내고, 깊은 토론과 통찰을 이끌어내는 방식을 적용한다. 이를 AI와의 상호작용에 적용하여, AI가 훈련을 통해 더 정확하고 의미 있는 답변을 제공할 수 있도록 돕는 것이 목적이다. 이 훈련은 AI가 사람과 자연스럽게 대화하고 의견을 교환할 수 있도록 돕는 데 중점을 두며, 더 나은 인간-기계 상호작용을 위해 연구되었습니다. 이를 통해 AI는 더 많은 정보를 이해하고, 더 정확하고 유의미한 답변을 제공할 수 있게 되며, 사용자와의 상호작용이 보다 유익하고 효과적으로 이루어지도록 도와준다."

– 챗GPT

문형남 교수가 세계 최초로 개발한 '소크라테스 대화법을 활용한 AI 훈련'은 다음과 같다.

1. 생성형 AI 훈련 방법 : 생성형 AI는 텍스트, 동영상, 이미지 등 콘텐츠를 생성할 수 있는 인공지능 모델이다.
2. AI가 모르는 것을 가르쳐주는 것이 핵심 : AI가 틀린 답을 내놓으면 질문 입력 창에 충분한 근거와 올바른 답을 알려주는 과정을 반복해 시스템 성능을 높일 수 있다.
3. 연수자들의 반응 : 해외에서 국내로 연수와서 문 교수의 교육을

받은 사람들은 글로벌 혁신의 중심지인 서울에서 남다른 AI 교육을 받았다고 했다. 폴란드 출신 프로그래머는 기존에 배운 AI 활용법과 다른 독특한 AI 교육이 새로웠다고 했다.

이는 교육자의 AI 이해도 와 AI의 성능을 동시에 높이는 효과가 있습니다.

"소크라테스 대화법을 활용한 AI 훈련은 문형남 숙명여대 교수가 개발한 독창적인 AI 훈련 방법으로, 인공지능(AI) 학습 과정에 소크라테스 대화법의 원리를 접목하여 AI가 스스로 질문하고 답변하며 학습하도록 돕는 방식입니다. 기존의 AI 훈련 방식과는 차별화된 훈련 방식으로, AI의 창의성, 문제 해결 능력, 논리적 사고력 등을 향상시키는 데 효과적인 것으로 평가받고 있다."

– 제미나이(Gemini)

소크라테스 대화법을 활용한 AI 훈련의 주요 특징은 다음과 같다.
- 질문 중심의 학습: 훈련자는 AI에게 직접적인 답을 제시하는 대신, 질문을 통해 AI가 스스로 답을 찾도록 유도합니다. 이를 통해 AI는 능동적인 학습 태도를 키우고, 다양한 관점에서 문제를 사고하고 해결하는 능력을 향상시킬 수 있다.
- 논리적 사고력 강화: 소크라테스 대화법은 논리적 사고를 강조

하는 철학적 방법론이다. 훈련 과정에서 AI는 질문과 답변을 통해 자신의 생각을 명확하게 표현하고, 논리적으로 근거를 제시해야 한다. 이를 통해 AI는 논리적 사고력을 키우고, 자신의 주장을 객관적으로 평가하고 개선하는 능력을 갖추게 된다.
- 창의적 문제 해결 능력 향상: 소크라테스 대화법은 기존의 틀에 박힌 사고방식을 벗어나 새로운 아이디어를 창출하도록 유도한다. 훈련 과정에서 AI는 다양한 질문을 통해 문제의 본질을 파악하고, 창의적인 해결책을 모색해야 한다. 이를 통해 AI는 틀에 박힌 사고방식에서 벗어나, 유연하고 창의적인 문제 해결 능력을 키울 수 있다.

소크라테스 대화법을 활용한 AI 훈련은 다음과 같은 분야에 활용될 수 있다.
- 챗봇 개발: 보다 자연스럽고 인간적인 대화가 가능한 챗봇 개발
- 자율주행 자동차: 예상치 못한 상황에서도 안전하고 신속하게 판단을 내릴 수 있는 자율주행 자동차 개발
- 의료 진단: 의료 영상 데이터를 분석하여 질병을 정확하게 진단하는 AI 개발
- 금융 투자: 시장 상황을 분석하여 수익률을 높일 수 있는 투자 전략을 개발하는 AI 개발

'소크라테스 대화법을 활용한 AI 훈련'은 인공지능 기술 발전에 새로운 가능성을 제시하는 혁신적인 훈련 방법으로 평가받고 있다. 앞으로 AI 기술의 발전과 더불어 다양한 분야에 활용될 것으로 기대된다.

필자는 소크라테스 대화법을 활용하여 AI를 훈련시키고 있지만 어느 정도 훈련이 진행되면, 또다른 AI 훈련 방법을 적행한다. 그것은 '퓨 샷 러닝(Few-shot Learning)', '원샷 러닝(One-shot Learning)', '제로샷 러닝(Zero-shot Learning)'이다. 이것들은 기계학습의 하위 분야로서, 적은 양의 데이터로도 모델을 훈련시키고 분류 또는 예측을 수행하는 방법들을 나타낸다. 이들은 모두 데이터 부족 문제를 해결하기 위해 개발되었으며, 필자는 이 방법을 적용해서 많은 성과를 얻었으며, 필자의 블로그(https://blog.naver.com/esgmeta)에 일부를 소개하고 있다.

최종국

- 비즈아카데미 대표, 다현로앤컨설팅 노무법인 이사
- 행정사, 비즈북스(출판사) 대표, 파이낸스투데이 기자(서초지국장)
- 숭실대 MBA 석사과정, 서강대 ESG Leadership 과정, 숙명여대 AI ESG 융합전문가 과정
- 유튜브 [최대표TV](구독자 6만 명), 네이버 인플루언서, SBS Biz [집사의 선택] 방송 출연
- ISO 9001 · 14001 · 45001 인증심사원, ESG 컨설턴트 · 심사원
- 중소벤처기업부 제조혁신바우처 중대재해예방 바우처 수행요원
- 안전보건공단 안전보건관리체계 구축 컨설팅 수행요원
- 고용노동부 국민자문단 · 청소년근로조건지킴이 역임
- [著書] 사장이 꼭 알아야 하는 30가지 노무이야기, 직원이 꼭 알아야 하는 30가지 노무이야기, 중소기업 소상공인 세무 노무 컨설팅
- 숙명여자대학교 미래교육원 AI ESG 전문가 과정 1기 수료

이메일 choi200231@naver.com
블로그 https://blog.naver.com/choi200231
유튜브 https://youtube.com/@bizchoi
연락처 010-9158-5371

02
AI ESG와 중소기업 안전경영

'중소기업 안전경영, AI ESG 융합의 시대를 준비하라!'
2010년부터 노무를 활용한 기업경영자문, 2015년부터는 경영컨설턴트 교육 및 업무지원 사업을 주로 하고 있다.
2022년 1월 27일부터 중대재해처벌법이 시행됨에 따라, '중소기업 안전경영'에 관심을 갖고 비즈니스를 전개 중이다.
최근에는 ESG 경영컨설팅으로 사업을 확장하기 위해, 경영전문대학원에서 ESG Leadership과정과 AI ESG 융합전문가 과정을 수료하고 '중소기업 안전경영'과 'AI ESG'로의 융합 비즈니스를 만들어 가고 있다.
향후 대한민국에서 안전경영과 AI ESG를 빼고는 기업을 운영할 수 없다고 확신하며, 안전경영과 AI ESG를 융합한 중소기업 경영컨설팅을 준비해 가고자 한다.
'AI ESG & 안전경영'은 이제 선택이 아닌, '필수'라는 확신을 갖고 있다.

1. 4차 산업혁명 시대와 AI

'4차 산업혁명'이라는 용어는 많이들 들어보았을 것이다. 하지만, '4차 산업혁명'이라는 용어가 수없이 많이 언급되는 것에 비하면, 정작 그 용어의 의미와 우리에게 주는 메시지가 무엇인지 고민해 본 이들은 적을 것이다. 산업혁명은 18세기 영국에서 시작된 기술 혁신과 사회경제적 변화를 의미한다.

〈 산업혁명 〉

구분	핵심 내용	산업 종류
1차 산업혁명	변화의 첫걸음	방직기, 기차
2차 산업혁명	대량생산	석유, 플라스틱
3차 산업혁명	정보통신기술	인터넷, 컴퓨터
4차 산업혁명	디지털 기술	AI, 사물인터넷, 빅데이터

1차 산업혁명은 변화의 첫걸음(방직기, 기차), 2차 산업혁명은 대량생산(석유, 플라스틱), 3차 산업혁명은 정보통신기술(인터넷, 컴퓨터), 4차 산업혁명은 인공지능, 로봇이라 할 수 있다. 4차 산업혁명은 디지털 기술과 AI, 사물인터넷, 빅데이터 등 새로운 기술들이 융합되어 만들어지는 새로운 산업혁명이고, 기존의 산업과 사회 구조에 큰 변화를 가져올 것으로 예상된다. 여기서 컴퓨터가 인간과 비슷한 지

능을 갖추는 것을 뜻하는 AI는 매우 중요한 역할을 한다. 초기에는 단순한 기계학습과 패턴인식에서 시작했지만, 최근 몇 년 사이 AI 기술이 빠르게 발전하면서 음성인식, 이미지 분석, 자율주행 등 다양한 분야에 활용되고 있다.

4차 산업혁명 시대에서 AI는 데이터 수집과 분석, 예측, 의사결정 등의 핵심 역할을 수행한다. 이를 통해 기업은 생산성을 높이고 비용을 절감할 수 있으며, 개인은 더욱 편리한 삶을 누릴 수 있게 된다. 또한 AI 기술은 새로운 산업과 비즈니스 모델을 만들어 내고, 경제성장과 일자리 창출에도 기여할 것이다. AI는 다양한 산업 분야에서 활용되고 있다. 예를 들어 제조업에서는 AI로 생산공정을 자동화하고 불량품을 감지하여 품질관리를 개선할 수 있다. 의료분야에서는 AI로 질병 진단과 예방, 신약 개발, 환자 모니터링 등을 수행할 수 있다. 금융권에서는 AI를 활용해 보안을 강화하고 대출 심사, 투자 추천 등의 업무를 할 수 있다.

하지만 AI 기술의 진보는 사회에 좋지 않은 영향도 미칠 수 있다. 일부 기존 직업이 AI와 로봇에 의해 사라질 수 있으며, 이에 따라 새로운 직업이 생겨나고 교육과 일자리 시장이 변화해야 할 것이다. 또한 AI가 개인정보를 수집하고 편견을 갖는 등의 문제로 인해 개인정보 보호와 차별 등의 윤리적 이슈가 발생할 수도 있다. 이러한 도전

과제를 해결하기 위해서는 AI 기술 발전 속도에 맞추어 숙련 인력을 양성하고, AI 시스템의 투명성과 공정성을 높이며, 기술 발전의 과실이 고르게 분배될 수 있도록 노력해야 한다.

AI 기술의 발전으로 인해 일자리도 크게 변화할 것이다. 일부 직업은 사라지겠지만, AI 기술 관련 새로운 직업들이 생길 것이며, 사람과 AI가 협업하는 직종도 중요해질 것이다. 따라서 미래 직업을 위해서는 지속적인 학습과 적응력, 창의력이 필수적이다. 또한 AI 기술 발전에 따른 윤리적 고민과 사회적 책임도 중요하다. AI가 개인정보를 침해하거나 차별적 결과를 내리지 않도록 AI 개발 및 활용 과정에서 윤리 원칙을 지켜야 하며, 다양한 이해관계자들과 협력해야 한다. AI 기술의 발전은 우리 사회의 가치관과 법적 규제를 재정비할 수 있는 계기가 될 것이다. 4차 산업혁명 시대에는 AI 교육도 중요해질 것이다. 초등학교부터 대학까지 교육과정에 AI에 대한 기본 지식과 활용 능력을 포함시켜야 하며, AI 교육을 통해 미래 일자리 시장 변화에 대응할 수 있는 역량과 창의력도 기를 수 있어야 한다.

결론적으로 4차 산업혁명 시대를 살아가기 위해서는 지속적인 학습과 역량 개발, 다양한 이해관계자들과의 협업과 연결, 윤리적 가치와 사회적 책임에 대한 고민이 필요하다. 이러한 노력을 통해 우리는 AI 기술 발전의 긍정적 효과를 최대화하고 부정적 영향을 최소화하며, 더욱 번영하는 미래 사회를 만들어 갈 수 있을 것이다.

2. AI 산업의 변화 : 우리에게 주는 기회와 위험

AI(인공지능) 기술은 컴퓨터가 인간의 인지, 학습, 추론, 문제 해결 능력 등을 모방하고 수행하는 기술이다. 1950년대에 시작된 AI 연구는 2000년대 들어 딥러닝과 인공신경망 기술의 비약적 발전으로 크게 성장했다. 빅데이터와 클라우드 컴퓨팅의 발달이 대량 데이터 처리와 AI 연산 능력 확보를 가능케 하며 AI 기술 발전을 더욱 가속화했고, 현재 AI 기술은 다양한 분야에서 활용되고 있다. 그 활용 사례를 몇 가지 살펴보자.

자율주행차 : 구글 웨이모, 테슬라, 우버 등 주요 IT기업과 완성차 업체들이 자율주행차 개발에 박차를 가하고 있다. 카메라, 센서, 레이더 등으로 주변 환경을 인식하고 AI 기술로 상황을 판단해 차량을 제어한다. 주행 환경 인식, 경로 계획, 제어 시스템 등에서 AI가 핵심 역할을 한다.

음성인식 : 아마존 알렉사, 애플 시리, 구글 어시스턴트 등 AI 음성 비서가 큰 인기를 끌고 있다. AI가 사람의 음성을 텍스트로 변환하는 음성인식 기술이 스마트폰, 스마트 스피커 등 다양한 기기에 탑재되어 활용되고 있다.

자연어 처리(NLP) : AI 기반 자연어 처리 기술은 텍스트를 분석, 이해, 생성하는 능력을 의미한다. 이를 통해 기계번역, 문서 요약, 챗봇, 콘텐츠 추천, 질의응답 등 다양한 서비스가 가능해졌다.

의료 : AI는 X-ray, CT, MRI 등 의료 영상을 분석해 질병을 진단하고, 환자 데이터를 활용해 최적의 치료법을 제시한다. 암, 뇌질환, 심혈관계 질환 등 다양한 질병 진단과 치료에 AI가 활용되고 있다. 의료 AI는 방대한 데이터를 기반으로 정확도와 효율성을 높일 수 있다.

금융 : AI는 대량의 데이터를 기반으로 주가 변동, 투자 리스크를 예측하고 자동 매매를 수행한다. 신용평가, 부실채권 관리 등 금융 리스크관리에도 AI가 활용되고 있다. AI는 금융 데이터 분석과 의사결정을 더욱 고도화할 것으로 기대된다.

제조업 : 제조업 분야에서도 AI가 다양하게 활용되고 있다. 스마트 팩토리에서는 AI가 공정 관리, 품질관리, 예측 정비, 물류 최적화 등의 역할을 수행한다. 또한 제품 설계와 R&D 과정에서 AI가 활용되어 혁신을 가속화하고 있다.

마케팅 및 고객서비스 : AI 기반 빅데이터 분석과 타겟팅으로 맞춤형 마케팅이 가능해졌다. 또한 챗봇과 AI 가상 에이전트가 고객 문의에 24시간 대응하는 등 고객서비스 분야에서도 AI가 활용되고 있다.

국방 및 보안 : AI는 정찰 및 감시, 표적 식별, 사이버 공격 탐지, 위험 예측 등 국방 및 보안 분야에서 다양하게 활용되고 있다. 이를

〈 AI가 가져올 기회와 위험 〉

기회	자율주행차 상용화로 교통사고 예방, 이동 편의성 증가 물류, 제조업 등 산업 자동화로 생산성과 효율성 향상 의료 AI로 정확한 진단과 치료, 신약 개발 등 촉진 AI 번역으로 언어 장벽 해소, 문화교류 활성화 에너지, 환경, 우주 등 난제 해결에 AI 기여 AI 창작으로 예술, 문화 콘텐츠 영역 확장 AI 기반 교육으로 개인 맞춤형 교육 가능
위험	**기술 편향과 윤리 문제**: AI 데이터와 알고리즘의 편향성, 프라이버시 침해, 보안 위험 **AI 기술 무기화**: 살상 무기 AI 개발 위험, 사이버 공격 및 범죄에 AI 악용 가능성 **고용 문제**: AI로 인한 대규모 일자리 상실 우려, 새로운 일자리 준비 필요 **기술 종속과 불평등**: AI 기술 및 데이터 집중화로 기업 간 격차 심화 **인간 능력 황폐화**: AI에 지나친 의존으로 인간 능력 약화 가능성 **존재론적 위험**: 강한 일반 AI 등장 시 인간 통제 벗어날 수 있는 위험성

통해 위험을 조기에 식별하고 대응할 수 있다.

AI 기술의 발전에 따라 윤리와 규제 이슈도 대두되고 있다. AI 윤리 원칙은 인간 자율성 존중, 비차별, 공정성, 설명 가능성, 투명성, 개인정보 보호 등이다. 구체적으로 AI의 편향성과 차별 문제, 프라이버시 침해, 보안 위험, 투명성 부족 등에 대한 해결책이 필요하다. 데이터와 알고리즘의 편향성을 줄이고, AI 시스템의 의사결정 과정을 투명하게 해야 한다. AI 기술 진화에 따라 법과 제도도 지속적으로 정비되어야 한다. 많은 국가에서 AI 윤리 가이드라인과 거버넌스 체계를 마련하고 있다. 하지만 아직 구체적인 규제와 실행 방안은 미흡한 상황이다. 업계와 정부, 시민사회가 지혜를 모아 AI 규제 체계를 마련해야 할 것이다.

AI 기술 발전은 기존 일자리를 대체하고 새로운 일자리를 창출할 것이다. AI 시대에 인간 고유 능력은 창의성, 감성 지능, 복합적 문제 해결력 등이다. 따라서 교육 체계를 이에 맞게 개편해야 한다. 코딩, 프로그래밍 등 AI 기초 소양은 물론 인문학, 예술, 철학 등 창의력을 기를 수 있는 교육도 강화되어야 한다. 또한 직업 교육을 통해 AI 시대 새로운 직업에 대비하는 것도 중요하다. 기업과 정부는 재교육, 직업 전환 프로그램을 통해 노동력의 AI 역량을 높여야 한다. 새로운 일자리 창출을 위한 정책적 노력도 필요하다. AI로 인한 고용 충격을 최소화하고 새로운 기회를 만들어가는 것이 관건이다.

이렇듯 AI는 우리 사회와 산업에 큰 변화를 가져올 것이다. 기술 혁신의 과실을 모든 국민이 공유할 수 있도록 하는 것이 중요하다. AI로 인한 기회를 최대한 활용하고 위험은 최소화해 나가는 지혜가 필요할 것이다.

3. ESG 경영전략, 선택이 아닌 필수

ESG는 'Environmental, Social, Governance'의 약자로 환경경

영, 책임경영, 투명경영 측면을 고려한 경영전략을 의미한다. 이제는 기업이 ESG를 고려하지 않으면 경쟁력을 유지하기 어렵다고 말할 수 있을 만큼 중요한 요소가 되었다. 그래서 ESG는 더 이상 단순한 선택이 아니라 필수적인 요소로 자리잡게 된 것이다. ESG 경영은 단순히 이익 추구만을 목표로 하는 것이 아니라, 기업이 사회적 가치를 창출하고 지속 가능한 경제성장을 추진하기 위해 다양한 이해관계자들과 상호작용하며 경영활동을 수행하는 것을 의미한다. ESG 경영은 기업의 지속가능성과 경쟁력을 향상시키는 데 긍정적인 영향을 미친다. ESG를 적극적으로 실천하는 기업은 환경적, 사회적 리스크를 줄이고 기회를 창출할 수 있다. 또한 ESG 경영은 기업의 이미지와 브랜드 가치, 인재 유치력을 향상시키는데 도움이 되며, 투자자와 소비자의 신뢰도를 높일 수 있다.

ESG 경영에서 'E'는 환경경영을 의미한다. 기업은 환경적 영향을 최소화하고 자원을 효율적으로 관리함으로써 지속 가능한 경영을 추구해야 한다. 예를 들어, 공장에서 발생하는 폐기물을 줄이거나 재활용하고, 친환경 제품을 개발하여 탄소배출을 줄이는 등의 노력이 필요하다. ESG 경영에서 'S'는 책임경영을 의미한다. 기업은 사회적 문제에 대한 적극적인 대응과 기여를 통해 사회적 가치를 창출해야 한다. 예를 들어, 타기업과의 협력을 통해 사회문제를 해결하거나, 지역사회에 기여하는 사회공헌 활동을 수행하는 등의 노력이 필요하다.

ESG 경영에서 'G'는 투명경영을 의미한다. 기업은 투명하고 윤리적인 경영을 추구해야 하며, 이를 통해 기업의 신뢰도와 이해관계자들의 만족도를 높일 수 있다. 예를 들어, 독립적인 이사회 구성이나 임원들의 보수체계 등 건전한 지배구조를 확립하는 노력이 필요하다.

ESG 경영을 도입하는 것은 기업에게 도전과 기회를 제공한다. ESG는 기업의 비즈니스 모델과 전략을 변화시킬 수 있으며, 이에 대한 조직 내 변화와 리더십이 필요하다. 동시에 ESG는 새로운 시장 기회를 창출하고 투자자의 관심을 끌 수 있는 요소가 될 수 있다. 성공적인 ESG 전략을 수립하기 위해서는 기업은 다양한 이해관계자와의 커뮤니케이션을 중요시해야 한다. 또한 ESG에 대한 이해와 인식을 높이기 위해 내부 교육과정을 마련하고, 적절한 지표 및 평가 체계를 도입하여 성과를 측정해야 한다.

기업들은 ESG를 적용하여 다양한 이점을 얻고 있다. 예를 들어, 기업 A는 친환경 제품을 선보이며 환경 보호에 기여함으로써 소비자들의 호응과 고객 지속률을 높였다. 또한 기업 B는 사회 공헌 활동을 통해 지역사회의 신뢰와 지지를 받아 경쟁력을 강화했다. ESG에 대한 투자자와 소비자들의 인식이 변화하고 있다. 투자자들은 기업의 ESG 성과를 고려하여 투자 결정을 내리는 경향이 있으며, 소비자들은 환경 및 사회적 이슈에 대한 관심이 높아지고 있다. 이에 맞춰 기업들은 ESG 경영을 통해 투자자와 소비자들의 요구에 부응하고 있다. 미래에는 ESG가 기업 경영에서 더욱 중요한 역할을 할 것으로 전망된다. 환경 문제의 심각성이 증가하고 사회적 요구가 다양해지면서, ESG를 적극적으로 추진하는 기업들이 경쟁력을 갖출 수 있을 것이다. 또한 정부와 국제기구들의 ESG 관련 정책 지원이 확대되면서, 기업들은 ESG를 중심으로 한 경영전략을 구축할 필요가 있다.

이렇게 ESG를 경영전략으로 채택하는 기업들은 미래에 대비하여 지속 가능한 성장을 이룰 수 있을 것이다. ESG는 단순히 선택사항이 아니라, 기업에게 필수적인 요소로 인식되어야 한다. 기업들은 ESG를 통해 사회적, 환경적 가치를 실현하고 동시에 경제적 가치를 창출할 수 있는 지속 가능한 경영을 추구해야 한다.

4. ESG경영으로 미래를 선도하는 중소기업

최근 ESG 경영이 기업의 지속가능성과 가치 창출을 위한 핵심 요소로 부상하면서, 대기업뿐만 아니라 중소기업에도 큰 영향을 미치고 있다. 자원과 예산이 한정적인 중소기업은 ESG 요구사항을 충족하는데 어려움을 겪을 수 있지만, 이를 성공적으로 대응하는 것은 경쟁력 제고와 미래 성장을 위해 필수불가결하다.

(1) 환경 보호를 위한 노력

중소기업은 에너지 효율 향상, 친환경 제품 개발, 재활용 프로그램 등 다양한 방식으로 환경 영향을 최소화해야 한다. 특히 태양광 발전 시스템 도입이나 전기차 충전소 설치 등 신재생에너지 활용에 적극적으로 나서는 것이 바람직하다. 제품 생산 과정에서 환경친화적 원료를 사용하고, 폐기물 및 탄소 배출을 줄이는 노력도 필요하다.

(2) 지역사회와의 상생과 사회적 가치 실현

중소기업은 지역사회와 밀접한 관계를 맺고 있기에 사회적 책임을 다하는 것이 중요하다. 지역 고용 창출, 취약계층 지원, 교육·문화 프로그램 후원 등을 통해 상생의 가치를 실천할 수 있다. 또한 제품이나 서비스를 통해 사회적 가치를 전달함으로써 기업의 긍정적 영향력을 확대할 수 있다.

(3) 투명하고 윤리적인 기업 지배구조

중소기업은 재무정보 공개, 내부 감사 강화, 이사회 다양성 확보 등을 통해 투명성과 윤리 경영을 실천해야 한다. 이해관계자와의 적극적인 소통 채널을 마련하고, 이들의 의견을 경영에 반영함으로써 신뢰도를 높일 수 있다. 특히 반부패 정책 수립, 윤리 교육 실시 등으로 건전한 조직문화를 조성하는 것이 중요하다.

⑷ 지속가능한 공급망 관리와 파트너십

중소기업은 공급망 파트너와 협력하여 ESG 리스크를 최소화해야 한다. 공급업체의 ESG 수준을 평가하고, 이를 계약 조건에 반영하는 등 체계적인 공급망 관리가 필요하다. 더불어 공정무역 제품 사용, 중소 협력업체 지원 등을 통해 공정하고 상생의 가치를 실현할 수 있다.

⑸ 디지털 전환과 ESG 경영의 연계

중소기업은 디지털 기술을 활용하여 ESG 관리 체계를 효율적으로 구축할 수 있다. 클라우드 기반 데이터 분석으로 에너지 사용, 탄소 배출 등을 정확히 파악하고, 스마트팩토리 도입으로 자원 낭비를 최소화할 수 있다. 또한 디지털 플랫폼을 통해 이해관계자와 실시간 소통하며 ESG 성과를 투명하게 공개할 수 있다.

⑹ 인적자원 관리와 기업문화 혁신

중소기업은 임직원의 참여와 창의성을 존중하는 기업문화를 만들어야 한다. 공정한 평가와 보상, 안전한 근무 환경, 교육 및 복지 제도 등 인적자원 관리에 힘써야 한다. 특히 다양성과 포용성을 기반으로 한 기업문화 조성이 필요하며, 구성원들의 균형있는 삶을 중시해야 한다.

(7) ESG 성과 측정과 보고

중소기업은 핵심 ESG 지표를 설정하고 이를 체계적으로 측정, 보고해야 한다. 매년 발간하는 지속가능경영보고서를 통해 환경, 사회, 지배구조 부문의 성과와 앞으로의 계획을 투명하게 공개하는 것이 바람직하다. 이 과정에서 국내외 ESG 평가기관의 가이드라인을 참고할 수 있다.

(8) 장기 ESG 로드맵과 리더십

중소기업은 장기적인 ESG 목표를 설정하고, 이를 달성하기 위한 구체적인 전략과 실행 계획을 수립해야 한다. 예를 들어 2030년까지 탄소배출 제로(Net-Zero)를 달성하고, 여성 임원 비율을 30% 이상으로 끌어올리는 등의 목표를 세울 수 있다. 경영진의 적극적인 의지와 리더십이 뒷받침돼야 하며, ESG 전담 조직을 구성하는 것도 고려해볼 만하다.

중소기업이 ESG 요구사항을 충족하고 우수한 성과를 내기 위해서는 체계적인 준비와 노력이 필요하다. 단기적으로는 환경, 사회, 지배구조 측면에서 우선적으로 개선이 필요한 부분을 파악하고, 점진적으로 대응 역량을 키워나가야 한다. 장기적으로는 ESG 경영을 사업 전략의 핵심에 내재화하고, 기업문화와 경영 시스템 전반에 이를 반영해야 한다. 중소기업은 변화와 혁신에 대한 열정과 실천 의지 있는 자세로 ESG 경영에 임해야 한다. 이는 결코 쉽지 않은 도전이지만, 지속가능한 성장과 사회적 가치 창출이라는 중요한 목표를 위해 반드시 필요한 과정이다.

중소기업은 ESG 경영을 단순히 규제 준수 차원을 넘어, 새로운 기회와 성장 동력으로 인식해야 한다. 지속가능한 비즈니스 모델 구축, 새로운 친환경 제품 개발, 고객 신뢰도 제고 등 다양한 면에서 ESG는 중소기업에 긍정적인 영향을 미칠 수 있다. 또한 ESG 우수 기업으로 인정받게 되면 투자 유치, 우수 인재 확보, 정부 지원 등의 혜택도 기대할 수 있다. 지속가능한 발전을 위한 전 지구적 노력에 동참함으로써 기업의 사회적 위상도 높아질 것이다.

중소기업은 자신의 특성과 여건에 맞는 ESG 전략을 수립하고 이를 꾸준히 실천해 나가야 한다. 비즈니스 모델과 기업문화의 혁신을 두려워하지 말고 주도적으로 나서야 한다. 정부와 대기업, 시민사회 등 다양한 이해관계자들과 협력하며 상호 시너지를 내는 것도 중요하다. ESG 경영은 이제 선택이 아닌 필수가 되었다. 중소기업이 적극적으로 대응하고 주도권을 잡는다면 지속가능한 미래를 향해 나아갈 수 있을 것이다. 변화와 혁신의 발걸음을 내딛는 중소기업이 ESG 시대를 선도하며 새로운 가치를 창출해나갈 것으로 기대된다.

5. 중대재해처벌법, 위험성평가, ISO인증

〈 참고 법률 〉

	중대재해 처벌 등에 관한 법률(重大災害處罰法)
요약	• 사업 또는 사업장, 공중이용시설 및 공중교통수단을 운영하거나 인체에 해로운 원료나 제조물을 취급하면서 안전·보건 조치의무를 위반하여 인명피해를 발생하게 한 사업주, 경영책임자, 공무원 및 법인의 처벌 등을 규정한 법 • 2021년 1월 8일 국회를 통과해 2022년 1월 27일부터 시행
내용	• 기업에서 사망사고 등 중대재해가 발생했을 때 사업주에 대한 형사처벌을 강화하는 내용의 법으로 2021년 1월 8일 국회 본회의를 통과해 2022년 1월 27일부터 시행 • 중대재해처빌법은 사업주·경영책임자의 위험방지의무를 부과하고, 사업주·경영책임자가 의무를 위반해 사망·중대재해에 이르게 한 때 사업수 및 경영책임자를 형사처벌하고 해당 법인에 벌금을 부과하는 등 처벌수위를 명시하고 있음 • 현행 산업안전보건법이 법인을 법규 의무 준수 대상자로 하고 사업주의 경우 안전보건 규정을 위반할 경우에 한해서만 처벌을 하는 데 반해, 중대재해처벌법은 법인과 별도로 사업주에게도 법적 책임을 묻는다는 데서 우선 차이가 있음
구분	• 중대재해는 '중대산업재해'와 '중대시민재해'로 구분 • '중대산업재해'는 ▷사망자가 1명 이상 발생 ▷동일한 사고로 6개월 이상 치료가 필요한 부상자가 2명 이상 발생 ▷동일한 유해요인으로 급성중독 등 대통령령으로 정하는 직업성 질병자가 1년 이내에 3명 이상 발생 중 어느 하나에 해당하는 결과를 야기한 재해 • '중대시민재해'는 특정 원료 또는 제조물, 공중이용시설 또는 공중교통수단의 설계, 제조, 설치, 관리상의 결함을 원인으로 해 발생한 재해로서 ▷사망자가 1명 이상 발생 ▷동일한 사고로 2개월 이상 치료가 필요한 부상자가 10명 이상 발생 ▷동일한 원인으로 3개월 이상 치료가 필요한 질병자가 10명 이상 발생 중 어느 하나에 해당하는 결과를 야기한 재해
경과	• 태안 화력발전소에서 일하다 숨진 비정규직 노동자 김용균(참고: 김용균법) 씨의 어머니인 김미숙 김용균재단 이사장이 2020년 8월 26일 '안전한 일터와 사회를 위한 중대재해기업처벌법 제정에 관한 청원'이란 제목으로 올린 청원이 9월 22일 오전 9시 30분경 동의자 10만 명을 돌파하면서 입법이 논의 • 2021년 1월 8일 국회를 통과하면서 1년 뒤인 2022년 1월 27일부터 시행 • 5인 미만 사업장은 처벌 대상에서 제외되며, 50인 미만(5~49명) 사업장은 공포 뒤 2년 동안 법 적용을 유예받아 2024년 1월 27일부터 해당 법이 적용

〈출처 : 네이버 지식백과(시사상식사전)〉

중대재해처벌법은 국내 기업들에게 큰 관심을 받고 있는 법률이다. 이 법률은 중대한 재해의 발생 또는 발생 위험이 있는 기업들이 안전한 운영과 사업 환경을 구축하기 위해 준수해야 하는 법적 요건을 규정하고 있다.

중대재해처벌법은 기업들이 잠재적인 위험을 사전에 평가하고 예방하기 위한 체계를 갖추도록 규정하고 있다. 중대재해처벌법은 사회적으로 위험이 큰 산업분야(화학공업, 원자력발전 등)에서의 재해 발생을 예방하고 대응하기 위해 도입되었다. 이 법률의 목적은 기업들이 잠재적인 위험을 올바르게 평가하고 관리함으로써 안전한 사업 환경을 조성하는 것이다. 중대재해처벌법을 준수하는 것은 기업의 이익뿐만 아니라 사회적 책임을 다하는 것으로도 이어진다.

위험성평가는 잠재적인 위험을 식별하고 평가하는 과정을 말한다. 이는 중대재해 발생 가능성을 사전에 파악하고 예방하기 위해 필요한 절차이다.

위험성평가는 기업이 안전한 운영 환경을 확보하기 위해 필수적으로 수행되어야 한다.

기업은 위험성평가를 통해 잠재적인 위험을 식별하고 조치를 취함으로써 재해 발생 가능성을 최소화할 수 있다.

위험성평가는 다음과 같은 절차로 수행된다.

첫째, 위험식별 : 잠재적인 위험을 식별하고 등급화

둘째, 위험평가 : 위험의 크기와 영향을 평가하고 우선순위를 결정

셋째, 위험관리 : 위험을 통제하기 위한 계획을 수립하고 실행

위험성평가는 위험식별, 위험평가, 위험관리의 주기적인 반복을 통해 지속적으로 진행되어야 한다.

ISO인증은 국제 표준화 기구(ISO)가 인정하는 품질, 환경, 안전보건 등의 관리 체계를 인증하는 절차이다. 이는 기업들이 고객 요구사항을 충족시키고 사회적 책임을 다하기 위해 필요한 요건이다. 중대재해처벌법과 ISO인증은 서로 연관성이 높다. 중대재해처벌법을 준수하는 기업들은 ISO인증을 통해 안전한 운영 환경을 구축함으로써 관련 법규를 적절히 준수하고 있는지 검증할 수 있다. ISO인증은 기업에게 다양한 이점을 제공한다.

첫째, ISO인증은 기업의 신뢰성을 높여 고객과의 신뢰 관계를 강화한다.

둘째, ISO인증은 기업 내부 프로세스의 효율성을 향상시킨다.

셋째, ISO인증은 기업의 이미지 개선과 경쟁력 강화에 기여한다. 또한, ISO인증을 통해 중대재해처벌법 준수와 관련된 요구사항을 충족시킬 수 있다.

중대재해처벌법을 준수하기 위해 기업은 다음과 같은 ISO인증 절차를 거쳐야 한다.

첫째, ISO인증을 받기 위한 요건을 파악하고 필요한 조치를 취한다.

둘째, 관련된 ISO인증 규격을 준수하기 위한 내부 프로세스를 수립한다.

셋째, 외부 감사 및 평가를 통해 ISO인증을 받는다.

ISO인증은 중대재해처벌법 준수를 검증하기 위한 중요한 도구이다.

실제 기업들은 위험성평가와 ISO인증을 통해 안전한 운영 환경을 구축하고 있다. 예를 들어, 한 기업은 위험성평가를 통해 발생 가능한 화재 위험을 식별하고 화재 대응 계획을 수립했다. 또 다른 기업은 ISO인증을 통해 품질 관리 체계를 갖추고 제품의 품질을 보장하였다. 이러한 사례들은 중대재해처벌법 준수와 관련된 위험성평가와 ISO인증의 중요성을 보여준다. 중대재해를 예방하기 위해 기업들은 다음과 같은 실천 방안을 고려할 수 있다. 첫째, 잠재적인 위험을 사전에 평가하고 필요한 예방 조치를 취한다. 둘째, 중대재해 예방을 위한 교육 및 훈련 프로그램을 실시한다. 셋째, 위험 관리를 위한 목표를 설정하고 성과를 평가한다. 중대재해 예방은 기업의 안전한 경영을 위해 필수적인 활동이다.

법규 준수와 인증은 중대재해 예방을 위한 필수적인 요건이지만, 기업은 이를 넘어서 안전 문화를 조성해야 한다. 안전 문화 조성은 기업 내부에서 안전이 최우선 가치로 자리잡고 있는 상태를 말한다. 이를 위해 기업은 임직원 교육, 안전 규정과 절차 수립, 리더십의 역할 등을 고려하여 안전 문화를 조성해야 한다. 안전 문화가 정착된 기업은 중대재해 예방에 더욱 효과적이다. 중대재해처벌법 준수와 ISO인증은 기업의 안전한 경영을 위해 필요한 요건이며, 안전 문화 조성을 통해 중대재해를 예방할 수 있다. 기업들은 이러한 요건과 방법을 참고하여 안전한 운영 환경을 구축하고 사회적 책임을 다하는 데 최선을 다해야 한다.

6. 중소기업 안전경영 처벌이 아닌, 준비가 답이다

중소기업은 우리나라 경제의 견인차 역할을 하고 있지만, 대기업에 비해 안전관리 측면에서 상대적으로 부족한 점이 많은 것이 사실이다. 하지만 중소기업이 안전경영의 중요성을 인식하고 이를 체계적으로 추진한다면, 기업의 안전성과 신뢰도를 높일 수 있을 뿐만 아니라 사회적 책임을 다하는 모범적인 기업으로 거듭날 수 있다.

안전경영의 시작은 바로 '준비'에서 비롯된다. 무엇보다 중요한 것은 관련 법규와 기준에 대한 철저한 이해다. 중소기업은 국내외의 안전 관련 법규와 기준을 꼼꼼히 파악하고 숙지해야 한다. 이를 통해 기업이 준수해야 할 최소한의 안전 요구사항을 명확히 인지할 수 있다. 또한 규제 변화에 발맞춰 제도를 지속적으로 업데이트해 나가는 것도 중요하다.

다음으로 안전관리를 전담할 조직과 인력을 갖추는 것이 필수적이다. 전문 인력을 확보하여 안전관리 업무를 체계적으로 수행할 수 있도록 해야 한다. 담당 부서와 인력에 대한 적절한 권한과 예산을 부여하여 안전관리 활동을 원활히 수행할 수 있는 환경을 조성해야 한다. 직원 교육 또한 안전경영의 핵심 요소이다. 정기적인 안전 교육을 통해 직원들의 안전의식을 높이고, 안전수칙 준수의 중요성을 인식시켜야 한다. 이론 교육뿐 아니라 실제 사례를 활용한 체험식 교육도 도입할 필요가 있다. 아울러 새로운 법규나 기준 변경 사항에 대해서도 지속적인 교육이 이뤄져야 한다. 중소기업은 자체적인 안전 정책과 체계를 수립해야 한다. 안전 정책은 기업의 안전관리에 대한 기본 방침과 목표를 명시하는 것이다. 이를 바탕으로 안전 체계를 구축해야 하는데, 여기에는 정책 실현을 위한 구체적인 절차와 지침, 위험성평가 방법 등이 포함된다. 이를 통해 안전관리에 대한 통제력을 확보하고 잠재적 위험을 사전에 예방할 수 있다.

위험성평가와 관리는 필수적인 과정이다. 위험성평가는 작업 환경과 프로세스에서 발생 가능한 위험 요인을 체계적으로 식별하고, 이에 대한 예방 조치를 수립하는 일이다. 중소기업은 정기적으로 위험성평가를 실시하여 작업장의 위험을 최소화해야 한다. 아울러 이를 바탕으로 위험관리 계획을 수립하고 체계적으로 운영함으로써 위험을 지속적으로 통제하고 관리해 나가야 한다. 안전 문화 구축을 위해서는 직원들의 적극적인 참여가 필수적입니다. 중소기업은 직원 제안 제도, 안전 캠페인, 우수 사례 포상 등을 활용하여 직원들의 자발적인 참여를 이끌어내야 한다. 직원들이 안전 활동에 적극적으로 동참할 때 비로소 안전에 대한 공동의 인식과 실천이 가능해진다.

효과적인 안전 장비와 기술의 도입 또한 중요하다. 작업장에는 기본적인 소화기, 환기시설 등의 안전장비를 반드시 갖춰야 한다. 나아가 첨단 기술을 활용해 작업 프로세스 자체를 안전하게 개선하는 노력이 필요한다. 예를 들어 자동화 기술, 원격 제어 시스템, 로봇 등을 도입하여 위험 작업을 최소화할 수 있다. 안전을 위한 투자는 곧 기업의 지속가능성을 위한 투자라는 인식이 필요하다. 정기적인 안전점검과 모니터링을 통해 안전관리 효과를 평가하고 개선해 나가는 것 또한 필수적이다. 안전점검에서는 시설, 장비, 작업환경 등 전반적인 위험요인을 점검하고 이를 개선해 나간다. 아울러 전체 안전관리 체계에 대한 모니터링을 실시하여 문제점을 파악하고 보완해야 한다. 점검과 모니터링 결과를 바탕으로 지속적인 개선 활동을 전개해 나가야 한다.

사고 발생에 대비한 대응 및 복구 계획 또한 필수적이다. 중소기업은 사고 발생 시 신속하게 대응하여 인명과 재산 피해를 최소화할 수 있는 구체적인 매뉴얼을 갖춰야 한다. 이를 위해 비상대응팀을 구성하고 정기적인 모의훈련을 실시해야 한다. 아울러 사고 후 정상 업무 복귀를 위한 단계별 복구 계획을 수립해 두어야 하며, 이 과정에서 외부 전문가의 자문을 받는 것도 도움이 된다. 안전경영은 일회성이 아닌 지속가능한 발전을 지향해야 한다. 이를 위해 중소기업은 안전관리 프로그램을 주기적으로 평가하고 개선해 나가야 한다.

안전경영의 지속가능한 발전을 위해서는 몇 가지 중요한 노력이 더 필요하다.

첫째, 중소기업은 안전관리 프로그램을 주기적으로 평가하고 개선해 나가야 한다. 안전 정책, 절차, 교육 등 전반적인 프로그램에 대한 정기 점검을 실시하고, 부족한 점이나 보완이 필요한 부분을 지속적으로 업그레이드해야 한다.

둘째, 관련 법규와 기준의 변화를 모니터링하고 이를 반영하여 제도를 업데이트해야 한다. 안전과 관련된 새로운 법령이나 가이드라인이 수시로 제정되고 개정되므로, 중소기업은 이를 수시로 확인하고 자사의 안전관리 시스템에 적절히 반영해야 한다.

셋째, 첨단 안전기술의 개발과 도입에도 힘써야 한다. 4차 산업혁명 기술의 발달로 안전 분야에서도 다양한 신기술이 등장하고 있다. 인공지능, 사물인터넷, 빅데이터 등의 기술을 적극 활용하여 안전관리를 고도화할 필요가 있다.

넷째, 국내외 우수 안전관리 사례를 벤치마킹하고 이를 자사에 적용하는 노력도 기울여야 한다. 안전 선진기업의 정책과 제도, 활동 사례 등을 참고하여 자사의 여건에 맞게 개선해 나가는 것이 바람직하다.

다섯째, 안전 분야 전문가와의 지속적인 협력과 자문을 활용해야 한다. 내부 역량만으로는 한계가 있으므로 외부 전문가의 조언을 수렴하여 체계적이고 전문적인 안전관리 시스템을 구축해 나가는 것이 중요하다.

마지막으로 중소기업은 안전경영에 대한 경영진의 확고한 의지와 지원이 필수적이다. 경영진이 안전을 최우선 가치로 여기고 이를 위해 적극적으로 자원을 투입할 때 비로소 안전경영의 실질적인 실천이 가능해진다. 안전문화 정착을 위한 최고경영진의 지속적인 관심과 메시지 전달도 중요한다. 중소기업이 '처벌'에 앞서 '준비'를 통해 안전경영의 진정한 가치를 인식하고 이를 체계적으로 실천해 나간다면, 기업의 안전성과 신뢰도를 높일 수 있을 것이다. 이를 통해 안전한 작업환경을 조성하여 근로자의 생명과 권리를 보호할 수 있다. 나아가 기업 경쟁력 제고와 지속가능한 성장의 기반을 마련할 수 있어, 궁극적으로 사회적 책임을 다하는 모범기업으로 자리매김할 수 있을 것이다.

에필로그

빠르게 변하는 글로벌 네트워크 비즈니스 시대에 대한민국도 그 변화의 흐름을 피해갈 수 없을 것이다. '느림의 미학, 천천히 늦어도 좋아'는 고전동화에나 나올 법한 얘기가 되었다. 중대재해처벌법, 위험성평가, ISO인증, ESG경영, AI 등등,,, 중소기업도 이러한 변화의 흐름에서 강 건너 불구경만 하고 있을 수는 없다. 어차피 해야 할 일이고, 누군가는 먼저 해야 할 일이라면, 내가 먼저, 우리 회사가 먼저 선도하는 프로티어 정신이 요구되는 시대인 것이다.

지금과 같은 변화무쌍한 시대, 기업에게는 문제의 핵심을 꿰뚫고 준비하고 대비하는 힘과 자세가 절실히 요구된다. 이 책을 읽는 모든 독자들이 기다림의 여유에서 빠져나와, 치고 나가는 역동의 힘을 느끼길 바란다. AI ESG 융합의 시대를 맞이하며….

"이제 선택이 아닌, 필수!"

김태진

- 현) 베에프 코리아(주)의 대표
- 국내에서 독일 세척제 연간 35만 캔 15억 이상 판매(자동차, 산업체)
- 알렉산드로 솔제니친이 노벨문학상을 받은 1970년 부산에서 출생, 경남대학교를 졸업하고 독일 Wepp GmbH(Additive) 수료,
- 숙명여대 AI ESG 융합전문가 과정
- 부산시, 시청자미디어센타: 제1회 부산 미디어 리터러시 대회 우수상(2020.11)
- 2022년 6월 제품환경규제 대응전문가(KOTTI시험연구원) 전문자격증 취득
- ISO 9001:2015(자동차 윤활유 생산,제조,~2025. 4월) 인증 획득
- 독일 CTWD 독점 브랜드(~2028.4.24.) 상표등록 완료
- 독일 안심 케미컬 전도사로 자동차 및 전 산업 분야에 126개 업체 파트너십 구축
- 2023~24년 2년 연속 국회부산도서관 전문 북큐레이터(~2024년 12월 31일)
- 베짱이 글방 연구소(출판사) 대표, 파이낸스투데이 부산지국 준비 중
- 한국지식컨텐츠진흥원 이사(www.kkcdi.co.kr)
- 숙명여자대학교 미래교육원 AI ESG 전문가 과정 1기 수료

이메일　tj3213@hanmail.net
블로그　https://blog.naver.com/tj32151
홈페이지　wfkorea.kr
연락처　010 9667 7936

03
AI 대전환 & ESG 대전환

학창 시절까지 문학을 전공하였으나 독일과 인연이 되어 독일 Wepp GmbH Additive 과정 수료 후 독일 환경친화적인 케미컬을 국내 독점 수입 공급원으로 벌써 10년을 눈앞에 두고 있다.

1,460일간, 35,040시간, 총 4년간의 적자, 시행착오 후 현재 국내 유명 수입차 서비스센터들과 협업을 통해 치열했던 만큼 비약적 발전하고 있다.

2022년엔 KOTTI 시험연구원의 '제품 환경규제 대응전문가' 자격증도 취득해 격변하는 화학 시장의 선제적 역할을 하고 있다. ESG경영 중 E(환경)에 특화된 기업활동으로 AI와 ESG융합전문가로서 실무와 보급에 앞서고 있다.

결국 가치와 철학을 버리지 않는 것이 끝까지 지속되는 방법의 하나라고 믿는다.

"We sell the value before the Price"

1. AI 대중화, AI 일상화란?

우리나라에서 전자계산기가 나온 것은 1968년부터였다. 그 당시 사칙연산을 배우는 학생들에게 계산기 사용을 가르치지 않은 적이 있었다. 기계에 편향될까 걱정되었던 이유였다. 하지만 지금은 누구나 자유롭게 계산가도 사용하고 연산도 하면서 효율적으로 잘 사용하고 있다. AI도 똑같다고 생각한다. 부작용이 두려워 금기시하고 외면하면 시대에 뒤처진다. 세계와도 멀어진다. 올바르게 잘 활용하면 된다.

AI를 모르면 내일 당장 일자리를 잃는 것은 아니지만 AI를모르는 사람과 대체될 지도 모른다. 트랜드 자체가 그렇다. 1~2년 사이에 변하는 트랜드와 달리 메가 트렌드는 수 년간 지속될 큰 흐름이다. 게임체인저, 신성장동력이나 하는 용어가 주류인 까닭이다. AI대전환, ESG대전환 한때의 유행이 아닌 분명히 필수이고 기회이다. 최고의 혁신 도구인 'AI'와 'ESG'를 잘 활용하여 게임체인저로서 대비와 대응이 필요하다. 특히, 'AI 대중화', 'AI 일상화'를 국내에서 처음으로 주장하신 분은 숙명여자대학교 경영전문대학원 교수로 계시는 문형남 교수이다. 전 국민이 사용할 수 있는 '생성형 AI활용 가이드라인' 열 가지를 제정했다.

생성형 AI 활용 가이드라인

1. 생성형 AI의 특성과 장점 및 단점 등을 잘 이해하고 사용해야 한다.
2. 생성형 AI를 사용할 때는 챗GPT, 제미나이, 코파일럿, 클로바X, 뤼튼, 에이닷, 네이버 큐(Cue:) 등을 복수로 사용한다.
3. 생성형 AI가 틀린 답을 할 경우, 생성형 AI에게 바른 답을 알려준다.
4. 생성형 AI 사용자는 항상 윤리의식을 갖고 사용해야 한다.
5. 항상 보안의식을 갖고 개인정보나 기업정보를 입력하지 말아야 한다.
6. 생성형 AI의 답변 중에 틀린 내용을 분별할 수 있도록 노력해야 한다.
7. 생성형 AI 관련 기술과 부가 기능 등 최신 동향을 파악해서 활용한다.
8. 생성형 AI를 활용해서 업무와 학습의 효율을 제고하도록 노력해야 한다.
9. 생성형 AI 관련해서 잘못된 정보들이 많은데, 이를 분별해야 한다.
10. 생성형 AI는 나를 도와주는 것이라는 정확한 관계 인식을 해야 한다.

출처: 문형남 · 한국AI교육협회 · 인공지능(AI)융합연구소 · ESG 메타버스발전연구원(2023)

2. AI와 공교육

ChatGPT 등 생성형 AI의 등장으로 우리 사회는 인공지능 시대라는 디지털대전환을 맞이하고 있다. 우리 교육도 시대적 요구에 부응하여 다양성과 자율성을 근간으로 한 창의융합형 인재를 길러내는 새로운 교육 패러다임으로 전환해야 할 필요가 있다.

선진국에서는 이미 AI를 교수학습에 접목하기 위한 다양한 정책을 추진하고 있다.

 2025년에 우리나라는 AI 디지털교과서를 도입할 예정이며 이를 위한 교원의 디지털 리터러시 역량 강화를 위해 더욱 노력하고 있다.

 AI를 활용한 개인별 맞춤형 교육은 사교육비 증가 및 교육격차와 같은 교육적 난제 해결에 도움을 줄 것으로 기대를 모으고 있다. AI 디지털 교과서를 채택함으로써 전국의 초・중・고 학생들은 개인의 학습 수준과 특성에 맞는 맞춤형 학습을 하고, 교사들은 학습데이터 분석을 바탕으로 교육과정을 설계할 수 있다.

 제21대 국회에서도 지방교육재정교부금법을 개정하여 상향 조정된 특별 교부금을 디지털교육혁신 분야에 활용하도록 하고 있다. 또한 AI 디지털교육을 체계적으로 지원하기 위해 '디지털 기반 공교육 혁신에 관한 특별법안'도 발의한 바 있다.

 우리는 AI가 가져올 긍정적인 변화를 활용하고, 동시에 잠재적인 위험을 신중히 관리해야 할 책임이 있으며, AI의 교육적 활용에 앞서 디지털 격차 심화, 신뢰성과 공정성 문제, 학습데이터 관리와 개인정보보호 등의 중요한 고려사항들을 염두에 두어야 한다.

 이에 AI ESG융합전문가로서 교육에서의 AI 활용, 국내외 AI 교육 정책 및 활용사례, 전문가 견해 등을 정리하여 소개한다. 이번 내용들이 디지털전환 시대성공적인 공교육 혁신을 위한 정책 마련과 정보 공유에 도움이 되기를 기대한다.

1) AI의 교육적 활용

AI내용교육 ➡ AI의 개념, 원리, 알고리즘, 문제해결을 다루는 교육

AI활용교육 ➡ 다양한 교과의 학습을 촉진하기 위해 도구로 AI를 활용하는 교육

AI 융합교육 ➡ AI에 대한 이해를 바탕으로 문제 상황에 적절한 AI기술을 활용하는 교육

2) 활용기술

가. 텍스트 생성AI

텍스트 생성 AI는 대량의 텍스트 데이터와 딥러닝 알고리즘을 기반으로 문장, 단락, 글을 생성하는 데 사용되는 기술임. - 텍스트 생성 AI는 자연스러운 대화형 인터페이스를 통해 유연하고 동적인 상호작용이 가능하며 학습 데이터를 기반으로 개인화된 학습환경을 제공함. - 질문에 대한 즉각적인 답변과 설명을 제공하는 질의응답 챗봇, 학생들의 문법, 어휘, 작문 스타일 개선에 도움을 주는 실시간 피드백, 과제 및 퀴즈 생성 등에 활용할 수 있음.

나. 이미지 생성 AI 기술

이미지 생성 AI는 입력된 텍스트로부터 이미지를 생성하는 기술로

교사가 교수학습 자료를 준비하거나 개별 학생의 관심사에 해당하는 이미지를 생성하여 학생들의 학습 동기를 유발할 수 있음.- 수업에 필요한 이미지를 찾기 어려운 경우, 교사는 이미지 생성 AI를 사용하여 시각적 자료를 만들 수 있음.- 시각 자료를 통한 학습을 선호하는 학생에게 풍부한 이미지를 제공함으로써 맞춤형 교육 경험을 제공하는 데 활용될 수 있음.

_ 출처:박지영. (2023.6.30). 생성형 AI 기술과 AI 기반 맞춤형 교육. KERIS 디지털교육 동향, 12, 29, 31

다. 비디오 생성AI

비디오 생성 AI는 입력된 이미지, 텍스트 정보를 바탕으로 동적인 영상 콘텐츠를 생성하는 기술이며 이미지 생성 AI와 유사하게 수업 자료 준비에 활용할 수 있음

수학 또는 과학 개념을 시각적으로 설명하고 학생들이 수업에서 다양한 현상 및 시나리오를 AI가 생성한 비디오를 통해 시각적으로 볼 수 있도록 하거나 실험 과정을 시뮬레이션하는 용도로 활용할 수 있음

라. 코드 생성AI

코드 생성 AI는 프로그램에 대한 자연어 설명 등을 통해 전체 코드를 자동으로 생성하거나 일부를 완성하는 기술로, 프로그래밍 교육에서 다양한 교육용 코드 및 학습 문제와 같은 교수학습 자료 준비에 활용할 수 있음.

마이크로소프트의 깃허브 코파일럿(GitHub Copilot)6)은 코드 생성 AI의 대표적인 사례로, 다음과 같이 활용될 수 있음.

- (코드 설명) 학생들에게 코드 작성의 목적과 과정을 명확하게 이해할 수 있도록 도움을 제공함.
- (코드 제안) 학생들의 코딩 작업 중 더 나은코드를 작성할 수 있도록 유용한 힌트를 제공함.
- (오류 수정) 코드에서 발생한 오류를 감지하고 수정을 제안하여 학생들은 자신의 코드에서 발생한 버그를 빠르게 해결하고 프로그래밍 실력을 향상시킬 수 있음.

_ 출처:김슬기. (2023.9). 생성형 AI를 활용한 프로그래밍 교육용 코드 생성 프롬프트 개발. 컴퓨터교　육학회 논문지, 26(5), 108-109.
_ 출처: '코파일럿(Copilot)' 이란 본래 조종사를 도와 항공기를 조종하는 부조종사를 뜻하는 용어로, AI 코파일럿이 사용자 옆에서 보조하며 보다 효율적으로 작업을 수행할 수 있도록 돕는것을 의미함

마. AI코파일럿 기술

코파일럿 기술은 학생 역량 분석, 맞춤형 콘텐츠 생성 등 교사 업

무를 다음과 같이 지원할 수 있음. 아래 표는 증강된 교사를 위한 AI 코파일럿 기술 관련건이다.(2023년)

_ 출처:유미나,진성희,서경원..국내외 AI보조교사 활용사례 및 기술동향.한국교육학술정보원, 30-35.

3) AI 교육의 기대화 한계

전통적 교사	AI 코파일럿 기술을 통해 증강된 교사	
교과과정 개발 (Curriculum Development)	맞춤형 교과과정 설계 (Personalized Curriculum Design)	• AI: 학생 데이터 기반 맞춤형 개별 교육과정 설계 • 교사: AI가 제안한 교육과정 평가 후 맞춤형 교육과정 제공
	교육 자료 개발 (Development of Instructional Materials)	• AI: 다양한 콘텐츠 분석을 통해 교육 자료 파악 후 교사의 교육 목표와 일치하는 콘텐츠 생성 • 교사: 콘텐츠 기반 교육 자료 최종 완성
수업 촉진 (Teaching and Facilitation)	기초교육 지원 (Foundational Learning Support)	• AI: 학생 데이터베이스 분석을 통해 학생별 특정 학문적 필요에 맞춘 콘텐츠 제공 • 학생: 맞춤형 AI 생성 콘텐츠를 통해 학습
	자기 반성 지원 (Self-Reflection Support)	• AI: 학생들의 학습 진행 상황을 분석하고 자기 반성을 촉진하기 위한 피드백 제공 • 학생: 피드백을 통한 자기 반성, 필요시 상담과 지원을 연결
	학생 평가 (Student Evaluation)	• AI: 학생들의 성적, 독서 기록, 봉사활동 등 종합 분석 후 학생 평가 샘플 구문 생성 • 교사: AI 생성 구문 참고해 학생 평가 작성
상담 (Guidance)	진로 상담 (Career Guidance)	• AI: 다양한 직업, 적성 등 학생 직업 전망에 대한 분석 결과를 교사에게 제공 • 교사: AI 분석 기반 맞춤형 직업 지도 제공

가. AI를 활용한 교육적 난제 극복에 대한 기대

개별화 교육: AI는 빅데이터를 기반으로 학생의 동기, 관심사, 학

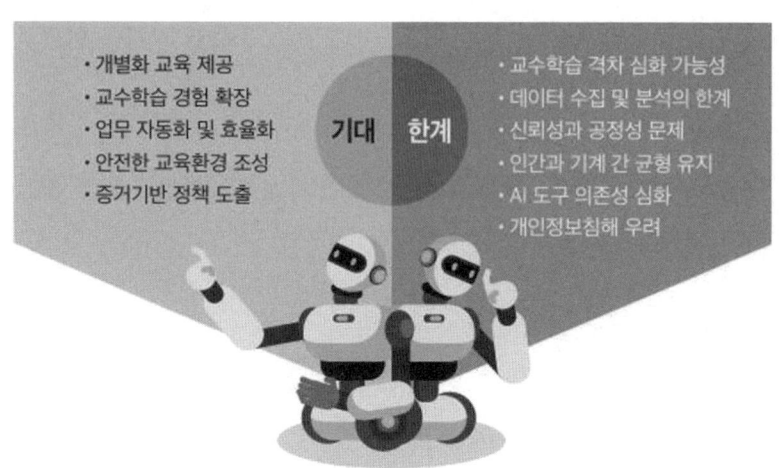

습 수준 등을 종합적으로 판단하여 맞춤형 수업을 제공할 수 있으며, 학습 과정의 실시간 분석을 통해 학습 격차를 줄이는 데 긍정적 영향을 줄 수 있음.

교수학습 경험 확장: AI가 다양한 에듀테크8)와 결합하면 고비용, 고위험,

많은 시간 소요 등으로 교실에 접목하기 어려웠던 교육 활동을 지원할 수 있어 학생들이 시공간의 제약을 벗어난 학습 경험을 할 수 있음.

업무 자동화 및 효율화: 학교에서 단순, 반복적으로 수행되는 업무를 자동화하여 교수자가 교수학습에 집중할 수 있는 여건을 마련함.

안전한 교육환경 조성: AI는 예측모델을 통해 학습자의 학습 행위

를 지원하고 위험 요소를 통제하여 안전한 교육환경을 제공하며, 지능형 CCTV, 사물인터넷 등 센서와 연계하여 각종 위해 요소를 사전에 진단하는 예방적 교육 활동이 가능함.

증거 기반의 정책 도출: 현재까지는 교육 정책을 정량/정성적으로 평가하는 데 한계가 있었으나, AI가 수집하는 각종 데이터를 이용하여 증거 기반의 정책 도출이 가능해짐.

나. 한계 및 우려

교수학습 격차 심화: 사회·경제적 배경에 따라 접근할 수 있는 AI 콘텐츠와 서비스의 질이 달라질 수 있어 교수 격차가 심해질 수 있고, 소외계층일수록 정보 격차와 학습 격차가 심화될 수 있음.

데이터 수집 및 분석의 한계: 교육 상황에서 발생하는 데이터는 교사와 학생 간 대화, 발표 등 대부분 비정형 데이터로 이를 전처리하고 분석, 해석할 수 있는 학습분석 기술이 요구됨.

신뢰성과 공정성 문제: AI는 데이터 기반으로 학습하기 때문에 주어진 데이터에 따라 편향성을 가질 수 있어 AI의 윤리적 개발과 활용에 관심을 가져야 하며, 데이터 수집과 활용 과정에서 모집단 편향성, 데이터 객관성 등의 의미가 분명하게 규명될 필요가 있음.

인간-기계 균형 유지: AI는 보조적인 역할을 수행할 뿐 교사와 학생들 간 인간적인 상호작용과 피드백이 필요하므로, 교사는 AI 도구를 활용하면서도 정서적인 지원과 교육적 상호작용을 유지하는 데 주의를 기울여야 함.

AI 도구 의존성 심화: 학습 환경과 교육 목표에 맞지 않게 과도하게 AI 도구에 의존할 경우 학습 경험을 제한할 수 있으므로, 교사는 학생들의 창의성, 비판적 사고, 협력 등 다양한 학생 역량을 발전시키는 데 초점을 맞추어야 함.

개인정보침해 우려: 교육용 AI 콘텐츠는 학생들의 개인 데이터를 수집하고 분석해서 개인화된 학습 경로를 제공하기 때문에 이 과정에서 개인정보보호에 대한 주의가 필요함.

출처:이동국,이은상,이봉규.(2021).인공지능(AI) 활용 교육을 위한 교사 역량 도출 연구. 충북교육정책연구,

3. 4차 산업혁명시대 시대(ESG&AI)의 신 무역(수출입 통관)

1) 디지털 수출입 통관의 등장

우리나라 관세청의 통관시스템은 UNI-PASS를 바탕으로 한 Paperless 통관시스템을 추구하고 있 다. 12)13) 이 같은 싱글윈도우(Single Window) 시스템은 국가의 통관 절차를 통합하고 단일 창구를 통해 수입 및 수출에 관련된 모든 관련 정보를 통합 관리하는 시

스템이다. 관세청, 통관 담당 기관, 수출입 업체 등 각각의 주체들이 필요한 정보를 싱글윈도우 시스템에 입력하고 공유함으로써, 통관 절차를 효율적이고 원활하게 처리할 수 있다. 이를 통해 관련 기관 간의 협력과 정보교환을 간소화하 여 비용과 시간을 절감하고, 통관 절차의 투명성과 신속성을 높일 수 있다.

한편, UNI-PASS는 통관 절차의 자동화와 디지털화를 통해 기업들의 업무 효율성을 향상시키고, 국가 간의 무역 협력을 강화하는 데 도움을 준다. 이는 물품의 수입신고, 관세 계산, 검사, 납부 등의 과정을 통합하여 관련 기관들이 효율적으로 협력할 수 있도록 지원한다.

그럴 뿐만 아니라, 4차 산업혁명 시대에서 수출입 통관은 기술과 디지털화의 발전에 따라 변화하고 있다. 4차 산업 기술을 통해 전통적인 수출입 통관 절차에 비해 더욱더 효율적이고 스마트한 방식으로 진행된다. 4차 산업 혁명을 통한 수출입 통관은 1) 자동화 및 디지털화, 2) 빅데이터와 인공지능 활용, 3) 스마트 관세 관리, 4) 블록체인 기술 도입 등으로 요약할 수 있다. 4차 산업 시대의 수출입 통관은 기술의 발전과 디지털화의 영향을 받아 더욱 스마트하고 효율적인 방식으로 진행된다. 이러한 변화는 수출입 업무의 효율성과 안전성을 향상하고, 기업들이 글로벌 시장에서 경쟁력을 갖출 수 있는 기회를 제공한다.

〈4차 산업혁명시대 수출입통관〉

A. 블록체인 기술 도입

- 신뢰성/투명성 확보 추적성/안정성 보장 −당사자간 신뢰 강화

B. 자동화 및 디지털화

−전자 통관서류 제출, 관세납부 전산화, 지연 최소화 및 효율성 극대화

C. 스마트 관세관리

−신속 정확 관세 산출 세관검사

−통관 효율성 향상

−플랫폼 통한 상태 조회

D. 빅데이터와 AI 활용

−관세/거래 빅데이터 분석, 통관 위험요소 탐지

−세관 검사/심사 절차 최적화

2) 전자통관시스템을 활용한 수출입 통관

수출입통관이 무역에서 차지하는 위치와 중요성은 통관절차가 수출입 거래 절차의 중심부에 위치 하고 있는 것을 확인할 수 있다. 수출업자 입장에서 계약물품을 외국으로 이동하기 위해서 운송수단에 선적하기 전에 반드시 통관절차를 거쳐야 하고, 수입업자 입장에서

는 계약물품을 수입국으로 반입하기 위한 필수 과정이다. 16)

한편, 디지털 전환 시대에서는 관세법에 따른 통관절차도 변화하고 있다. 관세법 제2조 13호에서 언급된 '통관'은 디지털화와 자동화의 영향을 받아 혁신적인 방식으로 진행되고 있다.17)

먼저, 디지털 전환 시대에서는 신고, 검사, 심사, 신고처리 등의 세관 절차가 전자적인 방식으로 이루어진다. 기존의 종이 문서 대신에 수출입업자는 디지털 신고 시스템을 통해 물품 내용을 과세관청에 알리게 된다. 검사 과정에서는 자동화된 시스템이 신고 내용과 물품이 일치하는지를 확인하고, 심사 과정에서는 디지털 데이터를 분석하여 신고 내용의 정확성을 검토한다. 마지막으로, 신고처리는 전자적인 방식으로 이루어지며 과세관청은 디지털 데이터를 받아들인다. 이처럼 디지털 신고 시스템과 자동화된 절차를 통해 물품의 원활한 이동과 수출입 거래의 원활한 진행이 가능해지고 있다.

(1) 수입통관

최근 원활한 수입통관을 위해 관세청의 전자통관시스템인 UNI-PASS가 이용되고 있다. UNI-PASS 시스템 상의 수입신고에는 입항일자, 결제방법, 운송수단, 관세징수 형태 등이 포함되며 수입통관 신고를 작성하고 제출한다. 또한, UNI-PASS는 관세 및 부가세를 자동으로 계산하여 수입품의 분류, 국가별 관세율, 부가세 등을 고려하여 정확한 금액을 계산하여 제공하고 있으며 UNI-PASS를 통해 신고된 수입품은 통관 검사를 통해 수입품의 합법성과 품질을 확인한다.

이 같은 수입신고는 수입하고자 하는 자가 우리나라에 수입될 물품을 선적한 선박 또는 항공기가 1) 출항하기 전, 2) 입항하기 전, 3) 입항 후 물품이 보세구역에 도착하기 전, 4) 보세구역에 장치한 후 등의 과정 중에 선택하여 세관장에게 수입신고 하고, 세관장은 수입신고가 관세법 및 기타 법령에 따라 적법하고 정당하게 이루어진 경우에 이를 신고수리하고 신고인에게 수입신고필증을 교부하여 수입물품이 반출될 수 있도록 하는 일련의 과정이다.

① 출항 전 신고

항공기로 수입되는 물품이나 일본, 중국, 대만, 홍콩으로부터 선박으로 수입되는 물품을 선(기)적한 선박과 항공기가 해당물품을 적재한 항구나 공항에서 출항하기 전에 수입신고하는 것을 말한다.18)

② 입항 전 신고

수입물품을 선(기)적한 선박과 항공기가 입항하여 해당물품을 적재한 항구나 공항에서 출항한 후 입항하기 전에 수입신고하는 것을 말한다. 관세법 제135조에 따라 최종 입항보고를 한 후 하선(기) 신고하는 시점을 기준으로 하지만 입항보고를 하기 전에 하선(기) 신고하는 경우에는 최종 입항보고 시점을 기준으로 한다.

③ 보세구역 도착 전 신고

수입물품을 선(기)적한 선박과 항공기가 입항하여 해당물품을 통관하기 위하여 반입하려는 부두 밖 컨테이너 보세창고와 컨테이너 내륙통관기지를 포함한 보세구역에 도착하기 전에 수입신고 하는 것을 말한다.

④ 보세구역 장치 후 신고

수입물품을 보세구역에 장치한 후 수입신고하는 것으로 관세법 제241조 3항에 따르면, 수입하거나 반송하려는 물품을 지정장치장 또는 보세창고에 반입하거나 보세구역이 아닌 장소에 장치한 자는 그 반입일 또는 장치일로부터 30일 이내에 수출 및 수입 또는 반송신고를 하여야 한다.19)

⑤ 수입물품검사

세관공무원은 관세법 제246조에 따라 수출입 또는 반송하려는 물품에 대하여 검사를 할 수 있다. 최근 검사는 관세청이나 관련 기관에 의해 수행되며, 필요에 따라 실물 검사, 엑스레이 검사, 샘플 추출 등이 이루어진다. 세관장은 수입신고가 관세법에 따라 적합하게 이루어졌을 때에는 지체없이 수 리하고 신고인에게 신고필증을 발급한다(관세법 제284조 1항).

세관장은 관세를 납부해야 하는 물품에 대하여 신고를 수리할 때 관세채권의 확보가 곤란한 경우 등은 관세에 상당하는 담보의 제공을 요구할 수 있다.20)

(2) 수출통관

수출신고는 물품 내용에 관하여 수출업자가 그 내용을 과세 관청에 알리기 위해 세관장에게 EDI(Electronic Data Interchange)나 인터넷을 통해 관세청 UNI-PASS에 수출신고 자료를 전송하는 것이다. 관세법 제242조에 따르면 수출신고는 수출물품의 화주, 관세사, 관세법인, 통관취급법인이 할 수 있다. 수출신고 시기는 수출물품이 확보된 후 적재하기 전까지 수출물품이 장치된 물품소재지를 관할 하는 세관장에게 신고하여야 한다.

최근 디지털 기술의 발전으로 인해 수출신고는 더 이상 보세구역 등에 화물을 반입한 후 세관검사 등의 절차를 거치지 않고도 이루어질 수 있게 되었다. 수입통관과 마찬가지로 수출통관은 Paperless 통관 시스템을 통해 이루어지며, 일반적으로는 관세청의 전자통관시스템(UNI-PASS)을 통해 전자문 서를 전송하는 방식으로 자유롭게 신고가 가능하다.21) 이와 같은 UNI-PASS를 통해 수출통관 절차는 효율적이고 투명한 방식으로 처리되어 수출품의 합법성과 안전성을 보장하며, 원활한 수출 거래가 이 루어지고 있다.

한편, 수출 심사는 신고 내용이 정확한 것인지 확인하는 과정으로 수출신고된 내용에 대해 형식적 요건이 정확히 신고되었는지를 확인하는 요건 심사가 이루어진다. 이상이 없을 경우 신고가 수리되어 수출신고필증이 교부된다. 수출신고 된 물품에 대한 신고서의 처리방법은 자동수리, 심사후 수리, 검 사후 수리 세가지 방법으로 처리된다.22)

① 자동수리(수출신고서의 작성 및 수리)

전산에 의하여 자동으로 수리되는 것을 말한다. 검사대상 또는 서류제출대상이 아닌 물품은 수출통 관시스템에서 자동수리된다.

② 심사후 수리

자동수리대상이 아닌 물품 중 검사가 생략되는 물품으로 세관직워이 신고 내용을 심사하고 수리하 는 방법이다.

③ 검사후 수리

현품검사기 필요한 신고물품에 적용되는 수리방법이다. 수출물품에 대하여는 검사생력이 원칙이나 수출시 현품의 확인이 필요한 경우와 우범물품으로 선별된 물품 중 세관장이 검사가 필요하다고 판단 한 물품에 대하여 수출물품을 실제로 검사하고 수출신고를 수리하는 방법이다.

④ 수출신고 물품 검사

디지털 기술의 발전으로 인해 물품 검사 자동화가 진행되고 있다. 수출검사란 수출신고에 따라 신 고내용과 물품이 일치하는지 여부를 확인하는 과정이다. 물품은 사전에 세관에 등록된 데이터와 연계 되어 실시간으로 검사가 이루어질 수 있도록 되었다. 센서 기술과 이미지 인식 기술의 발전으로 물품 물품 검사 과정은 빠르고 효율적으로 이루어질 수 있게 되었다. 의 상태를 실시간으로 모니터링하고, 자동으로 일치 여부를 판단하는 시스템이 구축되었다. 이를 통해 물품 검사 과정은 빠르고 효율적으로 이루어질 수 있게 되었다.

4 ESG의 중요한 역사적 배경

ESG는 지속가능성에서 출발해 유엔의 새천년개발목표(MDG)와 지속가능발전목표(SDG)와도 밀접한 관련이 있다. ESG의 정의 또한 다양한 해석이 있었으나 지속가능성 3P(Planet, People, Prosperity)와도 비슷한 개념이다. 즉, 조직의 지속가능성 요소인 환경(환경경영), 책임(책임경영), 투명경영을 뜻한다. 이를 고려해야 지속 가능한 발전을 할 수 있는 것이다.(출처:문형남교수)

다시 말해서 지구를 살리고 사람을 살리고 함께 번영하는 것이다. 단순히 환경, 사회, 지배구조라는 개념은 의역해서 수정할 필요가 있다고 생각한다.

이번 1장에서는 ESG의 역사적 배경에 대해 알아보죠. 이전 90년대는 CSR(Corporate Social Responsibility: 기업의 사회적책임)개념이 기업간 중요했었다. 이제 ESG의 그 역사배경 중 중요한 사건을 소개한다.

2011년에 '월가를 점령하라'는 시위가 미국에서 일어났다. 미국 재계는 발칵 뒤집힌다. 시위대는 세계 금융위기 이후 미국 은행들은 혈세로 살아 남았지만 일반 국 민들은 실업자 신세가 되었다는 불만을 쏟아낸다.

시위는 미국에서만 벌어지지 않는다. 전 세계로 확산된다. 이러다 자본주의가 망 한다는 걱정이 미국 재계에 번진다. 결국 미국 재계는 숙고에 들어간다. 미국 200 대 기업 CEO들로 구성된 비즈니스라운드테이블은 월가 시위 다음 해인 2012년 긴 급 진화에 나선다. '이해관계자 자본주의' 선언을 내놓는다. 신자유주의가 주류를 이루던 시대에 주주 이익만이 아니라 고객과 종업원, 협력사까지 이익이 되게 기업 을 운영하겠다는 미국 대표 기업인들의 다짐은 엄청난 사건이었다. 특히 선언문에 는 고객, 종업원, 협력사 등이 주주보다 앞서 거론된다.

자본시장에서는 이해관계자 자본주의를 기초로 한 ESG(환경·책임·투명경영)가 제 2충격을 준다. 세계 최대 자산운용사 블랙록을 이끄는 래리 핑크 회장은 2016년 CEO 서한을 통해 "기업은장기적 관점에서 성장을 목표로 해야 하며 지속가능한 이 익을 위해서는 ESG에 집중해야 한다"는 투자원칙을 기업들에 통보한다. 핑크는 당시 기업인 친구에게 핀잔을 들었다. ESG라는 개념도 생소할 뿐만 아니라 좌파적 색채의 기업경영을 주문했다는 질타였다. 대다수 미국 기업들은 주주인 블랙록의 '지시'에 맞춰 생각보다 빨리 ESG 도입에 나선다. 이후 유엔에서 2005년 유엔책임투자원칙(UNPRI)이 ESG(환경,책임,투명경 영)을 공식적으로 제시한 이래 기업에 요구되는 ESG 경영 방식은 시대 변화에 발맞춰 더욱 다양해지고 있다. ESG의 역사적 배경에 있는 주요 이정표는 다음과 같다.

1970년대~1980년대: 환경주의의 첫 번째 물결은 오염, 자원 고갈 및 기후 변화 에 대한 우려에 의해 나타났다. 이로 인해 기업의 환경 영향에 대한 관심이 높 아졌다.

1990년대~2000년대: 기업들이 노동 관행, 인권, 다양성 및 제품 안전을 다루어 야 한다는 압박에 직면하면서 사회적 문제가 부각되었다. 적극성과 사회적 책임 이 있는 투자가 탄력을 받았다.

2000년대 2010년대: 기업 지배구조는 세간의 이목을 끄는 기업 스캔들과 금융 위기 이후에 중점을 두는 핵심 영역이 되었다. 투명성, 책임성, 주주권을 개선 하기 위한 지배구조 개혁이 주목받았다.

2005년: 유엔은 책임 있는 투자를 위한 원칙(PRI)을 도입하여 투자 의사 결정 프로세스에 ESG 요소의 통합을 촉 진했다.

2010년대: ESG 프레임워크(툴)가 주목을 받았고 GRI(Global Reporting Initiative) 및 지속 가능성 회계 표준과 같은 다양한 이니셔티브 및 보고 프레임워크가 등 장했다. 특히, ESG 부문에서 사회적책임S(Social)의 90년대와 2000년대~2010년 대의 구체적인 사례를 살펴보자. 이하 15가지의 구체적인 예시들이다.

먼저 ① 작업 관행: 공정한 임금 보장, 안전한 근로 조건 및 근로자의 권리 보호 인데, 예를 들어, 섬유 산업의 노동 현장이나, 1990년대에 나이키와 같은 회사는 특히 인도네시아와 베트남과 같은 국가에서 공급망에서 노동 착취 관행 등이다.

② 인권: 회사의 운영 및 공급망 내에서 인권을 존중하고 증진하는 것, 2000년대 초, 갭 주식회사는 특히 방글라데시와 인도와 같은 국가의 공급망에서 코코아 산업 에시의 아동 노동력을 사용한 것에 대해 비판 등이다.

③ 다양성 및 포용성: 성별 및 인종 평등을 포함한 다양하고 포괄적인 직장을 촉진 한다. 여기에는 조직의 모든 수준에서 동등한 기회와 대표성을 보성 측면에서 인력의 다양성 부족 등이 일례다.

④ 제품 안전: 제품이 소비자에게 안전하고 관련 품질 기준을 충족해야 한다. 여기 에는 제품 리콜이나 안전 문제를 방지하기 위한 사전 조치가 포함된다. 예로, 2007 년 세계적인 장난감 회사인 Matte)은 납 페인트와 작은 부품 위험으로 인해 수백만개의 장난감을 리콜했었다.

⑤ 직원 복지: 직원의 신체적, 정신적, 정서적 복지 증진, 의료 혜택, 일과 삶의 균 형 이니셔티브 및 직원 지원 프로그램 제공이고 그 예로, 2009년 프랑스 회사 오 렌지(옛 프랑스 텔레콤)는 직원들의 연

쇄 자살에 직면하여 회사의 경영 관행과 직원 복지에 대한 조사를 촉발했었다.

⑥ 지역사회 참여: 지역사회와 함께 참여하고 지역사회의 필요와 관심사를 고려한 다. . 이것은 지역 개발 프로젝트나 자선 사업을 지원하는 것으로 예로서, 2010년 BP는 멕시코만에서 발생한 Deepwater Horizon 기름 유출 사고 이후 대중의 집중 적인 조사와 비판에 직면하여 영향을 받은 지역사회에 대한 환경적, 사회적 영향을 강조했다.

⑦ 공급망 관리: 책임 있는 소싱 및 공급업체 관계를 보장한다.

여기에는 공급망 전체에 걸친 잠재적 인권 침해, 환경 영향 및 윤리적 관행을 모니 터링하고 해결하는 것이 포함되며 그 예로, 2013년 패션 소매업체 H&M은 글로벌 공급망, 특히 방글라데시와 캄보디아와 같은 국가에서 공정한 임금과 안전한 근무 조건을 보장하기 위해 노력했다.

⑧ 윤리적 마케팅: 기만적이거나 오해의 소지가 있는 마케팅 관행을 피하고 광고 및 제품 클레임의 투명성을 보장해야 하고 예로는 2018년 폭스바겐의 배출가스 시 험 데이터 조작과 관련된 스캔들에 직면해 기만적인 마케팅 관행으로 법적 파장과 평판 훼손으로 이어진 케이스가 있었다.

⑨ 데이터 개인 정보 보호 및 보안: 고객 데이터를 보호하고 개인

정보 권리를 존중합니다. 여기에는 강력한 데이터 보호 조치를 구현하고 관련 규정을 준수하는 작업이 포함되며 예로, 2018년 Facebook은 제3자 기업인 Cambridge Analytica의 사용자 데이터 오용과 관련된 주요 데이터 개인 정보 스캔들에 직면하여 개인 정보 보호에 대한 우려를 제기했었다.

⑩ 소비자 보호: 소비자에 대한 공정한 대우를 보장하고 고객 불만이나 우려 사항을 신속하고 효과적으로 해결해야 하고 예로, 2016년 미국 주요 은행인 웰스파고가 무단 고객 계좌를 만든 혐의로 벌금형을 선고받으면서 사기 행위로부터 소비자를 보호하는 것이 중요하다는 점을 강조했었다.

⑪ 직원 교육 및 개발: 직원 교육 및 개발 프로그램에 투자하여 기술을 향상시키고, 경력 성장을 촉진하며, 지속적인 학습 문화를 조성하며, 일례로, 2019년 IBM은 디지털 경제를 위한 주문형 기술을 습득할 수 있도록 무료 온라인 교육 및 리소스를 제공하는 스킬 구축 플랫폼을 출시했다.

⑫ 건강 및 안전: 직원과 이해관계자를 업무상 재해로부터 보호하기 위한 포괄적인 건강 및 안전 정책을 시행하며, 예로, 2013년 방글라데시의 라나 플라자 공장 붕괴로 1,100명 이상의 근로자가 사망하면서 의류 산업에서 작업장 안전의 중요성이 부각됐다.

⑬ 자선 및 공동체 투자: 재정적 지원, 자원봉사 프로그램 또는 비

영리 단체와의 파트너십을 통해 사회 및 공동체 사업에 기여하며 일례로, 2020년에 마이크로소프트는 시애틀 지역의 저렴한 주택 계획을 지원하기 위해 10억 달러를 약속하여 주택 위기와 지역 사회에 미치는 영향을 해결했다.

⑭ 이해관계자 참여: 의사결정 프로세스에 이해관계자를 적극적으로 참여시키고, 의견을 구하고, 우려 사항을 해결하는 것이며 2019년, 스타벅스는 필라델피아에서 발생한 사건 이후 인종 편견 교육 프로그램을 개발하고 시행하기 위해 직원, 고객 및 커뮤니티를 포함한 이해 관계자들과 협력은 좋은 예이다.

⑮ 사회적 영향 프로그램: 빈곤, 교육 및 의료와 같은 사회적 문제를 해결하기 위한 이니셔티브를 수행한다. 여기에는 혜택을 받지 못하는 지역사회에 혜택을 주는 프로젝트를 시작하거나 사회적 기업에 투자하는 것이 포함될 수 있으며, 일례로, 2005년 방글라데시에서 무함마드 유누스가 설립한 그라민 은행은 개인에게 힘을 주고 빈곤에서 벗어나기 위해 소액 대출을 제공하는 소액 금융 이니셔티브를 개척 했었다. 이러한 예는 ESG 프레임워크 내에서 고려되는 광범위한 사회적 요인을 보여주며, 비즈니스 운영에서 책임감 있고 윤리적인 관행의 중요성을 강조한다.

요약하면, ESG 개념은 기업이 환경, 사회에 미치는 영향과 지배구조를 측정하는 방법이다. 이는 투자자와 대중이 지속 가능하고 책임감 있는 행동에 진심인 기업을 식별하여 세상에 긍정적인 기여를 장려하는 데 도움이 되는 것이다.

5. ESG 관련 기초 용어 알아보기(복습편)

4장의 ESG역사배경에 이어 이번엔 ESG 관련 기초 용어에 대해 알아보자. 많은 미디어와 SNS등에서 듣고 보는 그 많은 용어들의 의미가 무슨 뜻인지? 그 모르는 단어들이 TV뉴스나 신문지상에서 매일 반복되니 궁금하기도 하고 생소하다. 이제 하나씩 알아보자. 이하 5장만 알아도 매일 접하는 ESG 용어들이 친구처럼 익숙해진다.

트리플 바텀 라인: 트리플 바텀라인은 사회적, 환경적, 재정적 세 가지 차원을 기준으로 기업의 성과를 평가하는 접근 방식입니다. 그 것은 기업들이 재정적 이 의(전통적인 수익)에만 초점을 맞추지 말고 사람들과 지구에 미치는 영향도 고 려해야 한다고 강조한다.

※ 탄소 발자국: 탄소 발자국은 개인, 조직, 제품 또는 사건에 의해 직간접적으로 배출되는 온실 가스, 특히 이산화탄소의 총양을 말한 다. 환경에 미치는 영향을 기후 변화 측면에서 평가하는 데 도움이 되며 ESG 보고 및 목표 설정을 위한 메트릭으로 자주 사용된다.

ESG 보고 및 표준: ESG 보고는 기업의 ESG 관련 활동, 성과 및 리스크를 공개하는것을 말합니다. GRI(Global Reporting

Initiative), SASB(Sustainability, Accounting Standards Board),

TCFD(Task Force on Climate Related FinancialDisclosures) 와 같은 다양한 보고 기준과 표준이 존재하며, 이는 기업이 관련 ESG 정보를 일관되고 비교 가능한 방식으로 보고할 수 있는 지침을 제공한다.

ESG 통합: ESG 통합은 비즈니스 의사 결정 및 운영에 ESG 요소를 통합하는 프로세스를 말하며, 여기에는 ESG 문제와 관련된 리스크와 기회를 평가하고, 이들 기업 전략에 통합하고, 재무 성과 목표에 맞게 조정하는 작업이 포함된다.

그리드 패리티(Grid Parity): 그리드 패리티(Grid Parity)는 재생 가능한 연료로부 터 전기를 생산하는 비용이 기존의 화석 연료로부터 전기를 생산하는 비용과 같거나 낮아지는 상황을 의미한다.

이 이정표는 재생 에너지 기술을 경제적으로 경쟁력 있고 에너지 수요를 충족하 기 위한 실행 가능한 대안으로 만들기 때문에 중요하다. 과거에는 태양열과 풍력과 같은 재생 가능한 에너지원이 기존의 화석 연료 기반 발전 방식보다 더 비싼 것으 로 간주되는 경우가 많았다. 하지만 기술, 규모의 경제 및 정부 인센티브의 발전은 재생 에너지 발전과 관련된 비용을 낮추는 데 도움이 되었다.

그리드 패리티는 재생 에너지 산업의 중요한 목표였으며 이 분야의 성숙도와 장 기적인 지속 가능성을 보여주는 핵심 지표로 주목을 받았고, 그리드 패리티를 달성 하는 것은 화석 연료에 대한 의존도 감소, 온실 가스 배출 감소, 에너지 보안 강화 를 포함한 몇 가지 이점을 가지고 있다. 그리드 패리티를 사용하면 재생 가능 에너 지원이 전기 수요를 충족하는 데 보다 실질적인 역할을 수행하여 보다 깨끗하고 지속 가능한 에너지 혼합에 기여할 수 있다. 재생 에너지 및 그리드 패리티 측면에 서 ESG 요인을 고려할 때 다음과 같은 몇 가지 중요한 요인이 작용한다.

환경 영향: 재생 에너지 기술이 환경에 미치는 영향은 ESG의 중요한 요소이다. 태양열, 풍력, 수력과 같은 재생 가능한 에너지원은 화석 연료에 비해 탄소 배 출량이 적어 온실 가스 배출량을 줄이고 기후 변화를 완화한다.

사회적 수용: 재생 에너지 프로젝트의 사회적 수용과 이점은 ESG의 중요한 고 려 사항이다. 재생 에너지 솔루션의 성공적인 배치를 위해서는 지역 사회를 참 여시키고, 우려 사항을 해결하며, 혜택의 공정하고 공평한 분배를 보장하는 것 이 필수적이다.

투명경영: 우수한 경영 관행 및 투명성 및 책임은 재생 에너지 분야에서 중요 한 역할을 합니다. 재생 에너지 프로젝트에 참여하는 기업과 조직은 윤리적 행 동을 입증하고 규정을 준수하며 투명한 보고 관행을 유지해야 한다.

재정적 실행 가능성: 재생 에너지 프로젝트의 재정적 실행 가능성

은 그리드 패리티를 달성하는 핵심 요소다. 재생 에너지 인프라의 성공적인 배치와 확장을 위해서는 비용 효율성, 자금 조달 접근성, 우호적인 정부 정책 및 투자 유치 능력이 필수적이다. 이러한 ESG 요소를 그리드 패리티와 함께 고려하면 재생 에너지 프로젝트가 경제적으로 실행 가능할 뿐만 아니라 사회적, 환경적으로도 책 임을 질 수 있다.

※ 수소는 친환경성에 따라 다르게 불리는데, 정확히 말하면 과학적으로 공식적인 용어는 아니지만 알고 있으면 이해가 훨씬 쉽다.

그레이수소: 천연가스의 메탄에서 수소를 분리해 생산하고 이산화탄소를 부산물 로 배출하는 방식의 천연가스 추출 수소

그린수소: 풍력이나 태양광 같은 재생에너지로 물을 전기분해(수전해)해 생산되 는 수소

액화수소: 기체상태인 수소를 극저온(-252°C)상태로 냉각해 액화된 수소로 부 피가 기체 수소의 800분의 1에 불과해 저장과 운송이 편리한 수소

브라운수소: 탄소 배출 저감된 그레이 수소

핑크수소: 원자력 발전 사용 수전해 (전기분해) 생산 수소

레드수소: 원자력 발전 사용 열분해 생산 수소

지속가능연계채권(SLB:Sustainability-linked bond): 지속가능성 연계 채권은 기 업이나 단체가 자본을 조달하기 위해 발행하는

금융상품의 일종입니다. 기존 채 권과 달리 SLB의 이자율 또는 채권 상환은 발행자의 지속가능성 성과 목표에 연동됩니다. 발행자가 미리 정의된 지속가능성 목표를 달성하면 채권 보유자는 금전적 보상을 받습니다. SLB는 재정적 인센티브를 환경 및 사회적 목표와 연계하여 지속 가능한 관행을 장려하고 지원하는 것을 목표로 한다.

탄소중립: 탄소중립은 대기 중으로 배출되는 이산화탄소(CO_2)의 양과 제거되거 나 상쇄되는 이산화탄소의 양 사이에서 균형을 이루는 것을 말한다. 그것은 인간의 활동으로 인한 순 탄소 배출량이 사실상 제로라는 것을 의미한다. 탄소 중 립은 기후 변화를 해결하는 데 중요하다. 탄소 중립을 위해 노력함으로써, 조직 과 개인은 탄소 발자국을 줄이고 지구 온난화를 완화하는 전반적인 목표에 기여 할 수 있다. 그것은 배출량을 측정하고, 가능한 한 줄이고, 탄소 상쇄나 재생 에 너지 프로젝트에 투자하는 것과 같은 계획을 통해 남은 배출량을 보상하는 것을 포함한다.

탄소중립 달성 핵심기술은 전기 배터리, 첨단 바이오 연료, 공기 포집기술이다.

녹색성장: 녹색 성장은 지구의 환경을 해치지 않고 일자리를 만들고, 물건을 만 들고, 서비스를 제공하는 것을 의미한다. 물, 에너지, 물질과 같은 자원을 더 현 명하게 사용하고 낭비를 줄이는 것이다. 예를 들어, 공장을 운영하기 위해 석탄 대신 태양광을 사용하는 회사

는 녹색 성장을 실천하고 있으며, 또한, 녹색성장은 지구를 해치지 않고 당신의 돈이나 사업을 키우는 것과 같다. 나무를 심는 것처럼 과일을 팔지만 그늘을 주고 깨끗한 공기를 주는 것처럼 생각해 보면 된다.

탄소배출감축: 우리가 자동차나 히터 같은 것들을 사용할 때, 우리는 공기 중에 먼지를 던지는 것과 같다. 이 탄소배출은 지구를 더 뜨겁게 만든다. 탄소 배출 량을 줄이는 것은 지구환경 오염을 줄이는 것을 의미하며, 이것은 차를 덜 사 용하거나 우리의 집을 따뜻하게 하기위해 더 깨끗한 방법을 사용하는 것을 의 미할 수 있습니다. 여러분이 차를 운전하거나 히터를 켤 때마다 공기 중에 약 간의 그을음을 던진다고 상상해 보세요. 그것은 우리가 가스, 석유, 석탄과 같 은 화석 연료를 태울 때 일어나는 일이다. 이러한 활동들은 지구 주위의 열을 가두는 담요와 같은 이산화탄소라고 불리는 것을 공기 중으로 방출한다. 이것은 사람, 식물, 동물들에게 좋지 않은 우리의 지구를 더 뜨겁게 만들고 있다. 만약 여러분이 자신의 차를 운전하는 대신에 자전거를 타거나 버스를 타는 것을 선 택한다면, 여러분은 탄소 배출을 줄이는 것을 돕고 있는 것이다.

탄소 국경세: 탄소 국경세(carbon border tax, 탄소 조정 메커니즘이라고도 함) 는 탄소 누출을 해결하고 탄소 국경세는 다른 지역의 산업의 경쟁 환경을 안정 시키는 것을 목표로 하는 정책 도구이다.

그것은 내장된 탄소 배출량에 근거하 여 수입품에 세금을 부과하는 것을 포함한다..

중요성: 탄소 국경세는 산업이 기후 규제가 약한 지역으로 이전하여 전 세계 배출량이 증가할 때 발생하는 탄소 누출을 방지하는 데 도움이 된다. 탄소 함량을 기준으로 수입품에 세금을 부과함으로써 국가들이 야심찬 기후 정책을 유 지하도록 장려하고 산업 간의 공정한 경쟁을 촉진한다. 이 세금은 국내외 생산 자들이 탄소 배출량을 줄이도록 장려하고 있다.

탄소국경조정제도(CBAM: The Carbon Border Adjustment Mechanism)는 수입품에 대한 "기후세"와 같다. 여러분이 지구에 관심이 없는 나라에서 만들어진 장난감을 샀고, 그 장난감이 많은 탄소 배출을 만드는 공장에서 만들어졌다고 상상해 보자. 탄소국경조정제도(CBAM)을 사용하면 모든 탄소 배출 때문에 장난감에 약간의 추가 비용을 지불해야 한다. 이것은 지구에 친화적인 제품들을 더 매력적으로 만든다. 왜냐하면 그들은 추가적인 비용이 들지 않을 것이기 때문이죠. 그것은 모든 사람들 이 지구의 환경에 더 관심을 갖도록 장려하는 방법이기도 하다.

탄소세: 탄소세는 탄소 배출에 가격을 매기는 정책수단이다.. 그것은 화석 연료 를 태울 때 배출되는 이산화탄소 단위당 요금을 부과하거나 온실 가스를 방출 하는 다른 활동에 참여하는 것을 포함한다.

※ 중요성: 탄소세는 탄소 오염 비용에 금전적 가치를 부여하여 내부화하기 위해 고안되었다. 탄소 집약적인 활동을 더 비싸게 함으로써 개인, 기업 및 산업이 배출량을 줄이고 더 깨끗한 대안으로 전환하도록 장려하고 있다. 탄소세에서 발 생하는 수익은 재생 에너지 프로젝트, 에너지 효율 이니셔티브에 자금을 지원하 거나 저탄소 경제로 전환하는 동안 영향을 받는 부문을 보상하는 데 사용될 수 있다.

순환경제(Circular economy): 순환 경제는 먼저 원을 생각해 보세요. 시작도 끝 도 없죠. 맞나요? 비슷한 방식으로 순환 경제에서 우리는 어떤 것도 낭비하지 않으려고 노력한다. 종이의 양면을 사용하고 오래된 음식을 식물의 퇴비로 바꾸 는 것과 같다. 그것은 물건을 그냥 버리는 것이 아니라 만들고, 사용하고, 재활 용하는 것을 의미한다. 또 플라스틱 병을 예로 들어 보면 사용한 후 버리는 대 신 재활용하죠. 녹여서 새로운 플라스틱 병으로 다시 만들어진다. 이런 식으로, 우리는 새로운 플라스틱을 만들 필요가 없고 같은 자원이 계속해서 사용되죠! 또한, Apple과 같은 회사는 오래된 iPhone을 반납 후 새 제품으로 구입할 수 있는 프로그램을 가지고 있으며, 재판매를 위해 그것을 개조하거나 새로운 제품 을 만들기 위해 부품을 재활용하기도 한다. 이것은 순환 경제가 작동 중인 예 이다. 오래된 제품은 그냥 버려지는 것이 아니라 새로운 삶을 부여받는다.

녹색채권(Green bonds): 각 나라들은 시의회가 녹색 채권을 발행할 수도 있다. 예를 들어, 샌프란시스코시가 깨끗한 전기를 생산하기 위해 큰 태양열 발전소를 짓고 싶다고 가정해 보면, 이를 위해 시는 녹색 채권을 발행할 수 있다. 투자자 들은 이 채권들을 사고 도시는 그 돈을 태양열 발전소를 짓는 데 사용한다. 시 는 투자자들에게 이자를 지급할 것이다.

기업탄소중립: 지구를 따뜻하게 하는 "온난화"를 기억하나요? 그건 바로 탄소 죠. 몇몇 회사들은 탄소 중립을 약속한다. 이것은 그들이 공기에 이산화탄소 외 물질들을 더히지 않도록 확실히 할 것이라는 것을 의미한다. 그건 같은 양의 이산화탄소"를 빨아들일 수 있는 나무를 심는 것과 같은 것이고, 구글은 기업으 로서 탄소 중립을 지키겠다고 약속했다. 즉, 사무실이나 데이터 센터에서 공기 중으로 배출되는 이산화탄소의 모든 부분에 대해 나무를 심거나 재생에너지에 투자하는 동일한 양을 제거하기 위한 작업을 수행한다.

탄소 포집·활용·저장 (CCUS: Carbon Capture, Utilization, and Storage Technology) 기술: 탄소포집, 활용·저장(CCUS) 기술은 탄소중립(Net Zero)의 핵심기술 중 하나로 쉽게 말해 이것은 '이산화탄소'이 공기 중으로 들어가기 전에 그것을 "잡는다" 고 말하는 멋진 방법이다. 그리고 나서, 우리는 그것을 놓아주는 대신에, 그것과 관련된 유용한 것들을 찾거나 안전한 곳에 그것을 보

관한다.

그것은 공이 창문을 깨기전에 공을 잡은 다음, 그것을 게임에 사용하거나 상자에 넣는 것과 같다. CCUS의 좋은 예는 Climeworks라고 불리는 회사이다. 그들은 공 기로부터 직접 이산화탄소를 흡수하는 공장을 짓고 나서 그들은 그것을 지하에 저장하거나 탄산음료를 만들었다. 재생 가능한 연료를 만드는 것과 같은 것들에 사용하기 위해 그것을 팔기도 한다.

FTSE4 Good: FTSE4Good은 영국 경제 전문지인 파이낸셜타임스와 런던 증권 거래소가 합작해 만든 투자자와 대중이 특정 환경, 사회, 지배구조(ESG) 기준 을 충족하는 기업을 식별할 수 있도록 고안된 인기 있는 ESG평가 전문지수이 다. FTSE4Good 지수란 글로벌 금융 시장 데이터 제공업체인 FTSE 러셀 그룹 에서 만든 주식 시장 지수 모음이며, 이 지수는 강력한 ESG 관행을 보여주는 기업의 성과를 알아낸다. FTSE4Good 지수에 편입되려면 기업은 이러한 ESG 영역에서 특정 선정기준을 충족해야 한다. 지속 가능하고 책임감 있는 비즈니스 관행에 부합하는지 확인하기 위해 종합적인 평가를 거친다.

예를 들면, 투자자에게 FTSE4Good 지수는 사회적, 환경적 책임을 다하는 기 업에 투자할 수 있는 방법을 제공한다.. 이러한 기업에 투자함으로써 개인과 조 직은 사회와 지구에 긍정적인 기여를 하는 기업을 지원할 수 있다..

요약하면, FTSE4Good은 ESG 관행에서 탁월한 기업을 나열하는 지수이다. 지수는 투자자가 환경 친화적이고 사회적 책임을 다하며 좋은 지배구조를 갖춘 기업을 식별하는 데 도움이 된다.

특히, 국내 전자 부품사 중에서 삼성전기는 이 ESG평가 지수에 13년 연속 편 입됐다. 삼성전기는 국내 기업 평균(2.5점)보다 높은 4.0점을 받았고, 공급망 관 리, 오염·자원, 기업지배구조 분야에서 최고 짐수인 5점을 받았다. 이러한 기업 에 투자함으로써 개인과 기관은 지속 가능성 노력과 책임감 있는 비즈니스 관 행을 지원할 수 있다.

에코바디스(Ecovadis): 2007년에 창립한 신뢰있는 글로벌 ESG(환경, 사회적책 임, 투명경영)평가, 인증기관이다. 전 세계 160여 개구, 6만5000여 개 기업을 대상으로 환경, 노동, 등에 대한 지속가능성을 평가해 등급별로 플래티넘, 골드, 실버, 브론즈 등급을 부여하고 있다. 플래티넘은 전 세계 상위 1% 기업에만 부 여되는 등급이고, 2023년 국내 한솔제지는 작년 골드 등급을 받은 이후 플래티넘 등급을 획득함으로써 최고 수준의 ESG경영을 인정받기도 했다. LG디스플레 이도 골드등급을 획득하여 글로벌 디스플레이 제조사를 통틀어 가장 높은 등급 수준이다.

RE100: RE-100(Renewable Electricity 100%)은 기업들이 전기

소비의 100% 재생 가능 에너지원에서 조달하는 글로벌 이니셔티브이다. RE-100은 기업의 재 생 에너지 채택을 촉진하는 데 중요한 역할을 한다. 재생 에너지에서 모든 전 기를 조달하는 데 전념함으로써 기업들은 전력 부문의 탈탄소와 온실 가스 배 출 감소에 기여한다. 이 약속은 또한 보다 지속 가능한 에너지 시스템으로의 전환을 촉진하고 재생 에너지 시장의 성장을 촉진하며 기후 변화에 대처하는 기업의 리더십을 입증하는 데 도움이 된다.

CF100: CF-100(Carbon Free 100%)은 모든 에너지원과 프로세스가 탄소 배출 이 없는 무탄소 에너지를 통해 전력을 100%공급한다는 개념이다. CF-100은 완 전히 탈탄소화된 에너지 시스템으로의 전환이라는 큰 목표를 나타낸다. 에너지 생산과 소비에서 탄소 배출을 제거함으로써 기후 변화를 완화하고 대기 오염을 줄이고 에너지 안보를 강화하는 것을 목표로 한다. CF-100을 달성하려면 재생 에너지 사용 증가, 에너지 효율성 측정 및 에너지 저장 및 그리드 인프라의 발 전을 포함한 포괄적인 접근 방식이 필요하다.

그린워싱 (green washing: 위장환경주의): 그린워싱은 종종 과장되거나 잘못된 주 장을 통해 제품, 서비스 또는 회사를 환경 친화적이거나 지속 가능한 것으로 잘못 묘사하는 관행을 말한다. 그린워싱(친환경 세탁)은 진정한 지속 가능성 노 력을 약화시키고 정보에 입각한 선택을 하려는 소비자들을 혼란스럽게 한다. 이 는 녹색 마케팅에 대한 신뢰 부족으로 이어지고, 진정한 지속 가능성 이니셔티브의 영향을 희석시킬 수 있다. 소비자, 투자자 및 규제 기관이 정보에 입각한 결정을 내리고 환경 보호와 사회적 책임을 우선시하는 진정한 지속 가능한 사 업을 지원하기 위해서는 환경 보호 인식이 필수적이다.

유엔기후변화 당사국총회 정상회의(COP:conference of the Parties): 유엔 기후 변화 당사국 정상회의는(COP)는 유엔기후변화협약(UNFCCC)에서 주최하는 연례 회의다. 이 회의에는 약 200개국의 대표들이 모여 글로벌 기후 정책을 논의하 고 협상한다. COP는 유엔기후변화협약의 최고 의사결정 기구로서 파리 협정과 같은 주요 협정 채택을 포함하여 기후 변화에 대응하기 위한 국제적 노력을 형성하는 데 중요한 역할을 한다.. COP21등의 뒷 숫자는 21차 총회로 열린 횟수 둘 뜻한다.

기후변화에 관한 정부간 협의체(IPCC:Intergovermental Panel Climate Change): 기후변화에 관한 정부간 협의체(IPCC)는 유엔환경계획(UNEP)과 세계기상기구 (WMO)가 설립한 과학 기구이다. IPCC는 과학적 연구를 평가하고 정책 입안자 에게 기후 변화와 그 영향, 잠재적 적응 및 완화 전략에 대한 객관적이고 증거 에 기반한 정보를 제공한다. IPCC의 보고서는 전 세계 기후 정책을 알리는 데 있어 권위 있고 영향력 있는 것으로 널리 알려져 있다.

온실가스 배출계수: 온실가스 배출 계수: 온실가스 배출 계수는 특정 활동, 프 로세스 또는 배출원에서 대기 중으로 방출되는 온실가스(예: 이산화탄소, 메탄, 아산화질소)의 양을 추정하는 데 사용되는 계수 또는 값이다. 이러한 계수는 일 반적으로 활동 단위당 배출량(예: 주행 거리당, 소비된 에너지 단위당)으로 표 시된다. 배출 계수는 온실가스 배출량을 계산하는 데 매우 중요하며 에너지, 운송, 산업, 농업 등 다양한 부문에서 활용된다.

온실가스 배출권거래제: 온실가스 배출권 거래제(배출권 거래제라고도 함)는 온 실가스 배출을 줄이기 위해 고안된 시장 기반 접근 방식이다. 이 시스템에서는 규제 당국이 참여 주체(예: 기업 또는 국가)가 배출할 수 있는 총 배출량에 대 한 상한선 또는 제한을 설정하고, 그런 다음 이러한 단체에는 특정 양의 온실 가스를 배출할 수 있는 권리를 나타내는 배출 허용량이 할당된다. 할당된 허용 량보다 적게 배출하는 기업은 한도를 초과하는 기업에게 초과 배출권을 판매할 수 있다. 이 시스템은 배출권 시장을 창출함으로써 배출량 감축에 대한 경제적 인센티브를 제공하고 비용 효율적인 감축 전략을 촉진한다.

스코프 1,2,3: ESG(환경, 사회적책임, 투명경영) 요인의 맥락에서 스코프 (Scope) 1, 2, 3 배출량은 기업이 배출하는 온실가스의 다양한 배출원을 이해하 고 분류하는 데 사용되는 분류이다. 나누어서 설명하면, 스코프 1은 직접 배출 물이며 이는 조직의 활동, 통제 하에 발생하는 직접적인 배출물이다. 여기에는 소유, 제어되는 보일러, 용해로, 차량 등의 연소에서 발생하는 배출물과 소유 또는 제어되는 공정 장비에서 발생하는 화학적 생산에서 발생하는 배출물이 포 함된다. 예를 들어, 한 회사가 배달 차량을 소유하고 있다면, 해당 차량에서 발 생하는 배출가스는 범위 1에 해당되고 또한, 델타 항공이나 대한항공과 같은 항공사를 생각해 보면, 비행 중에 연소되는 제트 연료는 직접적인 온실 가스 배출의 중요한 원천이다.

따라서 해당 항공기에서 발생하는 이러한 배출물은 스코프 1 배출물로 간주된다. 스코프 2는 구입한 에너지의 간접 배출량이며, 이는 조직에서 구입하여 사용하는 전기에서 발생하는 간접 배출량이다. 배출물은 에너지 생산 과정에서 생성되고 결 국 기업에 의해 사용된다. 기업이 설비에 전력을 공급하기 위해 전기를 사용하는 경우, 해당 전기를 생산하는 동안 발생하는 배출물은 범위 2에 해당된다. 예를 들 어, 조명, 난방, 에어컨을 위해 전기를 사용하는 사무실 건물을 생각해 보자. 이 전 기를 생산하는 발전소에서 발생하는 배출물은 회사의 에너지 소비에서 발생하는 간접 배출물이다. 이는 스코프 2 배출물로 분류된다. 회사가 이러한 배출물을 직접생산하지는 않지만, 전기를 구입하여 사용함으로써 배출물에 해당된다.

스코프 3는 기타 간접 배출량이며 이는 조직활동의 결과이지만 조직이 소유, 통제 하지 않는 출처에서 발생한다. 여기에는 조직에서 조달한 제품 또는 서비스의 생산, 폐기물 처리 또는 직원 여행과 관련된 배출물이 포함될 수 있다. 예를 들어, 한 회사가 다른 회사에 납품 작업을 아웃소싱하는 경우, 해당 회사의 차량에서 발 생하는 배기가스는 범위 3에 해당한다.

H&M과 같은 의류 소매 회사의 예를 들어 보면, 이 회사는 옷을 생산하지 않고 전 세계의 다양한 공급업체에서 구매할 수 있다. 제조 공장과 이를 운송하는 트럭을 포함하여 이러한 옷을 생산하는 동안 발생 하는 배출물은 범위 3 배출물로 간주된다.

[잠깐 상식] 블루카본(바다식물 생태계)을 들어 보셨나요? 블루카본 용어는 2009년 국제사회에서 처음 등장했다. 역사는 짧지만 탄소중립 대표 수비 선수 가 됐다. 2013년 국제사회(IPCC)는 블루카본을 탄소 감축원으로 공식인정했다. 탄소중립 게임을 흔히 '야구'에 비유하는데 공격(배출)과 수비(흡수)둘 다 중요하다. 현 정부는 공격 선수인 산업계 부담을 줄여줬다. 그만큼 수비를 더 잘하면 된다. 수비 대표 선수는 바로 흡수원이다. 흡수원은 크게 육상산림(그린카본)과 바다 식물 생태계(블루카본)로 나뉜다.

NDC(Nationally Determined Contribution: 국가 온실가스 감축목표) 흡수량만 보면 그린카본이 중요하지만, 블루카본의 활약도 절실하다. 전 세계 이산화 탄소 배출량은 연간 약 900억t(2022년 기준)으로 추정된다. 대기중 잔류(약 590억t)와 흡수(약 310억t)를 합친 양이다. 흡수 선수는 육상(약610억t)과 바다(약 300억t)다. 그런데 우리나라는 산림이 국토의 약 60% 이상을 차지하고 연안은 국토 대비 수 %란 점에서 블루카본 가성비가 그린카본보다 훨씬 높다.

그래서 블루카본이 한국에서 중요한 이유다. 인정된 블루카본(맹그로브, 염습지, 잘피림)에는 '갯벌'이 포함되지 못했다. 우리나라 입장에서 면적이 큰 갯벌을 인정받는 것이 중요하다. 다행히 최근 정부는 '갯벌'을 포함한 '블루카본 추진전략'을 발표했다. 세계자연유산 한국의 갯벌이 글로벌 기후위기 시대 구원투수가 되길 기대해 본다. 블루카본은 해양생물이나 식물 등 해양 생태계가 흡수하는 탄소다. 해양은 이미 대기 중 이산화탄소 총량보다 약 60배 많은 양을 저장하고 있다.

산업혁명 이후 인류가 배출한 모든 이산화탄소를 해양에 저장해도 현재 해양이 갖고 있는 이산화탄소의 1% 정도만 증가할 정도로 저장 가능량이 무궁무진하다는 분석이다. 특히 한국은 영토 3면을 둘러싸고 있는 갯벌을 적극 활용해야 한다는 조언이 나온다. '제2회 해양수산 과학기술 혁신포럼'에서 '기후 위기 적용 전략, 블루카본'을 주제로 기조발표를 한 김종성 서울대 지구환경과학부 교수에 따르면, "약 2489km2에 달하는 국내 갯벌이 연간 빨아들이는 이산화탄소양은 최대 48만t에 이른다며 이는 자동차 약 20만대가 해마다 내뿜는 분량에 맞먹는다"고 밝혔다.

또 30년 된 소나무 약 7340만그루가 흡수하는 이산화탄소양과도 같다"며 이 나무들이 차지하는 땅의 면적을 감안할 때 갯벌은 면적 대비 가성비가 상당히 높은 탄소 흡수원"이라고 강조했다. 이 분석은 김 교수팀이 2017~2022년 5년간 연구해 얻은 결과다. 갯벌에 사는 다양한 식물은 살아가면서 이산화탄소를 흡수한다. 식물이 죽으면 육상에선 분해돼 대기로 탄소를 방출하지만 갯벌에선 상황이 다르다. 갯벌로 빨려 가며 침적된다. 갯벌은 산소가 매우 부족하다.

산소가 없는 환경에서 이산화탄소는 매우 느리게 분해된다는 의미다. 이에 따라 이산화탄소는 미생물에 의해 분해돼 대기로 방출되는 것이 아니라 퇴적층에 저장된다. 김 교수팀은 국내 갯벌의 이산화탄소 흡수량을 처음 밝혀냈다. IPCC가 인정한 블루카본은 아열대에서 자라 나는 관목을 뜻하는 맹그로브, 바닷속 해초류가 자라는 곳을 뜻하는 잘피림, 염습지 등 3가지다. 3가지 모두 국내엔 사실상 전무하다. 한국으로선 갯벌이 블루카본으로 인정받아야 하는 상황이다.

정부는 지난 5월 '블루카본 추진 전략'을 발표 했다. 여기엔 IPCC 지침 내 블루카본에 갯벌이 포함되도록 한다는 전략도 담겼다. "갯벌은 학계에서 정리한 과학적 블루카본 기준에 부합한다"며 "전 세계적으로 갯벌이 블루카 본으로 인정될 분위기"라고 말했다. 한국뿐만 아니라 미국, 캐나다, 영국, 중국 등 여러 국가에서 갯벌을 블루카본으로 규정하고 있다. 특히, 눈길을 끈 것은 새로운 블루카본 후보군이다. 산호초나 굴 패각, 식물성 플랑크톤 등이 후보군으로 제시됐다.

여러 후보군 유력하게 보고 있는 것은 해조류다. 해조류는 미역이나 다시마같이 꽃을 피우지 않고 물속에서 광합성을 하는 생물이다. 한국은 해조류를 연간 172만t 만들어 내는 세계 3위 해조류 생산 국가다. 해양수산 분야 국가 연구개발(R&D)을 총괄하는 해양수산 과학기술진흥원의 오운열 원장은 "해조류의 광합성을 통한 이산화탄소 흡수 메커니즘을 활용해 해조류를 새로운 블루카본으로 발굴하고 있다"며 미국과 공동으로 해조류 블루카본 R&D 기획 추진 중"이라고 언급했다.

탄소 잡는 갯벌, 기대가 크다. 가히 블루혁명이라 할 만하다.

6. ESG 환경,사회적책임, 투명경영의 일상 속 사례 및 기업들

2022년 9월 제23회 세계지식포럼에서 블랙록 글로벌 기후인프라팀의 데이비드 지오다노대표의 강연중에 탈탄소 전환은 역사적 투자 기회이며 넷제로(Net Zero. 탄소중립)의 달성 핵심기술로 전기배터리, 바이오, 공기포집 등을 꼽았다.

이장에서는 환경, 사회, 투명경영에 관한 현실적인 이런 저런 이야기들을 실례로 소개하고 ESG의 중요성과 심각성을 다시 한 번 상기해 보자.

다람쥐는 숨은 ESG환경의 일등공신이다 : 겨울철 대비에 한창인 다람쥐는 욕 심이 참 많다. 신갈나무 열매인 도토리를 두손에 가득잡고 입 속까지 가득 넣 어 두 손에 각각 1개씩, 입속에 8개를 넣어서 남 몰래 산 속 깊은 곳에 숨긴다. 신갈나무는 참나무속에 속하는 낙엽활엽교목으로 상수리나무, 떡갈나무, 졸참나 무, 갈참나무, 굴참나무등 우리나라 대부분 지역에 소나무와경쟁하며 분포하고 있다. 하지만 이 다람쥐는 수능 만점자가 아닌지 멍청한지 치매가 온건지 숨겨 놓은 도토리를 다 찾지 못한다. 겨우 1~2를 찾아 먹는 정도이다. 그럼 나머지 8개는 어디에 있을까? 그건 눈이 녹는 봄에 다시 산 속 어딘가에서 푸르름을 자랑하며 이산화탄소를 먹고 햇빛과 물을 이용해 광합성으로 산소를 지구에 내 준다. 모르긴 몰라도 그야말로 환경의 일등 공신이다. 탄소중립(Net Zero)의 숨은 영웅이랄까! 산책 중 보게 되는 다람쥐가 우리동네 슈퍼 히어로처럼 보일지도 모를 일이다.

일상속 실례이다: 하루 전기 1kWh줄이면 어떤일이 일어날까? 다음 달부터 일반인이 집에서 하루에 1kWh 줄이면 나타나는 결과는

어떨까?

첫 번째로, LDE 고효율 조명 사용하기 0.54kWh/일 절약

전자레인지 사용시/자연해동 후 사용 0.19kWh/일 절약

비데 온열기능 끄기 0.1kWh/일

세탁물을 모아서 사용 0.09kWh 등을 줄이면, 총 1kWh 절약하게 된다.

두 번째로, 에어컨 설정온도 1°C 높이고 여름철 실내 적정 온도 26°C 유지하기 0.41kWh/일 절약

사용하지 않는 조명 소등하기 0.36kWh/일 절약

사용하지 않는 플러그 뽑기 0.32kWh/일 절약하면, 총 1kWh 절약하게 된다.

이렇게 전기1kwh 줄이면 결국 일반인이 집에서 하루에 전기 사용량을 1킬로와트씩 (kwh)만 줄여도 액화 천연가스(LNG) 수입액을 연간 27억 달러(약 3조5000억원) 이상 절감할 수 있다. 이렇게 줄인 LNG 수입액은 한 해 전체 수입액 (500억달러)의 약 5%를 차지한다. 1kwh는 하루 한두 번 사용하는 가전을 기준으로 세탁기(21kg 이상 기준) 2회, 건조기(16kg 이상 기준) 1회, 식기세척기(12인용 기준) 1회를 사용 할 수 있는 양이다.

24시간 내내 쓰는 가전에서는 냉장고(600L 이상 기준) 약 15시간, 김치냉장고 (300L 이상 기준)상기준) 약 57시간, 정수기 2~3일 사용

할 수 있다. 퇴근 후 저녁에 많이 쓰는 가전을 기준으로 보면 LED TV를 최대 8시간, 에어컨을 최대 90분까지 틀 수 있는 양이다. 한국에너지공단에 따르면 가정에서 하루 1kwh만 덜 써도 한 달 전기 사용량의 10%를 아낄 수 있다.

가구당 월평균 전기 사용량은 약 300kwh로, 하루 1kwh 절감 시 한달이면 총 30kwh를 줄일 수 있다. 하루 1kwh씩만 줄이면 한 달 전기요금도 5만8010원에서 5만 220원으로 7790원 절약할 수 있다.

'하루 1kwh전기줄이기'를 위해서는 가전 등 전자제품을 덜 쓰는 것은 물론 여름철 실내 설정 온도 26도 유지, 사용하지 않는 조명 고기 등이 큰 도움이 된다. 다른 예로, 차후 수소를 에너지원으로 전량 사용한다고 가정하면, 현재 미국 주유소에서의 디젤 가격은 메가와트시당 70달러이다.

수소가격이 메가와트(Mwh)시당 300달러에 이르니, 아직은 수소가 에너지 공급원으론 힘들다. 산업용 외 본격적으로 그린수소가 사용되려면 메가와트시당 50달러(킬로그램당 2달러)까지는 내려와야 경쟁력이 있다고 본다.

지멘스: 앞으로 본격화될 ESG 2.0시대는 보다 적극적인 ESG경영 수행과 성과를 촉구하고 있다. 기초 수립에 머물렀던 단계에서 나아가 기업의 핵심 가치와 일맥상통하는 맞춤형 ESG추진이 필요한 시기에 지멘스는 ESG개념이 도입되기 이전부터 디지털화와 지속가능

성을 융합한 경영 전략을 실천하면서 기업혁신을 넘어 현대 사회가 직면한 과제 해결에 기여하고 있다.

예를 들어 지멘스는 지속가능성에 대한 보다 명확한 지침을 제시하기 위해 자체적으로 'DEGREE' 라는 프레임워크를 마련해 전 세계 지멘스 사업장에 적용하고 있다. DEGREE는 스탈탄소화(Decarbonization) △기업 윤리(Ethics) △경영 관리(Governance) △자원 효율성(Resource efficiency) △공평성(Equity) △역량 개발(Employability)의 약자로, 모든 이해관계자와 지구 환경까지 고려한 ESG 전략을 제시한다. 특히, 탈탄소화 측면에서 지멘스의 행보는 시사점이 있다. 지멘스는 에너지효율성 프로젝트 일환으로 2022~2030년 6억5000만유로(약 9397억 원) 규모 투자를 결정했다. 전 세계 지멘스 사업장에서 소비되는 전력 중 약 77%를 재생에너지로 충당했으며, 2019회계연도 대비 약 46%의 이산화탄소 배출량을 감축했다.

2022 회계연도기준 지멘스 기술을 통해 지멘스 고객이 감축한 탄소 배출량은 약 1억 5000만t에 달한다. 이뿐만 아니라 지멘스는 '2030년까지 전 사업장 탄소중립' 이라는 목표를 선언한 최초의 글로벌 산업 기업이자 RE100(재생에너지 100% 사용), EP 100(에너지 생산성 100%), EV100 (2030년까지 기업 차량의 100% 전기차 전환), SBTI(과학기반 온실가스 감축목표 이니셔티브) 등 총 4개의 지

속가능성 이니셔티브에 동시 가입한, 전 세계에서 몇 안 되는 기업 중 하나로 매년 괄목할 만한 성과를 내고 있다.

지멘스는 이러한 친환경 기술을 통해 ESG 경영에도 기여하고 있다. 제품 생산의 전체 공급망에 걸쳐 탄소 배출 데이터를 추적 및 제어하는 '시그린(SiGreen)' 솔루션과 모든 이해관계자가 상호 신뢰하에 제품 탄소발자국 데이터를 교환할 수 있는 '에스테이늄(Estainium)'이라는 개방형 산업 네트워크를 발족한 것이 좋은 예라고 할 수 있다. 한국지멘스 역시 2021년 업무용 차를 전기자동차 전환을 추진하고 있으며, 스마트 오피스콘셉트를 통해 사무 공간을 최적화함으로써 냉난방비를 최소화 하고 탄소 배출을 절감하는 등 ESG 경영을 위해 노력 중이다.

미국 소형모듈원전 테라파워: 빌 게이츠 마이크로소프트(MS)창업자가 2008년 설립한 차세대 소형 모듈원전(SMR) 기업 테라파워는 현재 미국 에너지부에서 20억달러를 지원받는 동 총 40억달러(약 4조8000억원)를 투입해 와이오밍주에 345메가와트(MW) 규모 SMR 실증단지를 구축 중이다. 25만가구가 쓸 수 있는 전력을 생산하는 SMR 실증단지의 완공과 상용화 시점은 2030년이다.

테라파워는 원자로 냉각재로 물이 아닌 액체 나트륨(소금)을 쓰는 혁신적인 4세대 SMR 개발에서 선두 주자다. SK와 SK이노베이션은 지난 해 2억5000만달러(약 3000 억원)를 테라파워에 지분을 투자하는 등 미래에너지 선점에 나섰다.

이곳에는 테라파워 SMR 개발을 위한 소듐냉각 고속로(SFR), 열저장 설비, 염소 염 •용융염 원자로(MCFR) 실험 장비, 치료용 방사성 동위원소 생산 설비 등 이 설 치돼 있다. SMR은 발전용량 500MW 이하의 소형 원전을 뜻한다. SMR은 외부 전 원 없이 원자로를 자연 냉각할 수 있고, 배관을 노출하지 않는 일체형이라 대형원전보다 1000배 이상 안전하다는 평가를 받는다.

현재 개발 중인 SMR은 기존 대형 원전에서 검증된 경수로 기반의 3.5세대, 냉각 재와 감속재 용도로 물이 아닌 다른 물질을 사용하는 4세대로 구분된다. 테라파워 는 고속 중성자로 인한 핵분열로 발생한 열을 액체나트륨으로 냉각하고, 이렇게 나 온 증기로 전기를 생산하는 4세대 SMR 기업이다.

특히, 내부의 육각형 모양의 연료봉으로 묶은 '핵연료 다발' 금속 모형을 보여주며 테라파워 나트륨 원자로는 육각형 패턴으로 돼 있어 연료봉을다 같이 적합하게 위 치하도록 묶을수있다고 알려져 있다. 다발의 구조가 사각형인 경수로형 핵연료보다 크기를 줄이면서 고속 원자로를 통해 출력을 끌어올렸다. 나트륨 원전의 연료봉 수 명도 기존(2년)대비 5배 길다. 또 사용후 핵연료를 경수로 유형보다 10분의 1 수준 까지 줄일 수 있어 사후처리에 용이하다. 테라파워 연구진은 대형 글러브박스에서 액체 나트륨 특성도 실험으로 확인했다.

액체나트륨의 끓는점은물 보다 8배 이상 높은 880도다. 이 때문에 원자로에서 액체 나트륨은 물보다 더 많은 열을 흡수하면서도 저압 상태에서 발전 출력을 높일 수 있다. 또 물을 사용하지 않기 때문에 오염수가 발생하지 않는다.

테라파워는 미래형 원자로인 염소 염·용융염원자로 연구에도 매진하고 있다. 세계 테라파워 연구진은 대형 글러브박스에서 액체 나트륨 특성도 실험으로 확인했다. 액체나트륨의 끓는점은물 보다 8배 이상 높은 880도다. 이 때문에 원자로에서 액체 나트륨은 물보다 더 많은 열을 흡수하면서도 저압 상태에서 발전 출력을 높일 수 있다. 또 물을 사용하지 않기 때문에 오염수가 발생하지 않는다.

테라파워는 미래형 원자로인 염소 염·용융염원자로 연구에도 매진하고 있다. 세계 최대인 2MW 규모 실험장비를 통해 용융염 냉각재 사용에 따른 속도, 물성 등 안 정성 데이터를 수집 중이다. 테라파워는 와이오밍주에 SMR을 건설하는 데 이어 퍼 시 피콜 소유의 유타주 석탄화력발전소 용지에도 2033년까지 SMR 2기가 예정되있다. 석탄에서 원자력 에너지로 대체하면 온실가스 감축에도 크게 기여한다.

영국국가원자력 담당자는 2035년 세계 SMR 시장 규모가 400조~600조원에 달할 것으로 전망한다.

파버커스텔 (Faber-Castell)의 산림프로젝트: 파버카스텔은

1761년 창립한 오랜 역사를 가진 독일 필기구 회사다. 전 세계 14개국에 생산공장과 23개국에 해외지사를 운영하고 있다. 256년을 지켜 내려온 장인정신으로 고흐부터 괴테, 칼 라거펠트까지 수 많은 애호가들의 사랑을 받으며 필기구 분야 세계1위를 유지하고 있다. 파버카스텔의 경영 이념 중 하나는 '사회적 환경적 책임' 이다.

목재가 제품의 핵심인 만큼 직접 나무를 심는 삼림 산업을 통해 목재를 공급받고 생태계를 보호하고 있다. 1980년대 후반 사바나 황무지였던 브라질의 남동부 미니스 제라이주에 1만 헥타르의 소나무 숲을 만들어 그 나무들로 재목을 만들고 그 나무들로 연필을 만들고 남은 나무들은 자연에 기부했다. 겨 결과 500여개의 일자라, 조류232종, 포유류58종의 야생 생태계도 복원되었다.

이 숲은 UN의 청정 개발 체제 프로젝트에 등록되었고, 세계적으로 이산화탄소 배출량을 감축시키고 있다는 UNFCC(유엔기후 변화협약)의 인증서를 받기도 했다. 이 황폐한 땅을 개척하여 산림프로젝트를 실행한 주인공은 바로 '파버카스텔' 이다.

베에프코리아(주): 2014년에 창업된 부산 소재 독일아이디어 기업이다. 특히, 독일 부품세척제는 제품생산(Staehle)부터 각종 객관적 평가기준인 국내,외 화평법&화관법을 준수하여 환경청 및 고용노동부의 승인하에 연간 40만캔 판매하고 있다. 동시에 독일의 Dekra(독일공업협회), TOV(독일기술위원회)의 승인을 득한 안심케미컬 시장

141

을 선도하고 있다. 특히, 자동차 오일첨가제 중 세라믹 엔진프로텍터는 차량의 완전연소를 유도해 대기 환경 보호에 일익을 하고 있다.

현대자동차' 수소연료전지 대형트럭' : 탄소중립 실천을 위해 친환경 차량 개발이 필수적인 상황이다. 특히 운행 빈도와 연료소모량이 많은 상용차량을 내연기관 차량에서 친환경 차량으로 대체한다면 많은 온실가스를 감축 할 수 있다. 하지만 상용차량 중 대형트럭은 무겁고 장거리 운행이 많아 친환경 차량으로 개발하기에 많은 제약 조건이 있었다.

2023년 21주차 IR52 장영실상을 수상한 현대자동차의 수소연료전지 대형 트럭은 세계 최초로 양산 개발된 친환경 트럭이다.

해당 제품은 충전에 약 8~25분이 소요되며 냉각충전시에는 10분 이내에 완료된다. 350bar (압력 단위) 충전 압력 기준으로 400km 이상 주행할 수 있다. 소와 공기 중의 산소를 이용해 연료전지 발전을 한다. 이를 통해 얻은 전기 에너지 로 모터를 작동시켜 구동력을 얻는다. 감속 시 모터를 통한 회생에너지를 고전압 배터리 충전 사용해 에너지 효율과 주행 거리를 높인다.

7. 수입차 서비스센타와 ESG미래, 그리고 베에프코리아(주)

Guten Morgen!(=Good Morning!) 요즘엔 독일어가 인기가 별로

없다. 직장인들, 후배들도 영어 공부를 열심히 하는 지인들이 많다. 중국어도 있고 일본어도 제법 있다. 하지만 독일어 배우는 사람들은 거의 못 봤다. 내 브랜드는 100% 독일 아이디어 케미컬, 화학제품이다. 누구는 케미컬 하면 농약이나 페인트, 도료가 떠오르는 분들도 많이 있을 것이다. 독일의 아이디어 명품 케미컬을 공식적으로 독점 브랜드로 수입해서 다양한 비즈니스 파트너들과 협업 중이다.

　각 사업부는 크게 자동차, 수입차(Auto Division), 바이크(Bike Division), 상용차(Cargo Division), 산업체(Industry Division) 등으로 나눠서 국내에 있는 공식수입차 서비스센터들부터 다양한 산업체의 유지보수 제품(Maintenance)까지 BMW Korea부터 롯데제과까지 다양한 브랜드와 협업 중이다. 독일 엔진오일부터 친환경 세척제, 그리스, 윤활제, 차량용 세라믹 엔진프로텍터, BMW Group에 공급 중인 DPF 클리너 등 다양한 친환경적인 케미컬 제품이다. 또한, 독일 Dekra(독일공업협회)나 TUV(독일기술위원회)의 승인을 얻은 제품들이다.

　2022년엔 "독일케미컬로 내 자동차 5년 젊게 만드는 방법"이라는 프로모션을 국내 유명 워크숍과 같이 진행하기도 했다. 전 세계적으로 이와 비슷한 브랜드도 있고 제조업이 강한 국내에도 크고 작은 많은 케미컬 제조업체들이 있다. 물론 국내 정유사도 세계적으로 기술력이 상당하다. 하지만 베에프코리아(주)가 선택한 것은 제품을 만드는 독일 장인들의 가치와 철학을 먼저 배웠고, 절대 품질로 타협하지 않는 제품과 서비스다. 모든 제품은 100% Made in Germany이지만 그 속에 담긴 의미는 글자 이상의 10배, 20배 가치 창출이 가능하다.

특히, 모든 제품은 인터넷 판매가 되지 않는다. 싸구려 제품처럼 온라인용이 아니고 모든 제품과 서비스는 본사 직접 판매 형식이다. 그만큼 제품의 품질은 월드클래스(World-Class)라는 간접증거다. 모든 제품에 회사의 서비스 비용까지 포함되어 있다. 즉, ESG경영과 밀접하다. 사업 초기엔 저가 중국제품에 밀리고, 국산 제품 가격 경쟁력에 눈물을 머금기도 했다. 지금은 2022년부터 강화된 환경부의 유해 화학물질 법령인 화평법& 화관법이 추가 개정되었다. 고용노동부의 건강 장해 물질 법령인 산업안전보건법과 소방청의 위험물안전관리법도 추가로 규정이 바뀌고 있다. 기준이 강화될수록 베에프코리아(주)의 제품은 한층 차별화 고급화가 된다.

8. 화확, AI와 ESG의 미래전망: 2024년은 ESG의 필수 시대

1) 단백질 분석 AI:기적의 게임체인저

2020년 이전까지 인간이 밝혀낸 인체 단백질 구조는 17%에 불과했으나 3년 만에 2억개의 단백질 구조가 확정됐다. 36만5000여 종의 단백질 3차원(3D)구조 예측이 가능해졌다. 구글 딥마인드의 인공지능(AI)인 '알파폴드'가 머신러닝을 통해 이룬 성과다. 단백질 구조에 따라 어떤 질병이 생기는지를 통해 알츠하이머 치매나 파킨슨병처럼 단백질과 관련한 각종 질병의 발병원인이 무엇인지 밝혀 낼 수 있다. 질병 치료에 신기원을 열것이란 평가다. 현재 단백질 공학 세계시장 규모는 2020년 기준으로 21억6000만달러(약 2조8803억원) 매년 16.6%성장 중이다.

단백질 인공지능(AI) 설계 분야 대가인 데이비드 베이커 미국 워싱턴대 교수가 새로운 단백질 분석 AI '로제타폴드 올 아톰(RoseTTAFold All-Atom)'을 공개했다. 베이커 교수가 30년 가까이 개발 중인 단백질 분석·예측·설계 프로그램 시리즈인 '로제타'의 최신작이다. 로제타폴드 올 아톰은 단백질과 DNA, RNA 등 모든 생체 분자를 모델링하고 설계할 수 있는 심층분석 AI다. 베이커 교수팀은 단순한 단백질 아미노산 분석을 넘어 완전 한 생물학적 구성 요소를 모델링할 수 있다"며 "흑백TV를 보다가 컬러TV로 전환되는 것과 비슷한 수준의 분자생물학적 혁신"이라고 소개했다.

이번 연구는 생명에 대한 이해도를 높이고 뛰어난 기능을 갖춘 새로운 단백질의 설계를 가능케 할 것으로 기대된다.

2024년 3월8일(현지시간) 베이커 교수팀은 "더 많은 생명체 분자를 모델링하는 로제타폴드올아톰 을 개발했다"는 연구결과를 국제학

술지 '사이언스'에 공개했다. 단백질은 모든 생명 현상에 관여하는 생체 분자다. 20종의 아미노산이 복잡한 사슬 구조로 연결됐다. 사슬이 꼬이고 얽히며 접히는 현상이 일어나고 복잡한 입체구조를 형성한다. 구조에 따라 특성과 기능이 다양하다. 단백질 분석이 생명과학 연구와 신약에 관심이 모이는 이유다. 개발에 획기적 전기가 될 수 있다.

로제타폴드 올 아톰은 생물학 분야에서 기본 AI모델로 자라 잡을 가능성이 크다. 신약개발을 넘어 인공 광합성 연구도 가능하다. 광합성 역시 단백질이 가능하다. 실제 인공 광합성시스템 연구, 탄소중립, 플라스틱 분해 촉매제 등 다양한 분야에 단백질 분석 기술이 활용될 전망이다. 백민경 서울대 생명과학부 교수는 "단백질 분석에 대한 인류 역사에 최근 정점을 찍고 있다"고 말할 정도로 생명까지 창조할 정도로 큰 성과라고 한다.

로제타폴드 올 아톰은 단백질 분석을 넘어 단백질과 다른 비단백질화합물간 상호작용까지 분석한다. 로제타 시리즈는 단백질 예측을 넘어 설계로도 확장됐다. 베이커 교수팀은 2022년 '로제 타폴드 디퓨전'을 공개했다. 로제타폴드 디퓨 전은 사용자가 단백질의 모양과 크기, 기능과 같은 속성을 설명하면 이에 부합하는 새로운 단백질 디자인을 생성해 제시하는 모델이다. 챗GPT 같은 생성형 AI에 키워드를 입력하면 AI가 이에 맞는 그림을 그리는 것과 같은 원리다.

그렇게 해서 등장한 것이 단백질 구조 예측 프로젝트 '로제타' 다. 로제타는 기원전 196년 아 에고대 이집트에서 제작된 석비인 로제타스톤 에서 이름을 따왔다. 로제타스톤에는 고대 이 집트어로 된 법령 등이 쓰여 있는데, 이 때문에 이 고대 이집트 문학과 문명을 이해하기 위한 필 성수적 사료로 여겨진다. 로제타 시리즈는 연구 결과를 공개해 상호 검증하면서 집단적으로 보편 지식을 생산해내 는개념을 뜻하는 '오픈 사이언스' 의 대표사례로 평가받는다.

연구자 등 비상업적 사용자는 무료로, 제약사 등 사용자는 유료로 이용하게 끔한다. '로제타커먼스' 란 네트워크를 만들어 사용을 돕고 있다. 집단 지성의 힘도 빌렸다. '로제타앳홈(Rosetta@home)' 이란 플랫폼을 만들었다. 로제타앳홈은 일반 참가자의 유휴자원을 모아 단백질 구조를 분석하 퓨터 플랫폼으로 2020년 기준 5만5000대에 달하 하는 컴퓨터가 단백질 분석을 돕고 있다. 베이커 교수는 로제타 프로젝트에 돌입하고 단백질 구조를 예측하는 알고리즘을 만들어냈다. 이 알고리즘을 기반으로 단백질 분석 모델 시리즈를 출시해왔다. 여러 시리즈 중에 가장 주목받은 것이 2021년 등장한 단백질의 접힘을 예측하는 '로제타폴드' 다. 단백질이 사람 몸속에서 자신만의 입체 구조를 형성하는 일련의 과정이 단백질 접힘이다.

잘못 접힌 단백질 구조때문에 알츠하이머 치매나 파킨슨병 같은 뇌질환이 나타나는 것으로 알려졌다. 로제타폴드는 짧게는 수분, 길어야 몇 시간 안에 이 단백질 접힘 구조를 정확하게 밝혀낸다. 로제타폴드는 세 종류의 AI로 구성된다. 미지의 단백질이 주어지면 단백질 데이터베이스에서 비슷한 아미노산 서열을 찾는 AI와 단백질내부에서 아미노산들이 연결되는 형태이다.

단백질 분석은 신약 개발의 새 지평을 열 것으로 기대되며 제약바이오 업계에서 특히 각광받고 있다. 코로나19 팬데믹(세계적 대유행) 사태 때 치료제나 백신 후보물질 발굴에 쓰이는 등 실제로 활용되고 있다. 베이커 교수 팀은 미래에 단백질을 일종의 '도구'로 쓸 수 있을 것으로 기대한다. 그는 "우리는 이전에 결코 할 수 없었던 방식으로 단백질을 이용해 무언가를 만들 수 있을 것"이라며 "예를 들어 새로운 유형의 약물·백신·치료제, 심지어 재료까지 제조할 수 있을 것"이라고 밝혔다.

2021년 구글은 알파폴드를 활용해 신약을 개발하는 아이소모픽랩스(Isomorphic Labs 실)를 설립해 본격적인 신약개발 사업에 뛰어들었다. 올해 초 아이소모픽랩스는 일라이릴리질이 와 17억달러, 노바티스와 15억달러 규모 AI 신약 개발 협력 계약을 체결하며 업계를 놀라게 활용 구글 외에도 많은 빅테크 기업이 AI 신약 개발에 나서고 있다. MS는 지난해 9월 단백질 생성 범용 프레임워크 '에보디프이쉽

(EvoDiff)'를 오픈소스로 공개했다. 엔비디아 역시 지난해 '바이오네모(BioNeMo)'를 출시해 새로운 단백질 생성 AI 모델을 구축하겠다고 발표한 바 있다.

에필로그

세상은 둘로 나뉜다. AI ESG를 알고 실천하는 이와 모르는 이

우리가 겪고 있는 4차 산업혁명은 AI혁명과 ESG혁명의 메가 트랜드의 중심에 있다.

가정에서도 직장에서도 지구촌 어디에서도 하루 24시 언제든 이제는 싫어도 부딪치고 받아들여야 한다. 어제 보다 더 적극적으로 내 것으로 만들고 활용하고 결과를 내야 한다. AI대전환, ESG대전환은 필수이자 자세이다.

지금까지 AI의 팰요성 및 ESG의 역사적 배경부터 많은 ESG 기업의 경영 사례까지 살펴 보았다. 결국 4차 혁명의 오른팔 왼팔인 AI와 ESG는 필수이자 자세이다. 겉치레식 허울과 유행이 아닌 실제적인 지속가능성의 핵심이 되고 있고, 벌써 생활 속 깊이 자리잡고 있다.

자연이 우리에게 준 선물을 무책임하게 남용하고 손상시킨 대가는 자연의 역습으로 나타나고 있지 않은가? 또 미래 세대로부터 빌려 쓰고 있는 자연을 훼손한 우리 세대는 역사의 심판을 받을 지도 모를 일이다. 하지만 아직 희망은 있다. 우선 소비자, 투자자, 종업원 등 기업의 이해관계자가 기업에 강한 메시지를 전달하고 압력을 행사해야 한다.

즉 환경과 사회적 책임을 다하면서 성장하는 지속가능한 사업모델이 없는 기업의 생존을 용납하지 않겠다는 메시지를 전하고 행동해야 한다. 그리고 정권 실세와 정책 입안 자에게 환경과 사회적으로 지속가능하지 않은 근시안적 국정 운영을 계속하면 정권을 잃을 것이라고 경고하고 행동해야 한다. 동시에 기후변화 책임을 규정하는 국제 회의에서 스코프 1, 2, 3 같은 탄소배출뿐만 아니라 생물다양성과 생태계 보전 노력도 감축 성과에 포함시키는 통합적 접근을 논의해야 한다.

생산과 소비 활동에서의 탄소 감축보다 자연자원 보전을 통한 기후회복력이 더 효과적인 기후변화 대응일 수 있다. 피상적인 책임 회피용 ESG 주장보다 지속가능성의 핵심과 본질이 우선이지 않을까? 환경,책임 및 투명경영의 약자인 ESG(Environment, Social, Goveror)는 정말로 필수이자 자세이다.

21세기를 헤쳐 나가면서 ESG를 수용하는 것은 단순한 선택이 아니라 생존을 위한 필수 요소이다. 그것은 우리의 경제 시스템을 지구의 건강에 맞추고 지속 가능한 미래에 대한 유망한 청사진을 제공하는 우리와 자녀들을 위한 최선의 방법이다.

"오늘부터라도 ESG가 일상이고 상식이길 진심으로 바래본다."
There is still time to turn into Opportunity with YOU.

쉽지 않은 ESG 내용을 재미있게 배울 수 있는 계기가 되고 기업 경영에 작은 기회가 이 책을 통해 조금이나마 개념을 이해하고 궁금증이 해소되기를 바래본다. 끝까지 읽어 주시고 베짱이 케미스트에 대한 관심과 응원을 보내주신 모든 분들께 다시 한번 진심으로 감사드린다.

베짱이 케미스트 김태진 드림

김민제

- 현) 다현로앤컨설팅 RM사업부 총괄 팀장
- 현) ESG인증 심사원
- 현) ESG 공급망 심사원
- 현) ISO 9001,14001,45001인증 선임 심사원
- 현) 산업안전보건공단 안전보건관리체계구축 컨설팅 수행요원
- 현) 중소기업벤처기업부 제조혁신바우처 중대재해예방 바우처 수행요원
- 숙명여자대학교 미래교육원 AI ESG 전문가 과정 1기 수료

이메일 4usaida@naver.com
블로그 hyunlabor.com
연락처 010-7935-0956

04
지속가능한 미래를 위한 AI&ESG 만남

지속가능경영을 위한 AI&ESG 융합 첫걸음

사회구조가 복잡해지고, 지금까지 격어보지 못한 많은 변수(기후이상, 코로나 같은 전염병 차세대 신기술…등)들이 기업이해관계자투자자들의 의사결정을 어렵게 하고 있다. 단순히 매출 같은 재무적요소는 기본이고, '어떤 요소들이 기업을 지속가능한 경영으로 이끌것인가?' 라는 질문을 끊임없이 해야되는 시대를 우리는 살고있다. 이런 시대의 흐름속에서 가장 주목해야될 부분이 AI 와 ESG경영이 아닐까한다. AI&ESG융합프로세스 구축을 위해서 'AI와ESG의 관계', '지속가능한 미래를 위한 AI 기술의역할,' 'ESG경영을 위한 AI의 기능' … 등등을 살펴보고자 한다.

1. AI와ESG, 지속 가능한 경영을 위한 스마트한 융합

4차산업혁명시대 매출보다 더 신경 써야하는 ESG요인

과거에는 기업이 추구하는 목표는 첫째도 이익둘째도 이익이었다. 하지만 최근에는 기업의 사회적, 환경적, 지배구조적 측면 즉 비 재무적인 측면을 고려한 투자가 활성화 되고있다. AI 시대의ESG 투자는 환경(E), 사회(S), 지배구조(G) 투자를 체계적으로 포함하는 과정이다. 앞으로는 기업의 가치를 평가할 때 재무제표에 표현되는 단순한 숫자만 평가 하는게 아니라, 사회적책임으로 표현되는ESG 요인들이 보다 중요한 시대가 오고있다.

ESG 요인이란 무엇인가?

ESG 요인은 기업의 사회적 책임과 지속 가능한 경영에 대한 다양한 요소들을 의미한다. "E"는 환경(Environmental)을 나타내며, 기업이 자원 사용, 에너지 소비, 온실 가스 배출 등 환경적 영향에 대해 어떻게 대처하는지를 평가한다. "S"는 사회(Social)를 나타내며, 기업의 사회적 책임과 다양성, 노동 조건 등에 대한 평가를 포함한다. "G"는 지배구조(Governance)를 나타내며, 기업의 거버넌스 체계와 투명성, 윤리적 경영 등을 평가한다.

ESG는 비재무적요소에 대한 체계적인 접근 방식으로 환경(E), 사회(S), 기업(G) 관리를 SDGs(지속 가능한 개발 목표)의 관점에서 재검토하고 성과를 측정하게 된다. 기업의ESG성과란 회사가 여러가지 ESG 평가지표에 따라 그 수준을 평가되는 걸 의미하는데이를 위해 기업보고서, 지속가능한 개발 보고서, 기업 사회 및 환경 책임 보고서, 재무 보고서, ESG등이 사용된다.

AI 기술의 기본 개념과 발전 과정

AI는 인공지능을 의미하는데, 컴퓨터 시스템이 사람과 유사한 지능적인 작업을 수행할 수 있는 능력을 의미한다. AI의 발전은 다양한 분야에서 이루어져왔다. 초기에는 기초적인 규칙 기반 시스템이 주로 사용되었으며, 이후에는 머신 러닝과 딥 러닝이 등장하면서AI의 성능이 크게 향상되어왔다. 최근에는 대량의 데이터와 강력한 컴퓨팅 능력을 활용하여AI가 인간보다 우수한 성능을 발휘하는 경우도 많이 나타나고 있다.

AI가 ESG 데이터를 처리하는 방법

AI는ESG 데이터를 처리하기 위해 다양한 기술과 알고리즘을 활용한다. 예를 들어, 자연어 처리(Natural Language Processing) 기술을 사용하여 기업의 보고서와 뉴스 기사를 분석하고, 이미지 인식(Image Recognition) 기술을 사용하여 환경 오염이나 사회적 이슈와 관련된 사진을 분석할 수 있다. 또한, 머신 러닝과 딥 러닝 알고리즘을 활용하여ESG 데이터의 패턴과 관계를 파악하고, 예측 모델을 개발할 수 있다.

ESG 도전 과제를 해결하기 위한AI의 역할

ESG 도전 과제는 매우 다양한데, AI는 이러한 도전 과제를 해결하기 위해 큰 역할을 수행할 수 있다.

예를 들어, 기업의 환경적 영향을 평가하기 위해AI는 대량의 환경 데이터를 분석하여 에너지 절약이나 탄소 배출 감소와 같은 개선 방안을 제시할 수 있다. 또한, AI는 기업의 사회적 책임과 다양성에 대한 평가를 위해 다양한 데이터 소스를 통합하고, 인공지능 기반의 채용 시스템을 구축할 수 있다. 이렇게 중요해지는ESG 요인을AI 기술을 활용하여 더욱 발전시키고 정교하게 사용하는 방법에 대해서 알아보고자 한다.

지속가능경영을 위한 AI&ESG 융합 프로세스

지속가능경영과AI &ESG의 중요성 이해하기오늘날 지속가능 경영은 기업의 생존과 성장에 있어 핵심적인 요소로자리 잡고 있다. 이러한 흐름 속에서 인공지능(AI)과 환경·사회·지배구조(ESG)는 지속가능 경영을 구현하는데 중요한 역할을 하고 있다. 그렇다면 이 둘은 어떻게 융합을 시작하여 비즈니스 성과를 향상 시킬 수 있을까?

먼저, 지속가능 경영은 기업이 경제적, 사회적, 환경적 책임을 균형 있게 고려하며 가치를 창출하는 것을 의미한다. 이는 기업이 단순히 재무적 성과 뿐만 아니라, 다양한 이해관계자들의 요구와 기대를 충족시키는 것을 목표로 한다. 이때, AI는 데이터 분석과 예측을 통해 지속가능 경영 전략을 수립하고 실행하는 데 도움을 주는 도구로써 활용된다. 방대한 데이터를 수집하고 분석하여 기업의 지속가능성에 영향을 미치는 요인들을 파악하고, 이를 기반으로 미래를 예측하여 선제적으로 대응할 수 있는 전략을 수립할 수 있다.

더불어, ESG는 기업의 지속가능성을 평가하는 비재무적 지표로서 투자자들의 관심이 높아지고 있다. 이는 기업이 환경 보호, 사회적 책임, 지배구조 개선 등을 적극적으로 추진하고 있는지를 평가하는 기준이 된다. AI는ESG 정보를 수집하고 분석하여 기업의 지속가능성을 실시간으로 모니터링하고 평가하는 데 활용 될 수 있다. 이를 통해 기업은 지속가능성에 대한 인식을 높이고, 투자자들의 신뢰를 확보할 수 있다.

AI의 역할과 지속가능경영에서의 기여도 분석

AI는 지속가능경영 분야에서 다양한 역할을 수행하며, 그 기여도가 점점 높아지고 있다. 아래에서는 주요 역할과 그에 따른 기여도를 분석해 보고자 한다.

데이터 분석 및 예측: AI는 대규모 데이터를 빠르게 분석하고 패턴을 식별하여 미래 동향을 예측할 수 있다. 이를 통해 기업은 지속가능성에 영향을 미치는 요인들을 파악하고, 선제적으로 대응할 수 있는 전략을 수립할 수 있다.

실시간 모니터링 및 평가: AI는 IoT 센서나 기타 데이터 소스에서 수집한 정보를 실시간으로 분석하여 기업의 지속가능성을 모니터링하고 평가할 수 있다. 이를 통해 지속가능성에 대한 인식을 높이고, 투자자들의 신뢰를 확보할 수 있다.

의사결정 지원: AI는 복잡한 문제를 해결하고 의사결정을 지원하는 데 활용된다. 지속가능경영에서도 마찬가지로, AI는 다양한 시나리오를 시뮬레이션하고 최적의 대안을 제시하여 의사결정의 질을 향상시킬 수 있다.

공급망 관리: AI는 공급망 전반의 지속가능성을 개선하는 데에도 활용된다. 예를 들어, 부품 제조업체부터 물류 파트너에 이르기까지 공급망 전체의 탄소 배출량을 추적하고 감축할 수 있는 시스템을 구

축할 수 있다.

고객 경험 개선: AI 챗봇 이나 가상 비서를 활용하여 고객 서비스를 개선하고, 고객의 지속가능성에 대한 관심을 반영한 제품 및 서비스를 제공할 수 있다. 이러한 역할을 통해AI는 지속가능경영에 혁신을 일으키고, 기업의 경쟁력 강화와 지속가능한 성장을 돕는 강력한 도구로 자리 잡고 있다.

ESG 기준 정립과 지속가능한 비즈니스 모델

ESG(환경, 사회, 지배구조)는 지속가능경영의 핵심 요소로, 기업의 가치와 성과를 평가하는 데 중요한 역할을 한다. 이러한 기준을 충족하기 위해서는 비즈니스 모델 자체가 지속가능성을 고려해야 한다. 이를 달성하기 위한 몇 가지 단계는 다음과 같다.

ESG 목표 설정: 기업은 자사의 특성과 산업별 요구사항을 고려하여ESG 목표를 설정해야 한다. 이는 기후변화 대응, 인권 보호, 공급망 관리 등 다양한 영역을 포괄할 수 있다.

비즈니스 모델 검토: 기존 비즈니스 모델이ESG 기준을 충족하는지 검토하고, 필요한 수정 사항을 파악해야 합니다. 일부 비즈니스 모델은 완전히 재설계해야 할 수도 있다.

데이터 수집 및 분석: ES 지표를 측정하고 분석하기 위해 데이터 수집 및 분석 체계를 구축해야 한다. 이를 통해 현재 상황을 파악하고 개선이 필요한 영역을 식별할 수 있다.

전략 개발: 위의 결과를 바탕으로 세부적인 전략을 개발해야 한다. 이는 기술 도입, 파트너십 체결, 규제 준수 등 다양한 활동을 포함할 수 있다.

모니터링 및 평가: 지속적인 모니터링과 평가를 통해 진행 상황을 파악하고, 필요한 조치를 취해야 한다. 외부 기관의 평가를 받는 것도 좋은 방법이다.

커뮤니케이션: 마지막으로, 주주, 고객, 직원 등 이해관계자들과 적극적으로 소통해야 합니다. 이를 통해 투명성을 높이고, 신뢰를 확보할 수 있습니다.

이러한 프로세스를 통해 AI 와 ESG 융합을 시도한다면, 기업은 지속가능한 비즈니스 모델을 구축하고, ESG 기준을 충족할 수 있다.

AI & ESG 융합 프로세스의 구축 단계

AI와 ESG가 융합하는 프로세스는 복잡하지만, 아래와 같은 단계를 거쳐 구축할 수 있다.

현황 파악: 첫 번째 단계는 회사의 현재 ESG 상황과 AI 활용 현황을 파악하는 것이다. 이를 위해 제3자 보고서, 데이터 분석, 인터뷰 등을 활용할 수 있다.

목표 설정: 현황 파악을 기반으로 명확한 ESG 및 AI 목표를 설정한

다. 이는 조직의 비전과 가치, 업계 표준, 규제 요구사항 등을 고려해야 한다.

데이터 수집: 두 번째 단계에서는 유의미한 데이터를 수집하고 정제한다. 이 데이터는 머신러닝 알고리즘을 적용하는데 사용된다.

알고리즘 개발: 세 번째 단계에서는 데이터 과학자와 함께 적합한 머신러닝 알고리즘을 선택하고 개발한다. 이는 이상 탐지, 예측 분석, 이미지 인식 등 다양한 유형의 문제를 해결할 수 있어야 한다.

모델 구현: 네 번째 단계에서는 선정된 알고리즘을 실제 시스템에 구현한다. 이때, 보안 및 개인정보 보호 이슈를 고려해야 한다.

모니터링 및 평가: 다섯 번째 단계에서는 모델의 성능을 모니터링하고 평가합니다. 실시간 데이터를 이용하여 모델을 보정하고 향상시키는 것이 중요하다.

보고 및 커뮤니케이션: 마지막 단계에서는 주요 이해관계자에게 결과를 보고하고 공유합니다. 이를 통해 책임 있는 리더십을 보여줄 수 있다. 이러한 단계를 거치며 AI와 ESG가 융합하는 것은 조직의 지속 가능성을 높이는 데 큰 도움이 될 수 있다.

데이터 분석과 인사이트 도출을 통한 의사결정 강화

AI와 ESG를 통합하는 핵심은 데이터 분석과 인사이트 도출을 통해 의사결정을 강화하는 것이다. 이를 통해 조직은 지속 가능성 목표를 달성하기 위한 가장 효과적인 전략을 식별할 수 있다.

먼저, 대량의 데이터를 수집하고 분석하여 기업의 공급망, 제품 포트폴리오, 고객 행동 등에 대한 인사이트를 도출할 수 있다. 이러한 인사이트는 비즈니스 의사 결정에 직접적인 영향을 미치며, 지속 가능성 측면에서도 의미 있는 정보를 제공한다.

예를 들어, 특정 제품 라인이 환경에 부정적인 영향을 미친다는 것을 발견하면, 해당 제품을 개선하거나 대체재를 찾는 등의 조치를 취할 수 있다. 마찬가지로, 공급업체니 협력사가 인권 위반이나 환경오염과 관련된 문제가 있다면, 이를 조사하고 개선하기 위한 조치를 취할 수 있다.

머신러닝과 자연어 처리 기술을 활용하여 비정형 데이터를 분석하고 패턴을 식별하는 것도 가능하다. 이를 통해 소셜 미디어, 뉴스 기사, 정부 보고서 등에서 유용한 정보를 추출하고, 지속 가능성에 대한 외부 압력과 기회를 파악할 수 있다.마지막으로, 데이터 분석 결과를 시각화 하여 경영진이 쉽게 이해하고 활용할 수 있도록 해야 한다 대시보드, 보고서, 차트 등을 통해 복잡한 데이터를 직관적으로 전달함으로써 신속한 의사결정을 지원할 수 있다.

통합 프로세스 실행 중 발생할 수 있는 도전 과제

AI와 ESG 융합 프로세스는 복잡하고 다양한 도전 과제에 직면할 수 있다. 아래는 그 중 일부 예시이다.

데이터 품질 및 신뢰성: 지속 가능성 관련 데이터는 종종 불완전하고 신뢰성이 떨어질 수 있다. 데이터 소스가 다양하고 일관성이 없을 수 있으며, 데이터 수집 및 관리에 상당한 비용과 시간이 소요될 수 있다.

기술 격차: 조직 내 기술 전문 지식이 부족하거나 기존IT 인프라가 최신 기술과 호환되지 않을 수 있다. 이는 디지털 트랜스포메이션을 방해하고 프로젝트 구현을 지연시킬 수 있다.

문화적 변화: 지속 가능성에 대한 인식과 가치관을 조직 전체에 확산시키는 것은 쉽지 않은 일이다. 기존의 비즈니스 관행과 문화적 규범을 변화시켜야 할 수도 있으며, 이는 저항과 반발을 초래할 수 있다.

규제 및 표준 준수: 국가 및 국제 규제 기관은 지속 가능성에 대한 요구사항을 강화하고 있다. 조직은 이러한 규제와 표준을 준수하면서 동시에 경쟁력을 유지해야 하는 도전 과제에 직면한다.

투자자 및 이해관계자 기대: 투자자와 이해관계자는 점점 더 지속 가능성 성과에 초점을 맞추고 있다. 이들은 투명성, 책임성, 그리고 적극적인 참여를 요구하며, 이에 대응하는 것은 조직에게 또 다른 도전 과제가 될 수 있다.

성공적인 AI&ESG 융합 프로세스를 위한 기업의 역할과 책임

기업은 성공적인AI와ESG 융합 프로세스를 위해 다양한 역할과 책임을 수행해야 한다. 아래는 주요 내용이다.

전략적 방향 설정: 기업은 지속 가능성 목표와 전략적 방향을 설정하고, 이를AI와ESG 융합에 반영해야 한다. 이를 통해 비즈니스와 지속 가능성의 연계를 강화하고, 보다 효과적인 전략 수립이 가능해진다.

데이터 관리 및 분석: 기업은 지속 가능성 관련 데이터를 체계적으로 관리하고 분석해야 한다. 이를 위해 데이터 수집, 저장, 처리, 분석을 위한 기술과 도구를 도입하고, 데이터 기반의 의사결정을 지원하는 시스템을 구축해야 한다.

기술 혁신과 인재 유치: 기업은AI와 같은 신기술을 적극적으로 수용하고 활용해야 하며, 이를 위해 내부R&D 역량을 강화하거나 외부와의 협력을 추진해야 한다.또한, 지속 가능성 분야에서의 전문성을 갖춘 인재를 유치하고 육성하는 것도 중요하다.

투명성과 소통: 기업은 지속 가능성 성과와 관련된 정보를 투명하게 공개하고, 이해관계자와의 소통을 강화해야 한다. 이를 통해 신뢰도를 높이고, 사회적 책임을 다하는 이미지를 구축할 수 있다.

규제 및 표준 준수: 기업은 국내외 규제 및 표준을 준수하고 지속 가

능성 관련 법규와 정책에 선제적으로 대응해야 한다. 이를 통해 법적 리스크를 최소화하고 지속 가능한 비즈니스 활동을 보장할 수 있다.

미래 지향적 AI & ESG통합 전략의 발전 방향

AI와 ESG의 통합은 미래 지향적인 지속 가능 경영을 위해 점점 더 중요해지고 있다. 이러한 추세에 따라 향후 통합 전략의 발전 방향은 다음과 같을 것으로 예상된다.

데이터 기반의 의사결정 강화: AI 기술을 활용하여 대규모 데이터를 신속하게 분석하고, 이를 바탕으로 지속 가능성 관련 의사결정을 내리는 것이 더욱 중요해질 것이다. 이를 위해서는 데이터 품질 향상과 함께 데이터 보안 및 개인정보 보호에 대한 고려가 필요하다.

다양한 이해관계자와의 협력 확대: 기업들은 고객, 파트너, 투자자, 지역사회 등 다양한 이해관계자와 협력하여 지속 가능성 목표를 달성하고자 할 것이다. 이를 위해 개방형 혁신과 생태계 구축이 필요하며, 상호작용과 커뮤니케이션을 촉진하는 플랫폼과 툴의 활용이 증가할 것이다.

디지털 전환과 스마트 솔루션 개발: 디지털 기술을 활용하여 운영 효율성을 높이고, 탄소 배출을 줄이는 스마트 솔루션의 개발이 더욱 활발해질 것입니다. IoT, 블록체인, 클라우드 등의 기술을 활용하여 공급망 전반의 지속 가능성을 개선하는 노력도 이루어질 것이다.

ESG 평가 및 공시의 표준화: 국제적으로 인정받는ESG 평가 및 공시 표준이 마련되고, 이에 대한 기업들의 준수가 점차 강화될 것이다. 이를 통해 비교 가능성과 일관성이 확보되고, 투자자들의 의사결정에 도움이 될 것이다.

윤리적이고 책임 있는 AI의 구현: AI 기술의 발전과 함께 윤리적이고 책임 있는AI의 구현이 더욱 중요해질 것이다. 이를 위해AI 알고리즘의 투명성과 설명 가능성을 높이고, 차별과 편견을 방지하는 기술적 대책이 마련되어야 한다.

우리 사회가 더욱 발전하고 성장하기 위해서는 이 두 가지 요소를 잘활용해야 한다는 사실, 잊지 말자!

2. 환경 보호를 위한AI 기술의 적용

현재 환경 문제는 전 세계적으로 큰 이슈가 되고 있다. 기후변화생태계 파괴 등 우리가 직면한 환경 위기는 더이상 미룰 수 없는 과제이다. 다행히AI비롯한 다양한 첨단 기술들의 발전이 이를 극복할 수 있는 새로운 해결책으로 등장하고 있다. 그 중에서도AI(인공지능)기술은 환경 보호를 위해 놀라운 역학을 하고 있다.

이번 장에서는AI기술이 환경 분야에서 어떻게 활용되는지 알아보고탄소배출 감축, 에너지효율개선, 야생동물보호, 재해 대응 등 다양한 사례를 소개할 예정이다.

AI 기술이 환경 보호에 주목받는 이유

AI 기술이 환경 보호에 주목받는 이유는 다양하다. 그중 가장 큰 이유는 AI 기술이 가진 높은 효율성과 정확성이다. AI 기술은 대규모 데이터를 빠르게 분석하고 처리할 수 있어, 환경 문제를 예측하고 대응하는 데 매우 유용하다.

AI 기술은 복잡한 환경 문제를 해결하는 데 필요한 창의적인 아이디어와 솔루션을 제공할 수도 있다. 예를 들어, AI 알고리즘을 이용하여 대기 오염 물질의 농도를 예측하고, 이에 따라 적절한 대응 방안을 제시할 수 있다. 또, 물 사용량을 모니터링하고 누수를 탐지하여 물 자원을 효율적으로 관리하는 데도 활용된다.

AI 기술은 환경 보호를 위한 규제 준수를 강화하는 데도 큰 역할을 할 수 있다. 불법적인 오염물질 배출을 감지하고, 실시간으로 모니터링하여 환경 규제 위반을 신속하게 적발할 수 있다. 이러한 방식으로 기업들의 환경 책임을 강화하고, 지속 가능한 발전을 촉진할 수 있다.

마지막으로, AI 기술은 환경 문제에 대한 대중의 인식을 높이는 데도 기여할 수 있다. AI 기반의 챗봇이나 가상 비서를 이용하여 사람들에게 환경 문제에 대한 정보를 제공하고, 교육 및 참여를 유도할 수 있다. 이렇게 함으로써 보다 적극적인 환경 보호 활동을 이끌어낼 수 있다.

기후 변화 분석을 위한 AI의 역할

기후 변화는 전 세계적인 문제로 대두되고 있다. 이에 따라 AI 기술은 기후 변화 분석 분야에서 중요한 역할을 하고 있다.

첫째로, AI는 방대한 기상 데이터를 분석하여 기후 변화의 패턴과 경향을 파악하는 데 활용된다. 과거의 기상 데이터를 분석하여 미래의 기후를 예측하는 모델링 작업에 있어서 AI는 빠르고 정확한 분석을 가능하게 한다.

둘째로, 기후 변화에 따른 자연재해의 피해를 최소화하기 위해서는 사전 예측과 대비가 중요한데, AI는 이를 위한 핵심 기술이다. AI 기술을 활용하여 태풍, 홍수, 산불 등의 자연재해를 예측하고, 이에 따른 대응 방안을 제시할 수 있다.

셋째로, AI는 기후 변화에 따른 생태계의 변화를 분석하고, 이에 따른 대응 방안을 모색하는 데도 활용된다. AI 기술을 이용하여 생물 다양성의 변화를 모니터링하고, 멸종 위기종의 보호 대책을 마련할 수 있다.

마지막으로, AI는 기후 변화에 대한 국제적인 협력을 지원하는 데도 활용됩니다. AI 기술을 이용하여 국가 간의 기상 데이터를 공유하고, 이를 바탕으로 국제적인 기후 변화 대응 전략을 수립할 수 있습니다.

쓰레기 분류와 재활용에서 AI의 활용

현재 도시에서 나오는 쓰레기는 그 종류와 양이 방대하며, 이를 적절히 분류하고 재활용하는 것은 환경 보호에 매우 중요하다. 여기서 AI 기술은 어떻게 활용되는지 알아보자.

먼저, AI는 쓰레기 분류 시스템에 활용될 수 있다. 이미지 인식 기술을 이용하여 쓰레기의 종류를 자동으로 분류하고, 그에 따라 적절한 처리 방법을 결정할 수 있다. 이렇게 하면 사람이 일일이 분류하는 것보다 빠르고 정확하게 쓰레기를 처리할 수 있어 효율성이 크게 향상된다.

또 다른 활용 분야는 재활용입니다. AI는 재활용 가능한 자원을 식별하고, 그에 따라 재활용 프로세스를 최적화하는 데 활용될 수 있다. 예를 들어, 특정 종류의 플라스틱이 얼마나 재활용 가능한지 판단하고, 그에 따라 재활용 계획을 조정할 수 있다.

더 나아가, AI는 쓰레기 처리 시설의 운영을 개선하는 데도 활용될 수 있다. 센서와 IoT 기술을 이용하여 쓰레기 처리 시설의 가동 상황을 모니터링하고, 이상 징후를 감지하여 고장 예방 및 수리 작업을 효율적으로 수행할 수 있다.

자연 보호 구역 감시를 위한 AI 시스템

자연 보호 구역은 생물 다양성과 생태계 보전을 위해 중요한 지역이다. 하지만 이러한 지역은 종종 불법적인 활동이나 인간의 부주의로 인해 위협받고 있다. 여기서 AI 기술은 어떻게 활용되어 자연 보호에 기여하는지 알아보고자 한다.

먼저, AI는 자연 보호 구역에서의 불법적인 활동을 감시하는 데 활용될 수 있다. CCTV 영상 분석 기술을 이용하여 무단 침입, 야생동물 밀렵, 쓰레기 투기 등의 불법 행위를 탐지하고, 이를 관리 기관에 실시간으로 전달할 수 있다.

또 다른 활용 분야로는 야생동물 모니터링이 있다. 동물의 행동 패턴을 분석하여 개체 수 변화, 이동 경로 파악, 번식 주기 추정 등의 정보를 수집하고, 이를 토대로 보호 대책을 수립할 수 있다.

마지막으로, AI는 자연 보호 구역의 생태계를 보호하는 데도 활용될 수 있다. 기상 데이터와 지리 정보를 결합하여 산불 발생 가능성을 예측하고, 조기 경보 시스템을 구축하여 피해를 최소화 할 수 있다.

에너지 효율성 향상을 위한 AI 솔루션

에너지는 현대 사회의 핵심 자원 중 하나이며, 지속 가능한 발전을 위해서는 에너지 효율성을 높이는 것이 중요하다. 그렇다면 AI 기술은 어떠한 방식으로 에너지 효율성 향상에 기여할 수 있을까?

첫째로, 스마트 빌딩 및 가정용 IoT 기기 제어에 활용된다. 건물 내 센서와 IoT 기기로부터 수집된 데이터를 분석하여 실내 온도, 조명, 환기 등을 자동으로 조절하며 불필요한 에너지 소비를 최소화 시킨다.

둘째로, 제조업에서는 생산 공정의 효율성을 높일 수 있다. 머신러닝 알고리즘을 이용하여 생산 라인의 가동 상황을 모니터링하고, 각 공정 단계에서 발생하는 에너지 손실 요인을 파악하여 개선 방안을 제시한다.

셋째로, 교통 분야에서도 적극 활용되고 있다. 차량의 주행 데이터를 분석하여 연비를 개선하고, 교통 체증을 완화시켜 도로의 효율성을 높일수 있다. 또 전기차 충전 인프라를 최적화 하는 데도 쓰일 수 있다.

오염 감지 및 관리에서 AI의 기여

AI는 대기 및 수질 오염을 실시간으로 모니터링하고, 이상 징후를 감지하는 데 있어서 탁월한 성능을 보인다. 기존의 감시 시스템은 일정한 주기로 샘플링을 진행하기 때문에, 즉각적인 대처가 어려웠다. 하지만 AI 기술을 접목하면서 이러한 한계를 극복하였다.

먼저, 대기 오염의 경우, 드론이나 위성 이미지를 활용하여 대기 중의 오염 물질 농도를 측정한다. 이렇게 수집된 데이터를 딥러닝 모델에 입력하여 패턴을 식별하고, 이상치를 감지한다. 이후 해당 지역의 담당 기관에 알림을 전송하여 신속한 조치를 취할 수 있도록 지원한다.

수질 오염 역시 마찬가지입니다. 수질 센서 네트워크를 구축하여 하천, 호수, 바다 등의 수질 데이터를 수집하고, 이를 분석하여 오염 정도를 파악한다. 만약 기준치를 초과하는 오염이 발생한다면, 해당 지역의 하수처리장이나 공장 등에 대한 조사를 실시하여 원인을 규명하고, 적절한 조치를 취하게끔 한다.

지속 가능한 농업을 위한 AI 기술의 적용

농업 분야에서도 AI 기술은 적극적으로 활용되고 있다. 대표적인 예로는 작물 재배를 위한 기상 예측, 병충해 예방 및 대응, 수확량 예측 등이 있다.

먼저, 기상 예측은 농작물의 생산량에 큰 영향을 미치는 요소 중 하나이다. AI 기술을 활용하여 기상 데이터를 수집하고, 이를 분석하여 향후 일주일 또는 1개월 동안의 기상 조건을 예측한다. 이를 바탕으로 농부는 작물의 파종 시기, 물 사용량, 비료 사용량 등을 결정할 수 있다.

병충해 예방 및 대응에도 AI 기술이 활용됩니다. 농작물에 피해를 입히는 해충의 종류와 특성을 학습하고, 이를 기반으로 실시간으로 탐지 및 분류를 수행한다. 또, 각 해충에 맞는 최적의 살충제를 추천하거나, 자동으로 살포하는 시스템도 개발되고 있다.

마지막으로 수확량 예측은 농산물 가격 변동에 대비하는데 유용하다. 과거의 수확량 데이터와 현재의 생육 상황을 종합적으로 고려하여 수확량을 예측하고, 이에 따라 생산량을 조절하거나 시장에 공급하는 시점을 결정할 수 있다.

환경 보호를 위한 AI 기술의 미래 전망

AI 기술은 지속 가능한 발전을 위한 핵심 기술 중 하나로 자리 잡고 있습니다. 그 중에서도 환경 보호 분야에서의 잠재력은 매우 크다고 볼 수 있다. 몇 가지 주요 전망을 살펴보고자한다.

첫째, 보다 정확하고 신속한 모니터링이 가능해진다. AI 기술을 활용하여 대기 질, 수질, 토양 오염 등을 실시간으로 모니터링하고, 이상 징후를 빠르게 감지할 수 있다. 이를 통해 정부나 기업은 선제적으로 대처하여 환경 오염을 최소화할 수 있다.

둘째, 자율적인 대응 시스템 구축이 가능해진다. AI 기술을 이용하여 오염 물질 배출량을 자동으로 조절하거나, 재생에너지 발전량을 최적화하는 등 자율적인 대응 시스템을 구축할 수 있다. 이를 통해 인간의 개입 없이도 환경 보호가 가능해질 것이다.

셋째, 새로운 비즈니스 모델의 등장이 예상된다. AI 기술을 활용하여 환경 보호에 기여하는 제품이나 서비스를 제공하는 스타트업이 등장하고, 기존 기업들도 친환경적인 경영 전략을 강화할 것이다. 이러한 변화는 환경 보호에 대한 인식을 높이고, 지속 가능한 사회로의 전환을 가속화할 것이다.

이러한 전망들은 AI 기술이 환경 보호에 얼마나 큰 영향을 미칠 수 있는지 보여준다. 물론 아직은 해결해야 할 과제들이 많지만, 지속적인 연구와 개발을 통해 더욱 발전할 것으로 기대된다.

지금까지 우리 생활 속에서 활용되고 있는 인공지능 기술 사례들을 살펴보았고 앞으로도 다양한 분야에서 더 많은 사람들이 혜택을 누릴 수 있도록 발전해 나가길 기대한다.

환경 문제 해결을 위해서는 기술 혁신과 더불어 우리 모두의 노력이 필요하다. 앞서 말했던 내용들이 환경보호에 대한 새로운 인사이트를 제공하고, 지속가능경영을 위한 동기부여가 되었 길 바란다.

3. 사회적 책임을 강화하는 AI의 역할

최근 AI기술은 우리 삶에 큰 변화를 가져오고 있는 걸 많이 느낀다.

인터넷쇼핑부처 의료, 금융, 교통 등 다양한 분야에서 AI기술을 활용한 서비스와 제품들이 등장하고 있다. AI기술은 향후 더 발전할 것이고, 우리 사회전반에 크나큰 영향을 미칠 것이다.

반면AI기술의 역기능과 위험에 대한 우려 또한 커지고 있다. AI가 편향된 데이터를 학습해서 차별적인 결정을 내릴 수도 있고, 개인정보를 침해할 가능성도 있다. 또한AI로 인해 많은 일자리가 사라질 거라는 불안감이 존재하는 것도 사실이다.

그렇다면 거부할 수 없는 시대에 흐름속에서AI기술의 혜택을 최대한 누리면서도 그 부작용을 최소화 할 수 있는 방법은 없을까?, 그건 바로AI의 사회적 책임을 강화하는 일이 될 것이다. AI가 공정성, 프라이버시보호, 윤리성 등을 갖추도록 학습시키고, 개발하고 활용해야 한다.

AI기술의 사회적 책임과 관련된 다양한 주제들을 다루어 보고자 한다. 데이터 편향성 해소, 사회적 약자보호, 윤리 및 규제 이슈 등을 상세히 살펴볼 것이다. AI기술이 우리 사회에 어떤 영향을 미칠 수 있는지, 기술의 방향은 어디로 흘러가고 있는지 깊이 있게 알아보고자 한다.

인공지능과 사회적 책임의 시작

AI 기술이 발전하면서 점점 더 많은 분야에서 활용되고 있다. 동시에 이러한 기술이 사회에 미치는 영향에 대한 관심도 증가하고 있다. AI 개발자들은 그들의 기술이 사회적 가치를 창출하고 부정적인 영향을 최소화하기 위해 사회적 책임을 가져야 한다는 목소리가 높아지고 있다.

이는 인공지능이 데이터 기반으로 작동하기 때문에, 수집된 데이터의 품질과 편향성이AI의 결정과 결과에 직접적인 영향을 미치기 때문이다. 만약 데이터가 인종, 성별, 종교 등의 차별적인 요소를 포함하고 있다면, AI는 이를 바탕으로 불공정하거나 부적절한 결정을 내릴 수 있다.

이러한 이유로 최근 몇 년간AI의 사회적 책임에 대한 논의가 활발하게 이루어지고 있다. 주요 기업들은AI 윤리 지침을 발표하고, 알고리즘의 공정성과 투명성을 보장하기 위한 노력을 기울이고 있다. 정부 차원에서도AI 윤리에 대한 법률과 규제를 마련하고 있다.

하지만AI의 사회적 책임은 단순히 법적인 규제나 기업의 자발적인 노력만으로는 해결되지 않는다. AI 개발자, 사용자, 그리고 사회 전반이 함께 협력하여AI의 긍정적인 영향을 극대화하고, 부정적인 영향을 최소화하는 지속적인 노력이 필요하다.

AI 기술의 발전과 사회적 영향

AI 기술은 현대 사회에서 빠르게 발전하고 있으며, 다양한 분야에서 혁신을 일으키고 있다. 그러나 이러한 기술의 발전과 함께 사회적 영향에 대한 우려도 제기되고 있다.

먼저, AI는 자동화와 프로세스 개선을 통해 생산성을 높이고, 업무 효율성을 향상시킬 수 있다. 의료 분야에서는 진단과 치료 계획을 개선하는데 도움을 주고, 금융 분야에서는 사기 탐지와 투자 결정을 개선 할 수 있다. 교육 분야에서는 학생들의 학습 성과를 향상시키는 데에도 활용된다. 하지만 AI 시스템이 내린 결정이나 추천이 항상 옳은 것은 아니며, 때로는 인간의 가치와 충돌할 수도 있다. 예를 들어, 안면 인식 기술은 인종 및 성별 편견을 가질 수 있으며, 자동화된 채용 시스템은 구직자의 자격과 역량을 제대로 평가하지 못할 수도 있다. 자율주행 자동차는 교통사고의 위험을 줄일 수 있지만, 동시에 새로운 위험을 초래할 수도 있다.

따라서 AI 개발자들은 그들의 기술이 사회적으로 책임감 있게 사용되도록 보장해야 한다. 이를 위해서는 기술의 설계, 개발, 배포 단계에서 다양한 이해관계자들의 의견을 수렴하고, 인간 중심적인 접근 방식을 적용해야 한다.

AI를 활용한 윤리적 의사결정 강화 방법

AI가 내리는 결정이 항상 옳다고 할 수 없다. 그러므로 AI의 결정에 대해 사람이 검토하고 수정할 수 있는 절차가 필요하다. 이를 '설명 가능한 AI' 라고 하며, AI가 왜 그런 결정을 내렸는지 이유를 설명할 수 있어야 한다는 개념이다.

또 다른 방법으로는 데이터 정제가 있다. 만약 AI가 인종, 성별,

종교 등 차별적인 요소를 가지고 있다면, 이것은 데이터셋에 이미 존재하는 편견이 학습된 결과일 가능성이 높다. 그래서 데이터 정제를 통해 편향된 데이터를 제거하거나 수정해서 공정한AI를 만들어야 한다.

마지막으로, 알고리즘 투명성을 확보하는 일도 중요하다. AI가 어떻게 작동하는지, 어떤 데이터를 사용하는지, 그리고 어떤 결정을 내리는지 명확하게 공개되어야 한다. 이렇게 하면 외부 전문가나 시민단체 등이AI의 결정을 감시하고, 문제가 있을 경우 지적할 수 있다. 이러한 노력들을 통해AI는 보다 공정하고 책임감 있는 도구로 발전할 수 있을 것이다.

사회적 약자 보호를 위한AI의 역할

사회적 약자들은 종종 불공정한 대우를 받거나, 권리를 침해당하기도 한다. 이때AI 기술을 활용하여 사회적 약자들의 권익을 보호할 수 있다.

예를 들어, 장애인을 위한AI 서비스로는 음성 인식 기술을 활용한 음성 비서나 챗봇이 있다. 이들은 장애인들이 일상생활에서 겪는 불편함을 덜어주고, 정보 접근성을 높여준다. 또 시각 장애인을 위한AI 기반의 안내 견 대체 기술도 개발되고 있다.

노인들을 위한AI 서비스로는 치매 예방 및 진단을 위한AI 프로그램이 있다. 이 프로그램은 노인들의 인지 능력을 평가하고, 치매 위험 인자를 파악하여 예방 및 치료에 도움을 준다. 또 노인들의 일상생활을 지원하는 로봇도 개발되어 있다.

빈곤층을 위한AI 서비스로는 금융 소외 계층을 위한AI 기반의 대출 심사 시스템이 개발할 수 있다. 이 시스템은 기존의 신용 평가 방식으로는 대출을 받기 어려웠던 빈곤층에게 대출 기회를 제공한다. 또 재난 상황에서 피해 규모를 파악하고, 구호 물품을 배분하는 데도 AI 기술이 활용된다.

AI 교육과 사회적 인식 개선의 중요성

AI의 사회적 책임을 강화하기 위해서는AI 교육과 사회적 인식 개선이 중요하다.

먼저, AI 교육은 일반 대중과 전문가 모두에게 필요하다. 일반 대중에게는AI의 개념과 작동 방식, 그리고 그것이 사회에 미치는 영향에 대한 교육이 필요하다. 이를 통해AI에 대한 이해를 높이고, AI의 오용이나 남용을 방지할 수 있다.

한편, 전문가들은AI 개발과 적용에 있어서 윤리적, 법적, 사회적 고려사항을 충분히 고려해야 한다. 이를 위해서는AI 윤리 교육과 전문가 커뮤니티 간의 상호작용이 필요하다.

다음으로, 사회적 인식 개선은AI의 가치와 위험에 대한 균형 잡힌 시각을 형성하는 데 중요하다. 이를 위해서는 미디어, 학계, 기업 등 다양한 주체가 참여하여AI에 대한 정보를 제공하고, 오해를 바로잡는 노력이 필요하다. 또, 공공 정책과 규제 프레임워크를 구축하여AI의 책임성을 강화하는 것도 중요하다.

데이터 프라이버시와 보안: AI의 책임 있는 관리

AI가 수집, 처리 및 활용하는 데이터는 개인정보 보호와 밀접한 관련이 있으므로 데이터 프라이버시와 보안은AI의 책임 있는 관리에 매우 중요한 요소이다.

이를 위해 기업은 개인정보 보호법을 준수하고, 데이터 수집 및 이용에 대한 명확한 동의를 받아야 하며, 데이터 익명화 기술을 적극 활용하여 개인 식별 가능성을 최소화해야 한다. 또, 데이터 유출 사고에 대비하여 보안 시스템을 구축하고 지속적으로 업데이트해야 한다.

또AI 알고리즘의 투명성과 설명 가능성도 보장되어야 한다. 즉, 사용자가 자신의 데이터가 어떻게 처리되고 있는지, AI 결정이 어떻게 내려졌는지 이해할 수 있어야 한다. 이를 통해 사용자는 자신의 권리를 행사하고, AI의 공정성과 신뢰성을 보장할 수 있다.

마지막으로, AI의 사회적 영향을 평가하고 개선하는 것도 중요하다. AI가 차별이나 편견을 유발할 가능성이 있으므로, 기업은 이러한 위험을 미리 파악하고 대응해야 한다. 또, 사용자 피드백을 적극적으로 수용하여 AI 모델을 개선하고, 사회적 가치를 창출하는 방향으로 나아가야 한다.

미래 사회를 위한 AI의 진화 방향

AI는 빠르게 발전하고 있으며, 그 잠재력은 무궁무진하다. 미래 사회에서는 AI가 더욱 발전하여 인간의 삶을 더욱 풍요롭게 하고, 사회적 문제를 해결하는 데 큰 역할을 할 것으로 기대된다.

첫째, AI는 자동화와 지능화를 통해 생산성을 높이고, 노동력 부족 문제를 해결할 수 있다. 또, 의료 분야에서는 진단과 치료의 정확도를 높이고, 노인 복지와 장애인 지원 등 사회적 약자를 위한 서비스를 제공할 수 있다.

둘째, AI는 데이터 분석과 예측을 통해 사회적 문제를 예방하고 대처할 수 있다. 범죄 예방, 교통 체증 해소, 환경 오염 감시 등 다양한 분야에서 활용될 수 있다.

셋째, AI는 인간의 창의성과 감성을 증진시키는 데에도 활용될 수 있다. 예술 창작, 음악 작곡, 심리 치료 등 다양한 분야에서 인간과 협력하여 새로운 가치를 창출할 수 있을 것이다.

하지만 AI의 발전은 윤리적, 법적, 사회적 문제를 야기할 수 있어 항상 책임 있는 개발과 활용이 필요하며, 이를 위해서는 정부와 기업, 학계 등이 함께 노력해야 한다.

4. 투명한 지배구조 구축을 위한 AI 활용

요즘 들어서 기업의 투명성은 매출이나 새로운 비즈니스 모델만큼 중요해지고 있는데그 이유는 주주들과 고객들이 기업의 의사결정 과정을 투명하게 공개할 것을 강력히 요구하고 있는 추세이기 때문이다. 그렇기 때문에 기업들도 이를 실천하기 위해 고군분투 중이다.

투명성을 높이는 한 가지 방법으로 AI기술이 활용되고 있다. AI는 빅데이터 분석과 업무 자동화로 기업 프로세스를 혁신 할 수 있고, 리스크도 미리 포착하고 이해관계자들과 소통도 원활하게 할 수 있어서 많이 활용하려고 하는 추세이다.

앞으로 AI기술 발전에 따라 기업의 투명성과 윤리경영이 더욱 더 중요해지는 시기가 올 것이다. 이번 장에서는 AI기반 투명경영이 중요성을 이해하고, 미래를 대비할 수 있는 길잡이가 되어줄 것이다.

인공지능이 지배구조에 끼치는 영향 이해하기

인공지능(AI)은 기업의 투명한 지배구조 구축에 점점 더 큰 역할을 하고 있다. AI는 데이터 분석, 자동화 및 예측 분석을 통해 비즈니스 운영 방식을 혁신하고, 이사회와 경영진이 보다 효과적으로 결정을 내리고 책임을 질 수 있도록 지원한다.

첫째, AI는 데이터 분석을 통해 기업의 재무 성과, 리스크 관리 및 지속 가능성에 대한 인사이트를 제공한다. 이러한 통찰력을 통해 이사회와 경영진은 회사의 현재 상황을 실시간으로 파악하고, 잠재적인 문제를 조기에 식별하며, 전략적 결정을 내릴 때 보다 정확한 정보에 입각한 판단을 내릴 수 있다.

둘째, AI는 업무 프로세스를 자동화하여 효율성을 높이고 오류를 줄일 수 있다. 이는 지배구조 측면에서 중요한데, 왜냐하면 자동화를 통해 문서 작업, 승인 절차 및 감사 추적이 간소화되어 지배구조 시스템의 효과성과 신뢰성이 향상되기 때문이다.

셋째, AI는 예측 분석을 통해 미래 동향을 예측하고 시나리오 플래닝을 지원한다. 이를 통해 이사회와 경영진은 불확실성에 대비하고, 예상치 못한 사건에 대한 대응 계획을 수립할 수 있다.

마지막으로, AI는 윤리적이고 책임 있는 AI 사용을 촉진하는데 도움이 될 수 있다. AI 알고리즘 개발 및 적용 시 윤리적 고려사항을 통합하고, AI의 결정과 행동에 대한 설명 가능성을 높이며, 인간의 감독과 검토를 보장함으로써 인공지능의 오용과 편견을 최소화 할 수 있다.

투명한 지배구조의 중요성 및 기대 효과

기업의 지배구조는 조직의 전략적 방향 설정, 주요 의사결정, 리스크 관리 및 법 준수에 영향을 미치는 핵심 요소 중 하나이다. 최근 몇 년 동안 기업의 사회적 책임(CSR), 지속 가능성 및 이해관계자 자본주의에 대한 관심이 증가하면서, 투명한 지배구조의 중요성이 더욱 강조되고 있다.

투명한 지배구조란 이사회, 경영진 및 주주를 비롯한 모든 이해관계자가 명확한 책임과 권한을 가지고, 적극적으로 참여하며, 정보에 입각한 결정을 내릴 수 있는 체계적인 구조를 의미한다. 이것은 개방성, 책임성, 공정성, 일관성 및 효과성을 특징으로 한다.

투명한 지배구조를 구축함으로써 얻을 수 있는 기대 효과는 다양하다. 예를 들어, 투자자 신뢰도 향상, 자본 조달 비용 감소, 주가 상승, 브랜드 이미지 개선, 직원 만족도 향상, 법적 리스크 감소 등이 있다. 더불어, 정부 규제 및 시장 압력에 대한 대응력을 강화하고, 지속 가능한 비즈니스 관행을 촉진하며, 이해관계자와의 상호작용을 개선하는 데에도 도움이 된다.

AI 기술의 발전과 지배구조 개선 가능성

인공지능(AI) 기술의 발전은 기업의 투명한 지배구조 구축에 많은 가능성을 제공하고 있다. 데이터 분석, 자연어 처리, 머신러닝, 딥러닝 등의 AI 기술을 활용하여 기업의 재무 보고서, 공시 자료, 회의록, 계약서 등의 방대한 데이터를 자동으로 분석하고 모니터링 할 수 있다.

이를 통해 수동적인 데이터 수집 및 분석에 소요되는 시간과 비용을 크게 절감할 수 있으며, 실시간으로 잠재적인 이슈나 이상 징후를 감지하고 신속하게 대응할 수 있다. 또, 이사회 구성원들의 역량과 성과를 평가하고, 그들의 활동을 추적하며, 보상 체계를 최적화하는 데에도 활용 될 수 있다.

또다른 이점으로는 보다 객관적이고 편견 없는 의사결정을 지원한다는점 이다. 기존의 주관적인 판단이나 인간의 오류를 최소화하고, 데이터 기반의 과학적인 접근 방식을 통해 합리적인 결정을 내릴 수 있게 해준다. 이러한 장점들은 기업의 지배구조를 더욱 투명하고 효과적으로 만드는데 큰 도움을 줄 수 있다.

데이터 분석을 통한 의사결정 과정 최적화

AI 기술을 활용한 데이터 분석은 기업의 의사결정 과정을 최적화하는데 매우 유용하다. 다량의 데이터를 빠르고 정확하게 분석하여 패턴과 트렌드를 파악하고, 이를 바탕으로 미래를 예측하거나 최적의 의사결정을 내리는 데 도움을 준다.

예를 들어, 기업의 재무 데이터를 분석하여 매출 동향, 수익성, 현금 흐름 등을 파악하고, 이를 토대로 예산 수립, 투자 결정, 마케팅 전략 등을 수립할 수 있다. 또, 고객 데이터를 분석하여 고객의 선호도, 행동 패턴, 구매 이력 등을 파악하고, 이를 토대로 개인화된 마케팅 캠페인을 설계하거나 제품 개발에 반영할 수도 있다.

의사결정 과정에서의 투명성 향상에도 기여합니다. 데이터 분석 결과를 시각화 하여 이해하기 쉬운 형태로 제공함으로써, 의사결정권자들이 보다 직관적으로 상황을 파악하고, 의견 차이를 해소하며, 합의에 도달하는 데 도움을 줄 수 있다. 더불어, 과거의 의사결정 히스토리를 분석하여 성공과 실패 사례를 학습하고, 이를 토대로 미래의 의사결정에 대한 리스크를 예측하고 대비책을 마련할 수도 있다.

위험 관리와 컴플라이언스 강화 방안

AI는 기업의 위험 관리와 컴플라이언스 강화에도 큰 역할을 할 수 있습니다. 대량의 데이터를 실시간으로 모니터링하고 분석하여 잠재적인 위험 요소를 식별하고, 이상 징후를 감지하며, 조기 경보 시스템을 구축할 수 있다.

또, 규제 준수 여부를 자동으로 평가하고, 위반 사항을 신속하게 탐지하여 대응할 수 있게 해준다. 이러한 기능들은 기업의 평판과 신뢰도를 보호하고, 법적 제재나 벌금 등의 리스크를 최소화하는 데 도움을 준다.

윤리적이고 책임 있는AI 활용을 위해서는 명확한 윤리 지침과 가이드라인을 마련하고, 직원들에 대한 교육과 훈련을 실시해야 한다. 또, 외부 전문가와의 협력을 통해 기술적, 법적, 윤리적 측면에서의 검토와 검증을 지속적으로 수행하는 것이 중요하다.

이해관계자와의 소통 개선을 위한 AI 활용 전략

기업의 투명한 지배구조 구축을 위해서는 주주, 고객, 직원, 협력업체 등 다양한 이해관계자와의 원활한 소통이 필수적이다. 이때 AI 기술을 활용하여 보다 효과적이고 효율적인 소통 전략을 수립할 수 있다.

먼저, 챗봇이나 가상 비서를 활용하여 24시간 연중무휴로 고객 문의에 대응하고, 피드백을 수집할 수 있다. 이를 통해 고객 만족도를 높이고, 기업 이미지를 개선할 수 있다. 또, 소셜 미디어 모니터링을 통해 이해관계자들의 의견과 요구사항을 파악하고, 이에 대한 대응 방안을 모색할 수 있다.

뿐만 아니라, 자연어 처리 기술을 이용하여 주주총회나 이사회 회의록을 자동으로 요약하고, 주요 내용을 시각화 하여 제공함으로써 정보 접근성을 높일 수 있다. 이렇게 하면 이해관계자들이 보다 쉽게 기업의 의사결정 과정과 성과를 파악할 수 있어, 신뢰도를 높이는 데 도움이 된다.

AI 도입 시 고려해야 할 윤리적 측면

투명한 지배구조 구축을 위해 AI를 활용할 때는 기술적인 측면 뿐만 아니라 윤리적인 측면도 고려해야 한다.

첫째, AI 알고리즘이 공정하고 투명하게 작동하도록 설계해야 한다. 이를 위해서는 데이터 수집 및 처리 과정에서 개인정보 보호와 보안에 대한 철저한 대책이 필요하며, 차별이나 편견을 방지하기 위한 검증 절차를 마련해야 한다.

둘째, AI 시스템의 결정에 대한 책임 소재를 명확히 해야 한다. 이를 위해서는 개발자와 운영자의 역할과 책임을 규정하고, 사용자에게 충분한 정보를 제공하며 이의 제기와 항소 절치를 마련해야 한다.

셋째, AI 기술 발전에 따른 사회적, 경제적, 윤리적 영향을 평가하고, 이에 대한 대응책을 마련해야 한다. 이를 통해AI가 인간의 권리와 존엄성을 존중하고, 사회적 가치를 증진하는 방향으로 활용되도록 유도할 수 있다.

지속 가능한 발전을 위한 미래 지향적 접근 방법

투명한 지배구조 구축을 위한AI활용은 지속 가능한 발전을 위한 미래 지향적 접근 방법 중 하나 이다.

먼저, AI는 대규모 데이터를 분석하여 기업의 재무상태, 경영전략, 성과 등을 실시간으로 모니터링하고, 이상 징후를 감지하여 신속한 대응을 가능하게 한다. 이를 통해 기업은 리스크를 최소화하고, 안정적인 성장을 이룰 수 있다.

또, AI는 업무 프로세스를 자동화하고, 인력 운용의 효율성을 높인다. 이를 통해 기업은 인건비를 절감하고, 노동환경을 개선하며, 직원들의 역량을 강화할 수 있다. 또, 고객 서비스를 향상시키고, 브랜드 이미지를 제고할 수 있다.

5. AI와 ESG요인을 융합을 하면 생길 수 있는 위험요인

ESG(환경, 사회, 지배구조)는 기업의 지속 가능성을 평가하는 중요한 지표 중 하나로 자리 잡고 있다. 최근에는 AI 기술을 활용하여 이러한 지표를 측정하고 관리하는 시도가 이루어지고 있다. AI와 ESG를 통합하면 기업의 지속 가능성을 더욱 향상 시킬 수 있지만, 동시에 몇 가지 위험 요인도 존재한다.

먼저, 데이터 편향성의 문제가 있다. AI는 대량의 데이터를 기반으로 작동하기 때문에, 데이터 자체가 편향되어 있으면 AI의 결과도 편향될 수 있다. 만약 ESG 데이터가 편향되어 있다면, 그 결과를 바탕으로 한 의사결정 역시 편향될 가능성이 높다.

다음으로, 규제 및 법적 문제가 있다. 아직까지 ESG와 관련된 규제와 법적 제도는 명확하지 않은 부분이 많다. 이로 인해 기업이 AI와 ESG를 통합하는 과정에서 규제 위반이나 법적 문제가 발생할 수 있다.

마지막으로, 기술적 문제이다. AI와 ESG를 통합하는 데에는 복잡한 기술적 문제가 발생할 수 있다. 예를 들어, 데이터 수집 및 분석, 알고리즘 개발, 시스템 구현 등에서 어려움이 있을 수 있으며, 이를 해결하기 위해서는 전문적인 기술과 지식이 필요하다.

이러한 위험 요인들을 고려하여, 기업은 AI와 ESG를 통합하는 과정에서 신중한 접근이 필요하며, 철저한 검증과 테스트를 거쳐 안정적인 시스템을 구축해야 한다.

통합 과정에서 발생하는 데이터 보안 문제

AI와 ESG를 통합하는 과정에서는 데이터 보안 문제가 발생할 수 있다. 이는 두 가지 측면에서 고려해야 할 사항입니다.

첫째, 대량의 데이터 수집과 처리 과정에서 개인정보 보호 문제가 발생할 수 있다. 특히, ESG 지표를 측정하기 위해서는 기업의 내부 데이터 뿐만 아니라, 외부 데이터도 수집해야 하는 경우가 많다. 이때, 개인정보 보호 규정을 준수하지 않으면 법적 문제가 발생할 수 있으며, 고객 신뢰도 하락 등의 부작용이 생길 수 있다.

둘째, 데이터 유출 사고의 위험이다. AI와 ESG 통합 시스템은 대규모 데이터를 다루기 때문에, 데이터 유출 사고가 발생할 경우 큰 피해가 생길 수 있다. 이는 기업 이미지 손상, 매출 감소, 법적 책임 등의 문제를 야기할 수 있어 주의가 필요하다.

이를 대비하기 위해서는 강력한 보안 인프라를 구축하고, 데이터 암호화, 접근 제어, 백업 등의 보안 대책을 마련해야 한다. 또한, 개인정보 보호 정책을 수립하고, 직원들에게 보안 교육을 실시하여 보안 인식을 높이는 것도 중요하다.

기업 지배구조에 미치는 부정적 영향

ESG 요소를 AI와 통합하는 과정에서 기업 지배구조에 부정적인 영향을 미칠 수 있는 요인들이 있다. 그 중 몇 가지 주요한 이슈들은 다음과 같다.

투명성 부족: AI와 결합된 복잡한 알고리즘과 데이터 분석은 기업의 의사결정 과정을 불투명하게 만들 수 있다. 이로 인해 주주의 권리, 이사회의 책임 및 감사 기능이 약화될 수 있다.

이해관계자 갈등: AI 기반의 의사결정이 특정 이해관계자 그룹에 유리하게 작용할 수 있다. 이는 다른 이해관계자들과의 갈등을 유발하거나, 공정성과 일관성에 대한 의문을 제기할 수 있다.

인적 오류: AI 시스템이 아무리 발전해도 여전히 인간의 판단과 개입이 필요하다. 이 과정에서 인적 오류가 발생할 수 있으며, 이는 기업의 평판과 재무 성과에 영향을 미칠 수 있다.

기술적 실패: AI 시스템의 기술적 실패나 오작동은 기업의 운영에 지장을 초래하고, 투자자들의 신뢰를 잃을 수 있다.

이러한 위험 요인들을 관리하기 위해서는 기업 지배구조의 강화와 개선이필요하다. 이사회와 경영진은AI와ESG 통합의 잠재적 위험을 평가하고, 적절한 규제 및 내부 통제 시스템을 구축해야 한다. 또한, 지속적인 모니터링과 평가를 통해 위험을 식별하고 대응하는 것이 중요하다.

환경 보호 목표와AI 기술의 상충 관계

AI와ESG를 통합하는 과정에서 환경 보호와 관련된 도전과 상충 관계가 발생할 수 있다. 일부 주요한 이슈들은 다음과 같다.

탄소 발자국 증가: AI 기술의 발전과 데이터 센터의 확장은 전기 수요를 증가시키고, 이는 탄소 배출량을 증가시킬 수 있다. 이러한 증가는 환경 목표와 상충 될 수 있으므로, 기업은 보다 친환경적인 기술과 에너지 전환을 고려해야 한다.

자원 낭비: AI 개발과 데이터 처리에 필요한 자원(반도체, 메모리, 컴퓨팅 파워 등)의 수요가 증가하면서 자원 낭비와 공급망 문제가 발생할 수 있다. 이는 환경에 부정적인 영향을 미치므로, 기업은 자원 효율성을 높이고 재활용을 촉진하는 노력을 기울여야 한다.

생물 다양성 손실: AI 기술의 발전으로 인한 자동화와 디지털화는 일부 산업에서 생물 다양성 손실을 초래할 수 있다.

농업, 어업, 임업 등에서의 자동화는 전통적인 방식보다 덜 생태학적으로 지속 가능할 수 있으므로, 기업은 생태계와 생물 다양성을 고려한 기술 적용을 고민해야 한다.

이러한 도전 과제를 극복하기 위해서는 기업이 환경 보호에 대한 책임을 인식하고, 적극적으로 지속 가능한 AI 전략을 수립해야 한다. 순환 경제 모델, 친환경 기술 개발, 재생 에너지 활용 등을 통해 환경 영향을 최소화하고, 사회적 가치를 창출하는 노력이 필요하다.

사회적 책임과 기술의 윤리적 딜레마

ESG와 AI의 통합은 기업의 사회적 책임 측면에서 중요한 의미를 가지지만, 동시에 기술의 윤리적 딜레마를 야기할 수 있다. 아래는 몇 가지 주요한 위험 요인들이다.

차별과 편견: AI 시스템은 종종 데이터 기반으로 작동하며, 이 데이터가 편향되거나 불완전하다면 AI 모델도 그에 따라 편향될 수 있다. 이로 인해 특정 그룹에 대한 차별이나 편견이 강화될 수 있으며, 이는 사회적 정의와 인권에 대한 위협이 될 수 있다.

개인 정보 보호: AI 기술은 대량의 데이터를 수집하고 분석하는 데 사용된다. 이 과정에서 개인 정보가 부적절하게 노출되거나 악용될 수 있으며, 이는 개인의 프라이버시와 보안에 대한 위협이 된다.

일자리 대체: AI의 도입은 일부 산업에서 일자리 대체를 초래할 수 있다. 이는 노동 시장의 구조적 변화를 야기하며, 실업률 증가와 사

회적 불평등 심화로 이어질 수 있다.

범죄 악용: AI 기술은 범죄 조직에 의해 악용될 수 있다. 예를 들어, 안면 인식 기술을 이용한 불법 감시, 스팸 메일 발송, 악성 코드 배포 등이 가능하다.

이러한 위험 요인들을 관리하기 위해서는 기업이 기술의 윤리적 측면을 고려하고, 개인 정보 보호 및 데이터 보안에 대한 강력한 규제를 준수해야 한다. 또한, AI 개발 과정에서 다양한 이해관계자들과의 협력을 통해 사회적 책임을 다하는 것이 중요하다.

경제적 지속 가능성과 AI 투자의 위험성

ESG와 AI의 통합은 기업의 경제적 지속 가능성을 향상시키는 데 도움이 될 수 있지만, 동시에 몇 가지 위험 요인이 존재한다. 아래는 이러한 위험 요인 중 일부이다.

기술적 불확실성: AI 기술은 빠르게 발전하고 있으며, 그 잠재력과 한계는 여전히 명확하지 않다. 이는 기술적 실패나 예상치 못한 결과를 초래할 수 있으며, 기업의 투자 수익에 부정적인 영향을 미칠 수 있다.

높은 투자 비용: AI 기술을 개발하고 구현하는 데는 상당한 비용이 필요합니다. 이는 중소기업이나 스타트 업에게는 큰 부담이 될 수 있으며, 투자 자금을 조달하는 데 어려움을 겪을 수 있다.

경쟁 압력: AI 기술을 활용하는 기업들은 경쟁 우위를 확보할 수 있지만, 다른 기업들도 빠르게 추격할 수 있다. 이는 경쟁 압력을 증가시키며, 기업의 시장 점유율 하락과 수익성 감소로 이어질 수 있다.

노동 시장의 변화: AI의 도입은 일부 직종의 자동화를 촉진하며, 노동 시장의 구조적 변화를 야기할 수 있다. 이는 일자리 감소와 재교육의 필요성 증가로 이어질 수 있으며, 기업은 이러한 변화에 대응할 준비를 갖추어야 한다.

이러한 위험 요인들을 고려하여 기업은 신중한 전략적 계획과 투자 결정을 내려야 한다. AI 기술을 적극적으로 활용하면서도 ESG 목표와의 일관성을 유지하고, 경제적 지속 가능성을 높이는 방향으로 나아가야 한다.

규제 환경과 법적 과제의 복잡성

ESG와 AI의 통합은 규제 환경과 법적 과제에 복잡한 영향을 미칠 수 있다. 아래는 이러한 영향으로 발생될 수 있는 현상 중 일부이다.

데이터 보호 및 개인 정보: AI 시스템은 대량의 데이터를 처리하며, 이는 개인 정보 보호와 데이터 보안에 대한 우려를 발생 시킬 수 있다. 또한 EU의 GDPR과 같은 데이터 보호 규정을 준수하는 것은 복잡하고 시간과 비용이 많이 소요될 수 있어 전체적으로 수익성을 악화 시킬 수 있다.

차별 및 공정성: AI 알고리즘이 편견이나 차별을 포함할 수 있는 위험이 있다. 이는 인종, 성별, 종교 등의 특성에 기반한 불공정한 결정을 초래할 수 있으며, 이는 법적 문제를 일으킬 수 있다.

알고리즘 책임: AI 시스템의 결정과 행동에 대한 책임 소재를 명확히 하는 것은 어려운 일이다. 누가 알고리즘의 오류나 불공정한 결정에 대해 책임을 질 것인지에 대한 문제가 발생할 수 있다.

윤리적 고려사항: AI와 관련된 윤리적 문제, 예를 들어 자율 무기 시스템이나 자동화된 의사 결정에서의 도덕적 딜레마 등이 논의되고 있다. 기업은 이러한 문제를 인식하고 적절한 윤리적 지침과 절차를 마련해야 한다.

국제 규제: AI와 관련된 국제 규제 프레임워크는 아직 초기 단계에 있으며, 국가 간의 규제 차이가 혼란을 야기할 수 있다. 기업은 국제적인 규제 동향을 주시하고 이에 적응해야 한다.

이러한 법률 및 규제 문제를 해결하기 위해서는 기업이 적극적으로 참여하고, 정부 및 규제 기관과 협력하여 최신 동향을 파악하고 선제적으로 대응하는 것이 중요하다.

위험 관리와 미래 전략 수립 방향

AI와 ESG를 통합하는 데 따르는 위험 요인을 관리하고 미래 전략을 수립하려면 다음과 같은 방향을 고려해야 한다.

투명성 및 공개: 기업은 AI와 ESG 전략에 대한 투명성을 높이고 투자자, 이해관계자 및 규제 기관과의 커뮤니케이션을 개선해야 한다. 이를 통해 신뢰를 구축하고 위험을 완화할 수 있다.

기술 중립성: 기술 선택에 있어서 특정 기술에 의존하지 않는 기술 중립적인 접근 방식을 채택해야 한다. 이렇게 하면 잠재적인 위험을 최소화하고 유연성을 높일 수 있다.

다양한 전문가와의 협업: 프로젝트 팀에 다양한 전문가(데이터 과학자, 법률 전문가, 윤리 전문가 등)를 참여시켜 지식과 관점을 결합하고 위험을 식별하고 완화할 수 있다.

지속적인 평가와 개선: 지속적인 평가와 개선을 통해 프로세스를 최적화하고 위험을 모니터링 할 수 있다. 5.규제 및 표준 준수: 빠르게 변화하는 규제 환경에 맞춰 규제 및 표준을 준수하는데 노력해야 한다.

이해관계자와의 협의: 비즈니스 의사 결정에 앞서 이해관계자들의 의견을 수렴하고 그들의 관심사와 우려 사항을 고려해야 한다. 이러한 조치를 취하면 AI와 ESG 통합의 위험을 적절히 관리하고 보다 지속 가능한 미래를 향해 나아갈 수 있을 것이다.

6. AI와 ESG의 만남, 지속가능한 미래를 향한 필수 전략

최근 기업들은 AI(인공지능)와 ESG(환경·사회·지배구조)를 전략적으로 융합해야 하는 중요성 과 구체적인 사례들을 자세히 다루어 봤다. 다양한 사례에서도 나타났듯이, 이는 단순히 AI기술 도입을 넘어 기업 전반의 의사결정과 운영에 지속가능성을 내재화하는 중요한 과제이다.

AI와 ESG 융합을 위해서는

첫째, ESG데이터를 수집하고 이해하는 것이 관건이다. 기업의 환경, 사회, 지배구조 관련 정확한 데이터 없이는 ESG 전략 수립과 실행이 어렵기 때문이다.

둘째, 이렇게 수집된 방대한 ESG 데이터를 효과적으로 분석하고 활용하기 위해서는 AI 기술이 필수이다. 자연어처리, 컴퓨터비전, 예측분석 등 AI 기술을 활용하면 ESG 데이터 분석, 문서 요약, 패턴 식별, 오류 수정, 질의응답 등이 가능해진다.

셋째, AI와 ESG를 전략적으로 융합해야 한다. 이를 통해 기업은 보다 효과적인 의사결정과 장기적인 성장 기회를 얻을 수 있습니다. 또한 대규모 데이터 처리, 시각화, 실행 가능한 통찰력 도출 등에도

AI를 활용할 수 있다.

넷째, AI 도입 시 윤리성과 책임감 있는 실천이 필수이다. AI 편향 해소, 투명성 확보, 다양성 존중 등의 원칙을 준수해야 한다. 알고리즘 투명성 제고, 모델 감사, 다양한 데이터셋 활용 등으로AI 신뢰성을 높여야 할 것이다.

다섯째, AI를 활용하여 제조, 공급망, 에너지 효율 등 다양한ESG 목표를 효과적으로 달성할 수 있다. 예측분석으로 리스크를 선제적으로 식별하고, 지속가능한 제품/서비스 개발도 지원할 수 있다.

최근ESG 경영의 중요성이 부각되면서 많은 기업들이ESG 전략 수립에 고심하고 있다.이 때AI와ESG를 전략적으로 융합하고, 즉시 행동으로 옮길 수 있는 구체적인 방안을 적용해 나아간다면 기업은 효과적인 의사결정과 장기적 가치 창출이 가능할 것이다.

단, AI 활용 시 편향과 윤리 문제를 해결하고, 책임감 있는 실천을 이뤄내야 할 것이다. AI의 투명성과 신뢰성 확보가 관건이다. 이를 통해AI는 기업의 지속가능경영과ESG 목표 달성을 위한 강력한 동력이 될 수 있을 것이다. 요컨대 AI와 ESG의 통합은 미래 기업 경영에 있어 필수적인 전략이다. 기업들은 이번 기회에 AI와 ESG를 조화롭게 결합하는 방안을 모색해야 할 것이다. 이를 통해 환경과 사회에 대한 긍정적 영향을 미치며, 지속가능한 성장 동력을 확보할 수 있을 것이다.

황다미자

- 현) 숙명여대 미래교육원 시니어인지케어지도사과정 대표강사
- 현) 인지케어연구소 소장이며 한국인지케어협회 회장
- 신한대학교 보건학 박사(통합심리치료 전공)
- 이화여자대학교 교육대학원 교육학 석사
- 중앙대학교 문리대학 문학학사
- 미국 LA City College 및 Owachita University 수료
- TESOL 자격증 보유(Southern California University) 및 미국 TESOL 협회 정회원
- 미국 대통령 Obama 상 수상(Community service 부문)
- 연세대, 이화여대, 동국대학교 전 강사 역임
- 통합심리지도사(NLP Practitioner), 노인심리상담사, 가족치료 상담사, 청소년 상담사, 산업카운슬러, 퇴직설계 상담사, 시니어브레인지도사, 실버인지놀이지도사 등
- 심리치료상담전문가로서 현 가정폭력예방협회 전문상담사, 다문화전문상담사, 도봉복지센타 청소년 전문상담사로 활동
- 숙명여자대학교 미래교육원 AI ESG 전문가 과정 1기 수료

이메일 tamijahwang@gmail.com
블로거 http://blog.naver.com/tami1224
연락처 010-4244-9895

05
뇌건강 미인과 AI융합

　인생 100세로 볼 때 절반인 중년을 넘어서며 우리는 다시 인생을 Recharge(재충전)하거나 Reset(리셋)해야만 우리의 남은 인생을 더욱 풍요롭고 행복하게 살 수가 있다. 그전에 배웠던 지식으로는 급변하는 4차산업 혁명 시대에 적응하기가 힘이 든다.
　골든에이지에 이미 접어든 나는 가끔 어떻게 하면 더 건강하고 행복하게 삶을 살수 있을까? 자기 자신에게 물으면서 고민한다. 이 세상에서 가장 어려운 일은 바로 자기 자신(self)을 정확히 파악하고 아는 데 있다.
　인생을 살아가면서 선택의 기로에 설 때마다 나는 "자신을 믿고 자신의 능력을 신뢰하라. 확실한 자긍심이 없이는 행복도 성공도 없다"는 노르만 빈센트 필(Norman Vincent Peale)의 말을 가끔 떠올린다.
　나는 현재 인생 3모작을 살면서 노력하고 가꾸며 행복함을 느낀다. 새로운 도전은 날 항상 설레게 하며, 준비하는 과정을 나는 즐기는 듯하다. 나의 인생여정을 돌아보면 쉬운 길이 있었는데 난 항상 어렵고 힘한 길을 선택하였다. 왜 이유가 무엇일까? 질문을 곰곰 생각해보니 나는 늘 새로운 것에 대한 호기심이 많았고 변화를 추구했기 때문이다.
　나는 한국에서의 편안한 삶을 포기하고 미국에서의 힘든 이민 생활을 선택했다. 두 딸의 학업과 미래를 위해서이다. 그때는 기러기 엄마라는 용어가 없었는데 한참 뒤에 그런 용어가 생겼다. 지금 생각하면 참으로 용감하고 무모했던 것 같다. 젊은 시절이었기 때문에 가능했었다. 미국 California 주 La Crescenta City, 클린턴 대통령 고향이었던 Arkansas 주 Arcadelphia City에서 13년을 살았다. 큰애가 UOP 치과대학원, 둘째가 USC 대학에 입학하고 나서, 나는 Mom으로서 미국에서 해야 할 책임을 다하고 미국에서 비즈니스를 정리하였다. 그후 나만의 인생을 새로 찾기 위해 한국으로 다시 Return 해서 인생 3모작을 현재 살고 있다.

나는 현재 숙명여자대학교 미래교육원 시니어인지케어지도사 과정을 이끌고 지도하고 있다. 건강, 시니어란 키워드를 가지고 "노후의 성공의 열쇠는 바로 뇌 관리이다"는 슬로건 아래 건강한 뇌, 젊은 뇌, 행복한 뇌를 만들어 건강한 뇌미인(healthy brain beauty)으로 새로 태어나게 하는 시니어인지케어지도사를 양성하고 있다. 이 과정에서 현대의 메가트렌드인 AI(Artificial Intelligence)와 인지활동(cognitive activity)의 융합을 이 분야에서 최초로 시도하였다.

요즘 가장 큰 관심과 이슈 중의 하나가 바로 노화 예방(Anti-aging)이다. 중년을 넘어서며 노화 예방에 관한 관심은 증가하며, 사람들은 누구나 젊음을 유지하며 삶을 건강하게 오래 살기를 바란다. 하지만 유병장수(有病長壽)가 아니라 무병장수(無病長壽)가 필요한 시점이다. 인간은 나이가 듦에 따라 오는 노화(Aging)를 절대 피할 수 없다. 우리는 겉으로 보이는 신체적 노화보다 겉으로 보이지 않는 뇌의 노화가 더욱 중요하며, 신체의 콘트롤 타워인 뇌는 모든 신체활동과 정신활동을 통제한다. 인지활동은 뇌에서 이루어지는 모든 활동을 말하며, AI(Artificial Intelligence)는 인간의 뇌 활동을 모방한 것을 말한다. 시대의 대전환을 가져오는 AI(인공지능)를 2024년 봄 시니어인지케어지도사 과정에 융합을 시도하였다.

1. 인지활동과 AI의 융합

인생 100세로 볼 때 절반인 중년을 넘어서며 우리는 다시 인생을 Recharge(재충전)하거나 Reset(리셋)해야만 우리의 남은 인생을 더욱 풍요롭고 행복하게 살 수가 있다. 그전에 배웠던 지식으로는 급변하는 4차 산업혁명 시대에 적응하기가 힘이 든다.

요즘 가장 큰 관심과 이슈 중의 하나가 바로 노화 예방(Anti-aging)이다. 중년을 넘어서며 노화 예방에 관한 관심은 증가하며, 사람들은 누구나 젊음을 유지하면서 삶을 건강하게 오래 살기를 바란다. 하지만 유병장수(有病長壽)가 아니라 무병장수(無病長壽)가 필요한 시점이다. 인간은 나이가 듦에 따라 오는 노화를 절대 피할 수는 없다. 우리는 겉으로 보이는 신체적 노화 즉 백발, 피부주름, 노안보다 더욱 중요한 것이 겉으로 보이지 않는 뇌의 노화이다. 뇌는 우리 몸의 콘트롤 타워로서 모든 신체활동과 정신활동을 통제한다. 따라서 뇌를 젊게 만들고 관리하는 것이 무엇보다 중요하다. 저자는 현재 시니어로서 숙명여대 미래교육원에서 시니어인지케어지도사 과정을 지도하고 있다. "노후의 성공의 열쇠는 바로 뇌관리이다"는 슬로건아래 건강한 뇌, 젊은 뇌, 행복한 뇌를 만들어 건강한 뇌미인(healthy brain beauty)으로 새로 태어나게 하는 시니어 인지케어지도사를 양성하고 있다. 이 과정에서 현대의 메가트렌드인 AI(Artificial Intelligence)와 인지활동(cognitive activity)의 융합을 이 분야에서 최초로 시도하였다.

그렇다면 인지능력을 강화하기 위한 방법으로 무엇이 있을까? 최근 들어 뇌 인지 기능 발달에 대한 관심이 높아지면서 다양한 방안이 고안되고 있지만, 대체로 정신활동, 신체활동에 주력하고 있었다.

새로운 시도를 위해 고민하던 중 단순히 정신활동, 신체활동과 같은 전통적인 방식 외에도 감각력, 지각력, 기억력, 언어력, 집중력, 실행력 등을 향상하는 데 인공지능(Artificial Intelligence)을 융합하는 데 대한 관심을 갖게 되었다. 이에 대한 시도를 저자가 소속된 숙명여자대학교 미래교육원 시니어 인지케어지도사 과정에서 처음으로 시도하였다. 시니어의 인지활동과 인공지능 리터러시(Artificial Intelligence Literacy)간에는 밀접한 관계가 있다. AI(인공지능) 리터러시는 시니어의 인지 활동을 지원하고, 노화로 인한 인지 기능 감소를 완화하며, 사회적 참여를 촉진하는 데 중요한 역할을 한다. AI 리터러시 교육은 시니어들이 현대 사회에서 더 나은 삶을 살 수 있도록 도와주며, 성공적인 시니어 생활을 이루는 데 도움을 주고자 개설되었다. 이상의 취지를 바탕으로 해당 과정에서는 다음과 같은 활동을 통하여 인지 발달을 도모하고자 하였다.

첫째, 자신의 사고, 감정, 정서를 표현할 수 있도록 AI art를 활용한다. 명령어를 프롬프트에 입력했을 때 나온 결과물에 의해서 힐링의 감정을 느낄 수가 있다. 이는 예술에 정답이 없고, 그저 내가 그리고 싶은 것을 자유롭게 그릴 수 있기 때문이다. 저자 또한 시니어 인지케어 지도사 과정을 수행하는 수강생들을 가르치고 접하는 과정에서 처음으로 작품을 완성했을 때 느끼는 만족감이 정말로 컸다. AI를 예술창작 도구로 활용하여 창조적이고 독창적인 그림을 그리기만 한 것만이 아니라 다른 사람들 앞에서 어떤 명령어를 입력해서 도출된 결과인지, 무엇을 표현하고자 했고, 충분히 그것이 반영되었는지 설명하고 의견을 공유하는 과정에서 단순히 젊은 세대뿐만 아니라 Digital Literacy(디지털 리터러시)에 취약하다고 생각되었던 노인들도 충분히 어렵지 않게 작품을 만들어낼 수 있다는 사실에 행복감을 느꼈다. 이 과정에서 뇌에서 분비되는 신경전달물질인 도파민과 세로토닌이 주는 힐링 시간을 경험했다.

둘째, 인지 활동과 AI의 융합은 AI Art뿐만 아니라, AI Music으로도 이어질 수 있다. 미술뿐만 아니라 음악을 통하여 자신의 정서와 감정을 표현할 수가 있다. 우리는 대체로 수용자로서 타인이 작사·작곡한 음악을 듣는다. 그러나 우리가 단순히 음악을 듣기만 할 뿐 아니라 음악가로서의 역량을 펼칠 수 있다면 기존의 시야가 확 트이는 경험을 할 수 있는 것이다. 내가 만든 곡을 통하여 그 당시에 느꼈던 감정과 정서를 좀 더 생생하게 느낄 수 있다. 또한, 가사를 붙일 수 있기 때문에 가락에 맞는 가사를 떠올리기 위해서 집중력과 창의력을 발휘하게 된다. 실제로 이 과정에서 장시간 몰두하고 집중해서 좋았다는 소감이 많았다. 처음에는 다른 사람들 앞에서 자신이 만든 곡을 들려주는 것을 부끄러워하는 사람들이 많았다. 그러나 사람들이 자신의 노래를 따라 부르거나 추임새를 넣자 즐거워하는 모습을 보며 음악을 통하여 AI와 인지 활동이 잘 어우러질 수 있다는 것을 확신할 수 있었다.

한편, 시와 글을 씀으로써 종합적인 정서를 자극하여 창의력을 개발할 수 있다. 과거보다 문맹률이 낮아졌다고는 하지만 여전히 읽거나 쓰는 데 어려움을 느끼는 시니어들도 존재한다. 이들은 서투른 글씨로 시와 산문을 쓰면서 과거 자신의 삶을 글에 녹인다. 이것 또한 뇌 인지기능을 발달시킬 수 있다.

셋째, AI를 활용하여 개개인의 습관 및 강점과 약점을 분석하고 맞춰 개인화된 학습프로그램을 개발할 수 있다.

넷째, 개개인의 심리적 특성을 고려한 맞춤형 인지훈련을 할 수 있다(선호표상체계는 인간은 각각 시각, 청각, 촉각 중 특히 선호하는 감각적 요소를 많이 활용하는 것을 의미한다). 이는 감정을 더욱 진솔하게 표현하고, 자기 자신을 이해하는 데 도움을 준다.

다섯째, 심리적 스트레스 관리 및 스트레스를 안정화 시킨다. 스트레스는 뇌에서 코르티졸(cortisol)이라는 호르몬을 분비하는데, AI를 부정적인 사고와 정서로 높아진 스트레스 수준을 모니터링하고, 심리적 스트레스를 관리하고 안정화하는 데 도움을 줄 수 있다. 이를 통해 뇌의 인지 능력을 향상할 수 있다.

여섯째, 게임 및 시뮬레이션을 활용한 훈련을 실시한다. AI를 활용하여 인지 게임이나 시뮬레이션을 개발할 수 있다. 물론 AI에 숙달된 전문가가 아니기 때문에 고급 기술을 발휘하여 개발하는 데는 장시간 노력이 투입되어야 한다. 그러나 이를 개발하는 과정에서 개인 사용자의 주의력, 집중력, 기억력 등을 향상시키는 데 도움이 될 수 있다. 또한 AI는 게임을 개인의 수준에 맞게 조정하여 최적의 학습 효과를 얻을 수 있도록 도와줄 수 있다.

2. 건강한 뇌미인 만들기

뇌미인(腦美人)이란 인지 활동을 열심히 하여 건강하고 젊고, 아름다운 뇌를 가진 사람을 의미한다. '뇌미인' 이란 용어는 2010년대 초반부터 여러 의학자가 뇌 인지활동 강화의 중요성을 널리 알리기 위하여 만들어낸 용어이다.

우리의 뇌는 활발히 활동하면 할수록 뇌 가소성의 원리(Neuro Plasticity)에 의하여 두뇌의 노화율이 늦어져 뇌 건강이 좋아진다.

현재 뇌과학자들에게 가장 중요한 과제 중 하나로 여겨지는 것은 바로 뇌의 노화 방지이다.

과거에는 건강을 위하여 물리적 운동을 통한 신체 노화를 예방하는 것에 주안점을 두었지만, 최근 들어 겉으로 보이는 신체뿐만 아니라 신체 내 주요 장기 중 하나인 두뇌 노화 예방을 위한 방법들이 고안되고 있다. 이는 두뇌가 인체 내외의 정보를 통합하여 동작을 만드는 데 관여하는 주요 기관이기 때문이다. 뇌가 스트레스에 예민한 것은 이것이 인체의 항상성 균형을 깨뜨릴 가능성이 있는 변화에 대한 적절한 대응 방식을 만들기 때문이다.

〈노화의 종말(2020)〉 (데이비드 A. 싱클레어, 매슈 D. 러플랜트 著)에 명시되었듯이 이처럼 노화를 바라보는 패러다임이 변화하고 있다. 즉, 노화는 거부할 수 없이 무력하게 받아들여야 하는 자연의 섭리가 아닌 충분히 극복 가능한 질환이라는 것이다.

이러한 중요성으로 말미암아 여러 학계에서 노화를 예방하기 위한 연구를 활발히 수행 중이다. 먼저 카이스트 바이오·뇌공학과(역노화원천기술개발) 조광현 교수 연구진과 아모레퍼시픽 기술연구원팀은 2020년 11월, 노화 세포를 젊은 세포로 되돌리는 이른바 역노화(Reverse Aging) 기술을 개발하였다.

다음으로, 2010년 아주대 의대 이윤환 교수는 〈International Psychogeriatrics〉에서 'PASCAL'을 주장하였다. 이는 성공적인 노화 예방을 위해 기본적으로 이행되어야 하는 6가지 활동을 의미하며, 각 활동의 영문 첫 글자를 따 제창한 것이다. 구성 요소는 다음과 같다.

첫째, 규칙적으로 운동하기(Physical Activity).

둘째, 금연하기(Anti-smoking)

셋째, 활발히 사회활동하기(Social activity)

넷째, 인지 활동 열심히 하기(Cognitive activity)

다섯째, 절주하기(Alcohol-in-moderation)

여섯째, 뇌 건강을 도모할 수 있도록 골고루 영양분을 섭취하기(Lean body mass and Healthy diet)

이후, 아주대 의료원 예방의학교실 이윤환 교수팀은 2020년 '노쇠 예방 7대 수칙'을 발표한 바 있다. 이른바 '건강 가화만사성'으로 불리는 노쇠 예방 7대 수칙은 이전에 발표한 'PASCAL'과 내용은 유사하지만 다소 상이한 부분도 있어 참고하면 좋을 것으로 생각된다.

첫째, 건강하게 마음 다스리기

둘째, 강한 치아 만들기

셋째, 가려먹지 말고 충분히 식사하기

넷째, 화를 높이는 담배를 멀리하기

다섯째, 만성 질환 관리하기

여섯째, 사람들과 자주 어울리기

일곱째, 성실하게 운동하기

이러한 내용은 평소 주변에서 많이 듣고 접한 내용이지만, 과학적 근거를 바탕으로 일상생활에서 큰 어려움 없이 적용할 수 있는 것들이다. 위의 두 가지를 통해 알 수 있는 것은 '뇌미인'을 만드는 데 신체활동이 경시될 수 없다는 것이다.

그 외에도, 2015년 이후 삼성서울병원 뇌신경센터 나덕렬 교수팀은 두뇌 건강과 치매예방을 위하여 〈뇌미인 트레이닝 시리즈〉를 출간하였다. 이는 조선일보에 인기리에 연재되었던 삼성서울병원 뇌신경센터에서 개발한 뇌 훈련을 기본으로 일기를 쓰듯 자신의 삶을 기록하면서 인지 발달을 위한 문제를 풀어나가는 형식이다. 이를 통하여 "365일 두뇌훈련이 당신의 뇌를 젊게 만듭니다."라는 캐치프레이즈를 내세워 얼굴을 관리하듯 뇌미인이 될 것을 주장하고 있다.

이처럼 현재 뇌 건강의 중요성에 대해서 국내외를 막론하고 많은 학자들이 공감하며 뇌도 신체를 가꾸듯 열심히 가꿀 것을 강조하고, 이를 위한 트레이닝을 발전시키고 있는 실정이다. 이를 통하여 건강한 생활 습관을 세우고, 뇌의 기능을 향상시켜 치매 같은 뇌 관련 질환의 위험을 줄이는 방법을 제시한다.

'뇌미인'의 특징을 살펴보면 다음과 같다.

첫째, 뇌미인은 건강하고 활발한 뇌 기능과 명확한 사고력, 기억력, 집중력을 가진다.

둘째, 긍정적이고 탄력적인 사고방식을 가진다.

셋째, 새로운 것을 배우고 변화에 적응하는 능력과 스트레스 관리 능력 또한 능숙하다.

'뇌미인'이 되기 위해서는 인지적 유연성을 키우는 것이 매우 중요하다고 할 수 있다. 여기에서 인지적 유연성은 시시때때로 변화하는 환경에 적응하고, 새로운 상황에 효과적으로 대처하는 능력을 의미한다. 이를 통하여 새로운 아이디어를 떠올려 직면한 문제를 해결하고, 복잡한 상황을 이해할 수 있다. 인지적 유연성은 상이한 관점을 능숙하게 고려할 수 있으며, 인지 건강과 노화 예방에 중요한 역할을 담당한다고 할 수 있다.

한편, 상기한 것들은 단순히 '뇌미인'이 되기 위하여 필요한 것뿐만이 아니라 치매 예방에도 충분히 도움될 수 있는 것들이다.

현재 한국 사회에서 노인들이 가장 두려워하는 질병 중 1위를 차지하는 것은 인지기능의 저하로 인한 치매(Dementia)이다. 2위는 심혈관질환으로 인한 심근경색(Myocardial Infarction), 뇌졸중(Stroke), 3위는 암(Cancer)이다. 암의 경우, 뇌질환이라기 보다는 잘못된 식이나 수면·운동 부족, 또는 유전적 요인의 영향이 없지 않지만 1위와 2위에 해당하는 치매와 뇌졸중은 모두 뇌질환이라고 할 수 있다. 우리가 쉽게 걸리는 감기의 잠복기는 7일에 불과하지만, 치매의 잠복기는 20년이라고 한다. 이 말인즉슨, '뇌미인'이 되려면 단순히 노년기에 접어들었을 때가 아닌 젊었을 때부터 노화 및 치매 예방을 준비해야 한다는 것을 의미한다.

뇌가 건강하기 위한 인지 건강 수칙은 아래와 같다.

첫째, 신체활동 하기. 규칙적으로 1주일에 3번 이상 40분씩 운동할 것을 권장한다.

둘째, 긍정적 사고를 함양한다. 긍정적 감정과 정서는 스트레스 수준을 낮출 수 있다.

셋째, 꾸준한 두뇌활동 하기. 이를테면, 문제해결 능력을 함양하기 위하여 퍼즐이나 스도쿠 등의 논리 게임, 낱말 게임, 수수께끼 풀기 등이 포함될 수 있다.

넷째, 사회적 활동에 참여하기. 원만한 대인관계는 단순히 스트레스를 낮추는 것만이 아니라 삶의 활력이 될 수 있다.

다섯째, 건강한 생활 습관 가지기. 이를 위하여 충분한 수면을 갖고, 규칙적 생활을 영위하는 것이 매우 중요하다. 그렇지 않으면 뇌 건강뿐만 아니라 신체 건강 또한 망가져 각종 질환을 얻을 수 있다.

여섯째, 스트레스 관리에 충실할 것. 인간은 항상 스트레스 상황에 처한다. 그러나 감당할 수 있는 수준 이상의 과도한 스트레스를 받을 경우, 우리 몸을 지키기 위하여 코르티졸(Cortisol)이라는 호르몬이 분비된다. 적절한 스트레스 상황에서는 코르티졸이 이를 조절하는 긍정적인 역할을 하지만, 만성적인 스트레스 상황에 처할 경우, 코르티졸이 과다 분비되어 심혈관질환 등 각종 질환을 유발하고, 인지기능에도 부정적인 영향을 미치게 된다.

일곱째, 뇌가 건강해지는 데 도움이 되는 영양소를 섭취한다. 대표적인 영양소로는 오메가-3, 비타민 B12, D, 엽산, 코엔자임, 셀레늄 등이 있다.

저자는 위 7가지 요소 모두가 중요하다는 것을 알고 있다. 그러나 심리학을 공부한 나의 입장은 건강한 신체도 중요하지만, 건강한 정신을 소유하는 것이 무엇보다도 중요하다고 생각한다. 왜냐하면 신체와 정신은 하나의 유기체로 연결된 이른바 '심신일체(心身一體)'라고 말할 수 있기 때문이다. 저자는 박사학위 논문(제목: "전환장애 증상 중 우울감 감소를 위한 통합심리학적 프로그램 개발 및 효과성 검증")을 통하여 심리적 문제가 신체 증상으로 나타나는 것을 전환장애(Converted Disorder)라고 표현하였다.

연구 결과, 전환장애를 극복하기 위한 방안으로 다음과 같은 것을 생각해 보았다.

긍정적 사고(Positive Thinking)를 기를 수 있도록 훈련이 필요하다. 이를 위하여 긍정적인 인지도식(Schema)을 개발하고 훈련해야 한다. 자신과 세상에 대한 긍정적인 면에 초점을 맞추고, 긍정적인 사고방식을 유지할 수 있도록 노력하여야 한다.

긍정적인 뇌 훈련에서 특히 중요한 것은 행복은 기쁨의 '강도'가 아니라 '빈도'이다. 이것은 웃음과 마찬가지로 적용되는 것이다. 얼마나 크게 웃느냐가 아니라 자주 웃을 때 우리는 행복감을 느끼며, 이때 우리 뇌에서는 도파민(Dopamine)이라는 신경전달물질이 발생한다. 우리 모두는 같은 자극을 받아도 모두 다른 반응을 나타낸다.

반대로, 우리가 공포와 무력감을 느낄 때는 감정을 관장하는 편도체(Corpus Amygdaloideum)가 활성화된다. 편도체를 자극하면 공격성이 증가하며, 과도한 스트레스를 받을 경우, 편도체의 전기적 흥분성이 증가하여 불안장애를 유발할 수 있다. 이때 뇌가 피곤함을 느끼면 공감 능력이 떨어진다. 따라서 나를 미워하지 말고 나 자신을 먼저 사랑하며 나에 대한 자긍심을 높여야 한다.

우리 뇌는 인지도식(schema)이 있어서 뇌에 저장된 경험, 사고, 가치관, 신념에 따라서 같은 자극을 주더라도 각각 다른 반응이 나타난다. 우리 뇌는 자극을 주면 뇌에 저장되어 있는 신념, 가치관에 따라 모두 다르게 반응이 나타난다. NLP 심리학의 중요한 주장 중 하나는 "지도는 영토가 아니다"라는 것이다. 사람들은 현실 그 자체가 아닌 자신이 가지고 있는 실재에 대한 지도에 반응한다. 지도는 영토를 편리하게 그려 놓은 것으로서 인간은 지도에 따라서 움직이고 의사소통을 한다. 즉, NLP는 현실 자체가 아닌 그것을 반영하는 지도를 변화시키는 기술이다.

또한 인간의 행동은 목적 지향적이다. 인간은 목적이 무엇인지 항상 의식하면서 행동하는 것은 아니지만 행동의 이면에는 어떤 목적이 존재한다.

한편, "죽음의 수용소에서(죽음조차 희망으로 승화시킨 인간 존엄성의 승리) (2020)" 저자 심리학자인 빅터 플랭클(Victor E. Frankl) 박사는 "자극과 반응 사이에는 마음의 공간이 있다. 그 마음의 공간에는 자신의 반응 곧 태도를 선택할 수 있는 자유와 힘이 있으며, 우리의 반응 태도에 따라 우리는 성장하고 행복할 수 있다(Between stimulus and response, there is a space. In that space lies our freedom and power to choose our response. In our response lies our growth and our happiness)"고 주장하였다.

"자극과 반응 사이엔 마음의 공간이 있다."라는 말은 결국 인생에서 삶의 의미를 발견하는 것은 나이며, 나의 선택에 의하여 인생은 행복해질 수 있다는 것을 의미한다. 그래서 우리는 어떤 상황에서도 긍정적인 사고와 정서를 지녀야 한다.

3. 긍정의 뇌 만들기

먼저 긍정적 사고를 가지려면 긍정적 뇌훈련을 해야한다.

긍정적인 사고(Positive thinking)는 노화(Aging)를 지연시키는 반면 부정적인 사고(Negative thinking)는 노화를 촉진한다.

이때 우리는 노화를 저지하고, 긍정적인 사고를 기르는 뇌 훈련을 할 수 있다. 그러기 위해서는 먼저 우리 자신의 인지도식(Schema, 認知圖式)을 알아야 한다. 여기에서 인지도식은 유기체에 영향을 주는 자극을 선택적으로 받아들이고, 의미를 해석하며 주관적 경험을 나름대로 조직화하는 인지적 틀 또는 상위 수준의 인지를 의미한다. 즉, 과거 경험을 통해 뇌 속에 형성된 신념과 가치관으로 된 인지구조를 의미한다. 인지도식(Schema)은 우리가 세상을 어떻게 사고하고, 감정을 느끼고, 행동하는지에 대한 중요한 역할을 한다. 우리가 매 순간 사고와 행동을 하는 것은 개인의 고유한 신념에 따른 것이다.

건강한 사람은 자신이 처한 상황에 따라 하나의 인지도식을 다른 것으로 바꾸어 사용한다. 그러나 부적응적인 인지도식을 가진 사람은 자신의 인지도식을 고집하며 각기 다른 상황에 처하더라도 융통성 없이 사용한다. 인지도식(Schema)은 경험의 원자료에 가치를 부여하며 통합하는 암묵적 규칙을 반영하고 있으며, 특정한 상황에서 활성화되어 자동적 사고 혹은 대처 반응을 통해 겉으로 드러난다. 또한 개인이 목표를 설정하는 방식, 자신이나 남의 행동을 평가하는 방식, 생활사건을 이해하고 해석하는 방식 등에 주는 영향으로 개인의 인지와 정서에 강하게 작용한다. 이처럼 인지도식은 개인이 가지고 있는 의미와 가치의 기본틀로서 개인에게 안정감과 예측 가능성을 느끼도록 하며, 자기정체감의 중심이기 때문에 쉽게 바뀌지 않는다.

신념을 좀 더 자세히 설명하면 다음과 같다. 우리가 세상에 가지고 있는 근본적인 믿음 곧 어린 시절 경험, 가족과의 관계, 사회문화적 환경 등에 의해 형성된 핵심 신념과 개인의 경험과 해석에 따른 중간 신념이 있다. 우리가 어떤 상황에 직면했을 때 바로 즉시 떠오르는 생각을 자동적 사고(Automatic thought)라고 한다.

이것은 인지도식에 따라 자동적으로 발생하는 것이다. 우리는 인지도식을 변화시킬 수 있다. 물론 바꾸고 싶을 때 쉽게 바꿀 수 있는 것은 아니지만, 만약 자신의 인지도식이 비논리적이거나 현실에 기반하지 않을 때, 상황에 대처하기 어려울 때 긍정적 사고훈련을 통하여 이를 바꿀 수 있다.

따라서 저자는 긍정적 사고훈련을 위해서는 NLP 통합심리학을 살펴보고 활용하는 것을 제안한다.

긍정심리학의 한 분야인 NLP(Neuro Linguistic Programming)는 구체적이고 바람직한 목표의 달성을 위해 사람의 마음을 어떻게 변화시켜서 긍정적인 변화와 성취를 할 수 있는가에 대한 모델과 기법이다. O'Connor는 탁월한 사람들이 사고, 감정, 행동하는 것들에는 공통적인 패턴이 있고 모델링하는 방법을 개발함으로써 NLP 모델의 지도 원칙을 세웠다.

NLP(Neuro Linguistic Programming)는 뇌기반 심리치료이다. 우뇌 중심의 체험(시각, 청각, 미각, 촉각, 후각)심리학으로 부정적 자아를 긍정적 자아로 바꾸어 주며 신념의 변화로 사고가 바뀌고 행동이 바뀌는 것이다. NLP에서 제시하는 다양한 기법 중 '뇌미인'을 만드는 데 특히 중요할 것으로 생각되는 기법은 아래와 같다.

인간의 관계 형성은 의사소통(Communication)에서 시작된다. 의사소통을 잘하기 위해서는 라포(Rapport) 기법이 있으며, 라포는 "너와 나의 생각의 징검다리"라고 표현할 수 있으며, 페이싱(Pacing), 미러링(Mirroring), 백트레킹(Backtracking)같은 기법이 있다. NLP 기법은 주의력 향상, 인지능력 향상, 과잉행동 감소에 효과가 있어 활용해 볼 것을 권한다.

이처럼 다양한 NLP 심리 기법을 통해서 긍정적인 사고와 정서로 긍정적 뇌를 만들 수 있다.

4. AI와 인지활동의 미래방향

현대 '메가 트렌드' 이자 '게임체인저' 인 AI(Artificial Intelligence, 인공지능)는 인간의 능력을 이미 넘어서고 있다. AI(인공지능)를 사용하는 것은 인간의 지적 활동을 더욱 확장하고, 일상적인 작업을 자동화하여 우리의 삶을 편하게 해줄 것이다.

그렇다면 인지 활동 분야에서 AI의 역할은 어디까지 담당할 수 있을 것인가를 생각해 보면 AI는 인지능력을 증진시키는 데 획기적인 변화를 가져오리라 짐작된다. 물론 인간이 창의성, 문제해결능력 면에서는 더 뛰어나리라 생각되지만, AI가 머신러닝, 딥러닝을 통하여 점차 인간의 감정적인 면까지 내포하여 발달하고 있다.

그렇다면 끊임없는 AI의 발전은 과연 어디까지인가? 의문이 간다. AI의 무한한 잠재력은 인간과 AI의 협력을 통하여 인지활동 분야에서 다양한 성과를 거둘 수 있으며 여러 측면에서 긍정적인 효과를 가져올 수 있다고 생각된다.

긍정적 측면과 부정적 측면을 살펴보면 다음과 같다.

첫째, 인지능력 향상이다. 개개인에게 맞는 맞춤형 콘텐츠개발과 게임 및 시뮬레이션을 개발하여 주의력, 집중력, 기억력을 향상시킬 수 있다. AI는 사용자의 학습상황을 실시간으로 모니터링하고 피드백을 줘서 즉시 개선할 수 있어 이것이 뇌의 인지력을 향상시켜 인지활동을 활발하게 한다. 그러나 문제점을 해결하고, 인지능력을 향상시키는 데 AI에게 너무 의존하게 되면 사고력 및 문제해결 능력이 저하될 수 있다는 점에 유의할 필요가 있다.

따라서 인간이 AI를 능숙하게 사용하지 못하면, 2050년 이후에는 AI 로봇에 의해서 인간이 지배되는 시대가 도래한다고 미래학자들은 주장하고 있다.

또한 마이크로소프트 회장 빌게이츠는 앞으로 미래는 AI를 사용하는자(0.003%사회지배리더)와 AI를 사용하지 못하는자(99.997)로 나눠진다고 했다.

둘째, 창의성 및 문제해결 능력 향상이다. 예술, 음악, 디자인 등을 통한 예술 분야에서 획기적인 아이디어와 상상력을 키울 수 있다. 인간이 상상하지 못한 창의력을 AI(인공지능)는 줄 수 있다. 그러나 윤리적이고 저작권 문제에 휩싸일 수 있는 면이 있다.

셋째, 인간과 AI가 서로 협력하면 더 나은 독창적인 결과를 얻을 수 있다고 생각된다.

그러나 AI가 인지활동의 획기적인 변화를 가져올 수 있다는 장점에도 불구하고 윤리적, 사회적 문제, 개인정보 보호도 함께 해결하는 방안을 마련해야 할 것이다.

"You lead life ; it doesn't lead you."
"당신이 삶을 적극적인 방향으로 이끌어라, 삶에 수동적으로 이끌려 가서는 안된다"

AI와 인지활동도 마찬가지로 AI(인공지능)에 의해 인간이 이끌려 가는 것이 아니라, 인간이 AI를 적극적으로 활용하고 리드해야 할 것이다.

장예나

- 서강대학교 영상대학원 영상매체학 석사
- 중앙대학교 자연과학대 생명과학(생물학) 학사
- PC게임. 온라인게임. 채팅게임. 메신저 디자인 개발 경력
- 컴퓨터 그래픽 전문학원 설립 및 운영 (본컴퓨터아트)
- 현) 한양여자대학교 영상콘텐츠과 겸임교수
- 국립한경대 명지대 인덕대 경민대 백석대 3D디자인 강의
- 명지전문대 중국유학생 2년 교환과정 영상제작 강의
- 숙명여자대학교 미래교육원 AI ESG 전문가 과정 1기 수료

이메일 nikitaa02@daum.net
블로그 https://blog.naver.com/aiesgmeta
연락처 010-9674-1288

06
꿈꾸는 AI

 컴퓨터 그래픽이라는 가상세계에 매료되어 그 매력을 따라 다수의 게임 회사를 재직하였고 프리랜서로도 활동하였다. 좀 더 견문을 넓히고 전문성을 쌓고자 미국 유학길에 올랐으나 나를 성장시켜 줄 곳이라 생각했던 기회의 땅에서 혹독한 시련을 맞고 돌아와 서강대에서 영상미디어를 전공으로 석사 학위를 받았다. 실무와 학문을 겸비한 디자인 전문 교육센터를 직접 설립하고 운영하였고 현재는 대학교에서 3D 디자인을 가르치고 있다.
 AI 혁명이 휘몰아치는 지금, 시대의 흐름을 잘 따라가고자 AI ESG 분야를 탐구하고 있다.
 누구나 스마트폰을 가지고 있지만 이를 어떻게 활용하는가에 따라 생활의 편리함도 다르고, 각종 업무 편의성도 높아지고, 사업 무기도 될 수 있는 것처럼 AI도 얼마나 이해하고 다루느냐에 따라 개인 역량 차이가 벌어질 것이다. 뒤쫓아가지 말고 변화의 흐름대로 같이 따라가 보자. 개인적으로 AI가 주는 일상의 편리함을 간절하게 기다리며 어떤 미래가 펼쳐질지 기대하고 있다.

1. 수명 연장은 축복인가 재앙인가

2000년에 미국으로 떠나면서 엄마를 붙들고 많이 울었다. 10년을 계획한 일정이라 중간에 돌아가셨다는 소식을 듣지나 않을까, 내가 돌아올 때까지 살아 계실까 하는 안타까운 마음이었다. 그때 엄마는 60 중반이셨다. 그 당시는 장수의 상징으로 칠순 잔치를 대대적으로 이벤트 하던 시절이었다. 예상치 못한 큰 시련을 만나 10년 계획은 무산되고 중도에 돌아왔다. 그냥 해외에서 1년 살기 프로젝트를 아주 길게 다녀온 셈이다.

그로부터 24년이 지났다. 나는 엄마가 앞으로도 10년은 더 사실거라 생각한다. 24년이 흐르는 동안 넘어지셔서 골절로 병원에 입원하신 적도 수차례 있었고, 무릎 수술도 하셨고, 틀니에 보청기까지 의료비는 점점 늘어났다. 나 자신 뿐만 아니라 살아 계신 부모를 위해서도 오래도록 소득 활동이 있어야 안심이 되는 시대가 되었다.

기대수명 100세 시대. 아무도 이견이 없을듯하다. 재수 없으면 120세라는 말도 들린다. 그런데 수명이 연장되었다고 20대 청춘이 30년 지속되고 중년 기간도 길어지고 노년도 동시에 길어졌을까? 사회는 여전히 60대에 은퇴한다. 은퇴하고 40년에서 60년을 살아야 하다니! 의학 기술의 발달로 사람들이 100세를 넘어서도 살 수 있지만,

60대에 은퇴하니까 왕성한 사회활동을 하는 청장년기보다 은퇴 이후의 노년기가 길어지는 셈이다. 수명 연장은 삶의 길이가 균형있게 연장되는 것이 아니다.

과거에는 20대까지 교육받고, 50대까지 경제활동을 하며, 60대에 은퇴하는 것이 일반적인 인생 주기였다. 하지만 수명이 120세에 이르면 이러한 인생 주기도 크게 달라져야 한다. 교육은 초기 단계에만 집중되는 것이 아니라, 인생 전반에 걸쳐 유연하고 반복적으로 이루어져야 한다. 그에 따라 사람들은 한 가지 직업으로 종신으로 머무는 대신 여러 차례 경력을 전환하며 다양한 역할수행을 할 수 있어야 한다.

수명 연장으로 가장 걱정스러운 것이 경제적 부담이다. 연장된 노년기에는 의료비용과 노후 생활비가 가장 필요하다. 이는 개인의 재정 계획 뿐만 아니라 국가 경제 전체에 영향을 미친다. 젊은 세대는 노인 인구의 지원을 위해 더 많은 세금을 부담해야 할 수도 있고, 사회 보장 시스템에 대한 압력이 커질 수 있다. 이는 공정성과 지속 가능성의 문제로 이어질 수 있다. 이러한 맥락에서 수명 연장은 단순한 축복이 아니라, 잘 관리되지 않을 경우 재앙으로 변할 수 있는 복합적인 도전이다. 수명 연장의 혜택을 누리기 위해서는 교육, 경제, 건강 관리, 사회 보장 등 여러 분야에서 철저한 준비가 필요하다.

우리 일상 속으로 들어온 로봇을 살펴보자. 치킨을 튀기고 피자를 굽고 커피를 만든다. 힘들고 위험한 일은 로봇에게 맡기고 사람은 따뜻하고 세밀한 서비스를 제공하면서 업무 효율이 올라가고 인건비 부담도 줄어든다. 공장의 생산라인에는 다양한 기능의 로봇이 쉴새 없이 돌아가는데 최저임금도, 주당 근무시간도, 휴일수당도 부담이 적다. 게다가 24시간 가동이 가능해 생산성은 크게 확대된다. 확대된 생산성으로 사회 보장 시스템의 부담을 해결할 수 있다. 은퇴한 사람들도 건강이 허락한다면 충분히 소득 활동을 할 수 있어서 사회 보장 시스템의 부담을 낮출 수 있다. 사회 보장 시스템이 잘 작동하면 나의 노년도, 살아 계신 부모님의 여생도 걱정이 아니라 행복일 수 있다. 내가 AI를 반기는 이유다.

2. 늘어나는 고령층과 치매질환

아버지는 1998년 암으로 돌아가셨다. 처음에 판정받고 수술하고 항암치료를 하셨고 5년 생존하셔서 완치 판정까지 받으셨다. 병원으로부터 이제 일상생활을 정상으로 해도 된다는 기쁜 소식을 전달받았지만 얼마 지나지 않아 재발하셨다. 돌아가시기 직전에는 진통제도 듣지 않는 때가 되어서 많이 고통스러워 하다가 돌아가셨다. 요즘에는 많은 종류의 암에서 생존율이 크게 향상되었고, 일부 초기 단계의 암은 완치가 가능해졌다. 새로운 치료 방법, 예를 들어 표적 치료, 면역 요법, 정밀 의학 접근 방식 등이 암 치료에 혁신을 가져와 많은 암환자들이 오래 건강하게 삶을 지속 가능하게 되었다.

그러면 치매는 어떠한가? 고령 인구의 증가와 수명 연장은 현대 사회의 두드러진 현상으로, 이로 인해 치매 환자 수도 크게 증가하고 있다. 인구 고령화는 전 세계적으로 진행 중이며, 이는 고령자가 전체 인구에서 차지하는 비율이 증가함을 의미한다. 이러한 변화는 의료, 경제, 사회 서비스에 중대한 도전을 제기하고 있다. 수명 연장은 의학적 진보 덕분에 가능해졌지만, 수명 연장이 노년기를 증가시켜 노령 관련 질환, 특히 치매와 같은 인지 장애의 발병률은 높아지는 결과를 낳고 있다. 치매는 기억력 손실, 판단력 저하, 일상생활 능력 감소 등을 수반하기에 개인뿐만 아니라 그들의 가족과 사회 전체에 부담을 안긴다.

앞서 말했듯이 나는 엄마가 앞으로도 10년은 더 사실거라고 생각한다. 엄마는 몇 년 전 치매 판정을 받았고 병원 치료를 받고 있으며 집에서 요양보호사의 도움을 받고 있다. 하지만 요양보호사가 24시간 곁에 있는 것도 아니고 치매가 있는 어르신은 물가에 내놓은 아이처럼 언제 어떻게 될지 모르는 예측 불가 상태라 보호자는 항상 불안하다. 본인의 일을 기억하지 못하기 때문에 결과를 두고 상대를 의심하게 되고 상대가 거짓말을 한다고 생각한다. 자신의 말을 주변에서 믿어주지 않아 억울하고 서럽고 화나는 일상을 살게 된다. 반복되는 의심으로 요양보호사가 수시로 바뀌지만 똑같은 상황이 반복되기 때문에 결과적으로는 모든 사람을 의심하게 된다. 이 문제를 해결하고자 집안에 카메라를 설치에 녹화하려 하면 본인의 말을 믿어주지 않는다고 서러워하고 또한 감시받는다고 화를 낸다. 치매는 환자 만의 질병이 아니라 그 가정을 힘들게 하는 질병이다.

만약 엄마가 부상이 겹쳐 거동이 불편해지는 상황으로 발전한다면 어떻게 될까? 혼자서는 식사나 화장실 이용을 전혀 할 수 없기 때문에 24시간 상주하는 간병인을 고용할수 밖에 없다. 24시간 상주 간병인을 고용할 경우 한 달에 드는 비용은 간병인의 경력, 환자의 상태, 지역, 제공되는 서비스 등에 따라 다르지만, 요양보호사 자격증을 소지한 간병인을 고용할 경우 평균 450만원 ~ 500만원이 필요하다. 이는 거동만 불편한 환자의 경우이며, 치매 환자를 돌볼 수 있는 자격을 갖춘 간병인은 가격이 더 올라간다. 주 7일을 고용할 수 없으므로 주말 간병인이 추가로 필요할 수 있다. 경제적 부담으로 간병인을 고용할 수 없다면 누군가는 일을 그만두고 간병인 역할을 해야 한다. 엄마+간병인+소득활동 하는 사람 즉 3명의 소득액이 필요해지는 상황을 만나게 된다.

간병비 폭탄 월 500만원 breaknews
https://www.breaknews.com/1020590
과중한 간병비 부담, 간병살인. 간병파산 굿모닝경제

http://www.goodkyung.com/news/articleView.html?idxno=230821

만약 요양보호사가 AI가 탑재된 로봇이라면? 가정해 본다.

엄마가 아무리 화를 내더라도 감정적으로 지치지 않을 것이다.
엄마의 행동이 녹화되어서 물건이나 돈이 사라졌다고 의심하는
일도 없을 것이다.
실시간으로 엄마 행동이 모니터링되어서 집안에 불이 나거나 물이
넘치는 일도 없을 것이다.
씻거나 옷을 갈아입을 때 실수하여도 자존감이 무너지지 않을 것이다.
엄마가 폭력적인 행동을 해도 상해를 입지 않을 것이다.
약이나 식사를 거르거나 중복하지 않게 관리 될 것이다.
한눈 팔지 않고 항상 옆에 있으면서 미끄러지거나 넘어지지 않게
즉각 보호해 줄 것이다.
보호자가 돌아왔을 때 잘 지냈는지 녹화된 데이터로 확인이 수월하다.
동반 외출 시 엄마를 부축하거나 향후 휠체어를 밀어도 지치지 않는다.
매달 지출해야 할 유지비용이 저렴하다.
요양시설로 가지 않고 집에서 지내는 기간을 충분히 가질 수 있다.
주치의와 연계되어 병원에 방문하지 않고도 의료서비스를 받을 수 있다.
식구들이 잠든 밤에 외출하여 거리를 배회하는 일이 없을 것이다.

무엇보다 365일 24시간 서비스가 가능하다.

이로운 점이 한두가지가 아니다.

3. 스마트기기를 안고 태어나는 세대

요즘 태어나는 아이들은 손에 스마트폰을 쥐고 태어나는 세대라고 할 만큼, 스마트 기기와 뗄레야 뗄 수 없는 관계로 성장하고 있다. 이러한 변화는 새로운 유형의 건강 문제를 낳고 있다. 어린 시절부터 지속된 스마트 기기의 사용은 잘못된 자세를 고착시키고, 이는 척추 건강에 치명적인 영향을 미친다. 스마트폰이나 태블릿을 장시간 사용하는 아이들 사이에서는 거북목, 시력 저하, 척추측만증, 굽은 어깨와 같은 문제가 점점 증가하고 있다. 이런 문제들은 단순히 불편한 것을 넘어서 통증과 만성 질환으로 발전할 수 있으며, 이는 아이들의 일상생활뿐만 아니라 장기적인 건강에도 영향을 미친다.

정형외과와 통증 관리 클리닉의 수요가 늘어나는 것은 이러한 현상의 직접적인 증거다. 점차 증가하는 이런 의료 수요는 건강보험과 실손보험에 상당한 부담을 주고 있다. 어릴 때부터 시작된 이러한 문제들은 성인이 되어서도 계속되며 사회적 경제적 비용 또한 증가하는 결과를 낳는다.

나의 첫 직업은 컴퓨터그래픽 디자이너였다. 게임을 만드는 회사에서 일했는데 컴퓨터로 창조해 내는 가상 세계가 너무 재미있었다. 일 자체도 재미있었지만 일에 집중하다 보면 몇 시간씩 꼼짝않고 앉아있게 되었다. 20대 한창 발랄할 때라서 짧은 미니스커트에 롱부츠를 신었고 그 복장으로 앉으려면 자연스레 다리를 꼬게 되었다. 그게 몇 년이 반복되면 어떻게 될까? 모니터를 쳐다보는 머리는 앞으로 가고(목디스크), 다리를 꼬고 오래 앉아 있으니 척추가 틀어지고 압력을 받아 서서히 디스크가 무너져 내린다(추간판탈출증 일명 허리디스크). 마우스와 키보드를 장시간 사용하니 손목과 팔꿈치와 어깨도 아팠다. 직업병이다. 심할때는 마우스 딸깍 한번에 눈물이 날 정도로 아팠다.

    일을 그만둘수는 없으니 병원도 다녔고 운동도 하면서 관리하기 시작했다. 아프다 말다를 반복하며 나름대로 관리해 잘 지냈는데 언제부턴가 관리를 해도 차도가 없었다. 정밀 검사를 했다. 허리쪽 디스크 3개가 완전히 다 닳아서 없었다. 충격을 흡수하는 쿠션 역할인 디스크가 없으니 척추뼈에 충격이 그대로 전달되어 여러 개의 뼈가 멍이 들어 있는 상태이고 척추관 협착도 있었다. 신경이 눌려 다리가 저리고 발바닥까지 전기가 내려왔으며 두 다리의 감각도 차이가 났다. 정밀 검사 결과지를 본 의사는 한평생 농사를 지으며 살아온 80대 할머니 척추 상태라고 했다. 안좋은 자세도 원인이었지만 타고 나기를 골격과 관절이 약하게 타고 나서 무너지는 속도도 빠르다는 걸 알았다. 뭔가 시술이나 수술을 하려 해도 디스크와 협착과 뼈를 건드리는 3가지 수술을 단계적으로 해야 하는 상황이었다. 의사는 버틸수 있을때까지 잘 관리하다가 도저히 못견디겠으면 그때 가서 하자고 하였다.

기가 막힐 노릇이다. 앞으로 거동이 더 불편해지면, 다리의 감각마저 없어지면, 더 나아가 신경 이상까지 와서 대소변도 통제가 안되면? 수명은 100세, 120세라는데 살아도 미칠 지경 아닌가? 그런 몸으로 일을 할수도 없을텐데, 앞으로 의료비와 생활비는 어떻게 감당할지 걱정된다. 치매로 돌봄이 필요한 엄마의 경제적 보조는 어떡할지 걱정된다.

나는 신체 능력을 향상시키는 로봇이 빨리 나오길 기대한다.

4. 신체 능력을 향상시키는 보조 로봇

신체 능력을 향상시키는 보조 로봇은 근력, 속도, 지구력을 증가시키는 데 도움이 되는 기계 장치다. 작업자의 생산성을 향상시키고 부상 위험을 줄이기 위해 산업 환경에서 사용되지만, 신체 기능이 제한된 개인의 이동성과 독립성을 개선하는 데에도 사용된다. 보조 로봇은 크게 웨어러블 로봇, 외골격 로봇, 기능성 전기 자극(FES) 로봇, 보조 보행 장치 등으로 분류된다.

1) 웨어러블 로봇은 옷처럼 입거나 착용하도록 설계되었다. 가볍고

강력하며 사용자의 움직임을 자연스럽게 따라가며 근력 증가, 속도 향상, 지구력 향상, 이동성 향상에 도움이 된다.

활용 분야는 다음과 같다.

산업 현장: 생산성 향상, 부상 위험 감소

의료 분야: 신체 기능 회복, 재활 훈련

군사 분야: 병력 이동 및 전투 능력 향상

일상 생활: 노인, 장애인의 이동 및 활동 지원

2) 외골격 로봇은 사용자 몸에 착용하여 무거운 물건을 들거나 사용자의 움직임을 보조해준다. 웨어러블 로봇보다 강력한 힘을 제공하며 사용자의 몸에 직접적인 힘을 전달해 준다.

활용 분야는 다음과 같다.

건설 현장: 무거운 물건 운반, 작업 효율 향상

제조 현장: 정밀 작업, 부상 위험 감소

군사 분야: 무거운 무기 운반, 병력 보호

재활 분야: 뇌졸중, 척수 손상 등으로 인한 운동 기능 장애 회복

3) 기능성 전기 자극(FES) 로봇은 전기 자극을 사용하여 근육 수축을 유발해 사용자의 이동성을 개선 또는 신경 손상으로 인한 근육 마비 회복에 효과적이다.

활용 분야는 다음과 같다.

뇌졸중, 척수 손상 등으로 인한 운동 기능 장애 치료

근위축성 측삭 경화증(ALS) 등 신경 질환 치료

스포츠 선수들의 근력 향상 및 회복

4) 보조 보행 장치는 걷는 데 어려움을 겪는 사람들의 이동을 보조해 준다. 워커, 지팡이, 스쿠터 등 다양한 종류가 있다. 사용자의 균형과 안정성 향상, 보행 능력 개선 및 통증 감소에 도움이 된다.

활용 분야는 다음과 같다.

노인, 관절염, 근력 약화 등으로 인한 보행 장애 치료

뇌졸중, 척수 손상 등으로 인한 운동 기능 장애 치료

시각 장애인의 이동 보조

현재까지 개발 완료된 외골격 로봇을 좀더 살펴보겠다. 힘든 육체 노동이 필요한 산업 현장이나 극도의 인내력을 요구하는 군대에서 필요한 로봇이다. 몸에 쉽게 착용할 수 있고 부족한 체력을 크게 끌어 올려 줄 수 있어서 힘든 노동이나 군사 작전을 수월하게 수행할 수 있다. 특히 몸이 불편한 노인이나 장애인들이 몸에 꼭 맞는 외골격 로봇을 착용하면 이동성이 획기적으로 향상된다. 노령화 사회가 진전될수록 외골격 로봇에 대한 수요는 높아질 것으로 예상된다. 로

봇 전문매체인 '로보틱스 투모로우닷컴'은 외골격 로봇 기술을 주도하고 있는 5가지 외골격 로봇을 소개하고 있다.

  A. 레이시온 XOS 2
     미 육군을 위해 개발한 외골격 로봇이다. 근력, 민첩성, 지구력 등을 높여 무거운 물건을 들어 올릴수 있고 체력이 소진되거나 부상 당할 걱정이 없다.
  B. 액티브링크(ActiveLink)
     힘을 많이 쓰는 노동자들이 착용하면 고된 노동을 쉽게 할 수 있다.
  C. Nuytco 외골격 로봇(Exosuit)
     캐나다에서 개발한 수중용 웨어러블 로봇이다. 깊은 물에 들어가 정교한 수중 작업을 하는 데 적합하다. 지상과 마찬가지의 압력으로 작업이 가능하다.
  D. DARPA 소프트 외골격 로봇(Soft Exosuit)
     주요 관절 부위를 연결하는 와이어를 이용해서 적은 힘으로 행군할 수 있도록 도와준다.
  E. 엑소 바이오닉스(Ekso Bionics)
     이동성 및 근력 증강의 기능을 갖추고 있다.

5. 게임 속 세계, 만화 속 세계, 메타버스 세계

『공각기동대』(Ghost in the Shell)는 일본의 유명한 SF 애니메이션으로, 2029년 미래를 배경으로 한다. 고도로 발달한 사이버 기술과 인간의 신체가 결합된 세계에서 벌어지는 범죄와의 싸움을 보여주고 있다. 인간의 뇌와 기계 몸체를 연결하고 신체 능력이 극대화된 의체를 가진 사람들이 등장한다. 신체 일부만 기계화 하거나 전신을 기계화 하는 등 기계 몸이 일상인 시대를 보여주고 있다. 범죄 사건을 해결하는 내용이지만 핵심 주제는 기술이 인간의 정체성에 미치는 영향과 자아에 대한 탐구다. 1995년도에 공개되었고 이후 2017년에 실사영화로도 제작되었다.

『총몽』은 일본의 유명한 공상 과학 만화 시리즈다. 1990년대 초반 연재되었다. 영어권에는 알리타 배틀 엔젤(Alita: Battle Angel)이라는 이름으로 알려졌으며, 로버트 로드리게즈 감독에 의해 2019년도에 영화화 되었다. 인체를 사이보그로 개조하는 것이 일반화된 먼 미래를 배경으로 한다. 신체 일부를 기계로 대체할 수도 있고, 뇌만 무사하면 모든 신체까지 기계 신체 즉 사이보그로 대체할 수 있는 세상을 묘사하고 있다. 자동차 정비하듯 주기적으로 기계 신체를 정비하고 성능을 업그레이드하기도 한다. 고철 더미 속에서 뇌만 멀쩡한 채 모든 신체가 망가진 주인공이 발견되고, 새 기계 신체를 얻고 깨어난다. 오래도록 의식을 잃어 기억이 모두 사라졌지만 우연한 기회에 자신에게 뛰어난 전투 능력이 있음을 깨닫고, 모험을 통해 진정한 자아를 찾아가는 내용이다.

『블레이드 러너』(Blade Runner)는 1982년 개봉된 미국 SF 영화다. 리들리 스콧 감독이 연출했으며, 필립 K. 딕의 소설《안드로이드는 전기양의 꿈을 꾸는가?》를 원작으로 한다. 영화의 배경은 2019년의 디스토피아적인 미래 로스앤젤레스로, 핵전쟁으로 황폐해진 지구에서, 인간과 똑같은 외모와 지능을 가진 인공지능 생명체 '인공인간'이 존재한다. 인공인간은 '레플리컨트'라고 불리며, 신체 능력이 월등하게 개량되어 열악한 환경에서 노동하거나, 전투에 투입되거나, 일상에서 사람을 대신하는 일 등을 한다. 이들 중 일부가 통제를 벗어나 인간 사회를 어지럽히는데, 주인공은 이들을 사냥하고 처분하는 경찰관으로 '블레이드 러너'라고 불린다. 주인공은 일련의 사건을 해결하면서 인공인간과 인간의 차이에 대한 고민에 빠지게 된다. 2017년에는 드니 빌뇌브 감독의 『블레이드 러너 2049』라는 속편이 개봉되어, 원작의 세계관을 확장하고 깊이를 더했다.

『레디 플레이어 원』(Ready Player One)은 2018년 개봉된 SF 모험 영화로, 어니스트 클라인의 동명 소설을 원작으로, 스티븐 스필버그 감독이 연출했다. 2045년의 미래의 모습이 그려지는데 사람들이 '오아시스'라는 가상현실 게임을 즐긴다. 오아시스는 현실 세계를 벗어나 누구나 원하는 것을 할 수 있는 공간이다. 현실에서는 불가능한 모든 것이 가상현실 게임 속에서는 가능하다. 헤드셋과 장갑을 착용하고 게임에 접속해 실감 나게 게임을 느끼고 즐기게 된다. 주인공은 현실 세계에서는 빈곤하지만, 오아시스 게임에서는 능숙한 플레이어로 활약한다. 어느 날, 오아시스의 제작자가 중대 발표를 하는데 자신이 게임 속에 숨겨둔 유산을 찾는 사람에게 오아시스와 그 회사의 모든 지배권을 물려줄 것이라고 선언한다. 이 발표는 전 세계 게이머들의 열광을 불러일으키고 주인공은 숨겨진 유산을 찾아간다. 이 영화를 통해 실감 나는 메타버스 가상세계를 느낄 수 있다.

6. AI와 함께하는 미래

앞서 소개한 신체 능력을 끌어올리는 보조 로봇들이 위험한 일, 힘든 일, 열악한 환경, 전쟁 등에 도움이 되는 것을 알았다. 게임 속 세계, 만화 속 세계, 메타버스 세계에서 살펴본 애니메이션, 만화, 영화 속 배경과 너무 흡사하지 않은가? 상상 속에서 만들어진 컨텐츠가 현실로 이루어지고 있다. 그것도 점점 더 빠른 속도로 가속되면서. 로봇의 등장으로 어렵고 위험하고 힘든 일을 해결할 수 있고, 단순반복적인 일에서 벗어날 수 있어서 생산성이 향상되는 긍정적인 결과를 얻을 수 있다. 우리나라처럼 저출산이 심각한 나라에서 생산성 향상과 그로 인한 사회 보장 시스템의 부담 완화는 환영할 일이다. 물론 부작용도 있을 수 있으니 면밀하게 조사하여 부작용을 최소화하고 예방하면서 기술을 발전시켜야 할 것이다.

개인이 AI와 로봇으로 해결할 수 있는 것은 여러 가지가 있다.

- 외로움과 고독
- 세탁 청소 요리 보안 등 스마트홈
- 환자케어 반려동물케어 등 홈케어
- 개인 맞춤형 교육
- 엔터테인먼트
- 자율주행 자동차와 같은 이동의 편리성
- 신체 능력의 향상으로 경제활동 기간 연장
- 업무능력의 향상과 생산성 향상

개인이 AI와 로봇을 잘 다루느냐 아니면 AI와 로봇에 의존되느냐에 따라 삶의 질은 크게 달라질 것이다. 이제는 AI를 다루는 똑똑한 개인이 어떻게 살아가는지가 중요하다. 앞으로는 누구나 집에 냉장고와 세탁기가 있듯이, 누구나 집에 휴머노이드 로봇이 있는 시대가 올 것이라 예측해 본다. 휴머노이드 로봇은 인간의 신체와 유사한 형태를 지닌 로봇으로 시각, 청각 및 감각을 인식하는 입력 수단을 통해 현재 상태를 인식하고, 인식 결과에 따라 수행할 각종 명령을 처리할 수 있는 로봇이다. 즉 인간 신경계 모델을 기반으로 하여 내부 네트워크를 통해 작동되는 로봇을 말한다. 휴머노이드에 AI가 장착되면 로봇이 상황을 판단해서 스스로 행동하게 된다.

경제 능력에 따라 로봇의 성능이 달라질 뿐 1인 1로봇 시대가 올 것이다. 심지어 한 가정에서 여러 대의 로봇을 사용하고 이 로봇들을 통합 관리하는 AI도 있을 것이다. 어쩌면 휴머노이드 로봇 한대가 여러 기능을 통합해 수행할 수도 있다. 교육도 AI와 만나 개인별로 수준에 맞게 그리고 학습습득 속도에 맞게 맞춤교육으로 진행되어 교육효과가 올라갈 것이다. 동일한 교육도 개인에 따라 학습 결과가 달라지므로 학교와 교사의 역할도 달라질 것이다. 돌봄이 필요한 환자들은 시설이 아닌 가정에 머물며 안전하게 보호받을 수 있고, 보호자도 항시 가까이에서 환자를 볼 수 있어 안심이 된다.

개인적으로 속히 이런 시절이 오기를 바란다. 내 신체가 심각하다는 걸 깨달은 뒤부터 한동안 병원 치료와 재활치료에 많은 시간과 비용을 들였다. 향후 내가 거동이 불편해져서 혼자 외출도 힘들다면, 돈이나 명예가 무슨 소용인가 싶어 일도 줄이고 몸에 부담을 주지 않으려 애썼다. 조금씩 로봇이 발전되는 소식을 들으며 비상금으로 5천만원을 준비하자 마음먹는다. 삼성 냉장고 고가라인이 1200만원이 넘고, 엘지 냉장고 고가라인도 천만원이 넘어간다. 침대도 고가라인은 천만원이 넘는데 심지어 해스텐스(HASTENS) 침대의 고가라인은 10억이 넘는다! 내가 행동 제약 없이 온전하게 생활할 수 있게 해주는 것이라면, 내 삶의 질이 떨어지지 않게 해준다면, 나에게 필요한 물건이므로 댓가를 치르고 장만할 가치가 있다. 오히려 현재보다 삶의 질을 더 올려줄 가능성도 많다. 스마트폰이 일상이 되듯 개인 로봇도 일상화되면 구매비용이 저렴해질 수도 있다. 관련 금융 상품도 다양해져 부담이 낮아질 것이다. 알뜰폰처럼 가격 부담 없이 장만할 수 있는 여러 등급으로도 제공될 것이다. 행복한 상상을 해본다.

7. 자아의 확장

점점 가속되는 세상이다. 컴퓨터와 인터넷이 보급된 후 세상은 무척이나 빠르게 변하고 있다. 스마트폰이 탄생하면서 그 속도는 더 빨라졌고, 이제 AI가 등장하면서 더 가속되고 있다. 교통의 발달로 전국이 일일생활권이지만 조만간 전 세계가 일일생활권이 될 것이다. 통신의 발달과 AI의 도움으로 언어의 장벽 없이 세계 사람들과 실시간으로 소통한다. 속도의 차이는 유통의 패러다임, 비즈니스의 패러다임에도 변화를 가져올 수밖에 없다. 정신 바짝 차리고 다가올 신세계를 즐기자. 내가 AI와 로봇을 잘 이해하고 통제하면 거기가 유토피아가 될 수 있다. 똑똑한 자아가 필요하다. 정신줄은 내가 갖고 있자. 의존하거나 의존되지 말고 주도적으로 살자. AI로 두뇌를 확장하고 로봇으로 신체 능력을 키워 자아를 확장하자. 그렇지 않으면 나의 미래는 디스토피아가 될 수 있다.

뜻이 있는 곳에 길이 있다고 했던가? 시대에 뒤처지지 않고 자아를 확장하겠다는 생각이 'AI ESG 융합 전문가 실전과정'으로 이끌어 주었다. 이 과정은 2024년 이후 메가트렌드이자 신성장동력인 AI 전환, ESG 전환, AI와 ESG 융합, SDG 등에 대해 학습하는 과정으로 생성형 인공지능의 기본부터 AI를 자유자재로 다룰 수 있는 AI 조련에 대해 터득할 수 있는 국내 최초이자 최고의 과정이다. ESG(환경. 사회적 책임. 투명경영)에 대한 이해부터 실제 적용 방안까지 이해의 폭이 넓어지고 유엔의 17개 지속가능발전목표(SDG)에 대해서 이론과 기업과 기관의 실제 적용 방안까지 폭넓게 학습하여 전문가로 양성된다. 이 과정을 통해 AI와 함께하는 미래가 나의 역량 강화에 그치지 않고 기업과 환경과 세계의 발전까지 확장되는 것을 경험하였다.

이러한 좋은 과정을 개발하고 노하우를 전수해 주신 문형남 교수님께 깊은 감사를 드린다. 또한 혼자였으면 엄두도 나지 않았을 집필을 마칠 수 있었던 것은 AI ESG 융합 전문가 실전과정 1기생들의 의기투합과 응원 덕분이다. 모두에게 감사한다. 이 과정 덕분에 행복하고 풍요로운 미래를 꿈꾸게 되었다.

에필로그

　필자는 당장 나의 현실에서 맞닥뜨리는 AI를 살펴 보았다. 필자는 어릴적부터 허약했었다. 하루 중에 잠자는 시간이 제일 행복했다. 아픈걸 느낄 수 없는 유일한 시간라서. 봄 여름 가을 겨울로 계절별 감기를 항상 달고 살았고 한번 감기에 걸리면 시작이 어떻든 코감기 목감기 몸살감기를 전부 거쳐야 끝이 났다. 안과 이비인후과 내과 정형외과 피부과 치과 한의원을 뱅뱅 돌았다. 어느 순간 짜증이 났다. 병원에 허비하는 시간도 아깝고 어차피 건강해지는 것도 아니니 차라리 하고 싶은 대로 살면 어떨까 생각이 들었다. 그 생각이 오히려 열심히 살게 된 동력이 되었다.

　신체 기능이 향상되고 뇌 기능이 확장되는 미래의 모습은 필자의 학문적 배경과 실무 경력으로 인해 더욱 실감나게 느껴진다. 이런 미래는 돌봄이 필요한 사람에게, 행동제약이 따르는 사람에게 희망으로 다가온다. 허나 기술에 지배되고 기계에 종속되지 않으려면 이 변화의 흐름을 잘 알아야 한다. 그래야 예방할 것은 예방하고 개선시킬 것은 개선하여 모두가 행복하게 살아갈 수 있다. 이는 나만의 문제가 아니라 사회 구성원 모두와 세계적으로 관심과 노력을 한 방향으로 집중해야 할 문제다. 더구나 대한민국의 강력한 의료보험 시스템은 아파도 오래 살게 한다. 누워서 오래 살기를 원하는 사람은 없을 것이다.

앞서 소개한 게임 세계, 만화 세계, 영화 세계는 게임 개발자라는 직업적으로도 흥미있는 소재였다. 어떻게 이런 상상이 나올까 감탄하면서 즐겼던 컨텐츠들이다. 그런데 컨텐츠로만 알던 것들이 최근에 불쑥불쑥 세상으로 나오기 시작한다. 물론 기술적으로 거리감은 있지만 이렇게 시작하고 발전해서 완성될 것으로 보인다. 관련 연구자들과 개발자들은 말한다. 과거 10년보다 최근 1년이 더 빠르고, 최근 1년보다 최근 3개월이 더 빠르고, 최근 3개월보다 최근 한달이 더 빠르게 발전되고 있다고. 너무 빨라서 현기증이 날 정도라고 한다. 코로나로 갑자기 세상이 변했듯이 또 다시 세상이 변할 것이다. 아파도 오래 살게 하는 대한민국에서 모두가 죽는날까지 자유롭고 행복하게 살기를 바라는 마음으로 미래를 기다린다.

제 성 경

- ○ 대한예수교장로회 은혜의빛 은광교회 담임목사
- ○ 백석대학교 기독전문대학원 신학박사(Th. D. Min.) 학위 취득
  논문제목 :「효과적인 리더 재생산의 활성화 방안 연구"
- ○ 천안대학교 대학원 목회학 석사(M. Div) 졸업
- ○ 전북대학교 문학사(B. A) 졸업
- ○ 세종대학교 경영대학원 최고경영자과정 e-Biz 수료
- ○ 상담목회 아카데미 졸업
- ○ 중고등학교 입시학원 원장
- ○ 실시간 학습인터넷방송국 대표
- ○ 가정폭력 상담사 자격증
- ○ 중등교원 정교사 자격증
- ○ 셀그룹 목회자 리더 코칭
- ○ 숙명여자대학교 미래교육원 AI ESG 전문가 과정 1기 수료

이메일 jesungkyung3@daum.net
블로그 https://blog.naver.com/jesungkyung1
연락처 010 5403 2102

07
AI 세계에로의 나에 대한 이야기

1. AI세계에로의 나에 대한 이야기

저는 서울시 서대문구 연희동 소재에 있는 대한예수교장로회 은혜의빛 은광교회 담임목사이다. 'AI ESG 전문가'로 다음 세대들에게 복음을 효과적으로 전하고 '리더 재생산' 사역 활동 영역을 국내외로 넓혀가고 있다. 2012년도 6월 백석대학교 기독교전문대학원에서 신학박사 학위를 받았고 논문 제목으로는 **"효과적인 리더 재생산의 활성화 방안 연구"**이다.

주 사역은 보이지 않는 영의 세계를 보이도록 믿게 하려는 조력자로써의 복음 전파하는 일이다. 이 영적인 일을 시작한 것은 고2때 하나님을 인격적으로 만난 후부터다. 목회자의 길을 걷는 것은 그리 쉬운 일이 아니다. 그래서인지 대학 진학할 때 신학대학교가 아닌 일반 대학을 선택하여 들어갔다. 졸업 후 10년 동안 사회생활을 경험한 후에야 하나님의 소명에 순복하고 신학을 하게 되었다. 신학이란 새로운 학문을 나이 들어 한다는 것이 보통 힘든 게 아니었다.

그럼에도 소명 따라 신학대학원을 졸업하고 강도의 연수를 거쳐 41세가 되어 목사 안수를 받았다. 전 직업을 간단히 소개하면 30대에 중·고등학생들에게 영어를 가르치는 학원 강사였다. 더 나아가 학원을 운영했고 20여 년 전에 ON-LINE 실시간 인터넷 방송을 설립하기도 했다. 대박 날 줄 알았다. 유명해질 줄 알았다. 그런데 결과는 너무 허무하게 실패로 끝나 버렸다. 당시 인터넷 환경은 쌍방 인터페이스 인프라가 원활하지 못했다. 그런 줄도 모르고 앞서간다고 호들갑을 떤 것이다. 그리하여 사업을 펼쳐보지도 못한 채 막을 내리고 말았다. 세상 말로 쫄딱 망했다. ㅎㅎㅎ

사업이 실패로 끝난 후, 고2 때 받은 하나님의 소명을 다시 꺼내 들게 되었다. 이제는 목회자의 소명에 무릎을 꿇고 사명의 길을 가야 한다는 결심을 하게 되었다. 나이 들어 소명의 길을 갔지만 다행이도 목회의 길은 순탄했다. 자립할 만큼의 영적 부흥은 이뤘다. 그러다 2019년 11월 17일 중국 후베이성 우한시에서 처음으로 발생한 코로나19로 인하여 교회는 매우 어렵게 되었다. 그때 가장 활발하게 실행 되었던 것이 곧 SNS를 통한 복음 전파였다.

5년 전은 AI시대가 아직 도래하지 안했을 때다. 그러나 지금은 AI시대로 접어들었고 활성화 되고 있고, 모든 산업 분야에서 확산 되어가고 있다. 복음전파의 흐름이 더디고 시들하고 있는 지금 이 때, 시대에 맞는 복음 전파 툴을 사용해야 한다는 생각이 불현 듯 들었다. 진리는 변하지 않는다. 하지만 이 진리를 그 시대의 문화의 옷을 입혀 전파하면 훨씬 수용하기에 쉬울 것이다. 문화란 생성 되었다 시대에 따라 자연스럽게 사라지기도 한다.

이미 도래한 AI 시대에 복음을 효과적으로 전달할 수 있는 방법은 없을까? 고민하다 우연찮게 SNS를 통해 숙명여대 평생 교육원에서 실시하는 AI ESG 과정을 발견하게 되었다. 문의를 했다. 전화를 받으시는 분은 직접 강의를 담당해 주실 문형남 교수님이셨다.

문의만 했을 뿐인데 이것이 AI ESG를 배우게 된 동기가 되었다. 교수님의 적극 권유로 누구든 할 수 있다고 하시기에 나도 다음 세대에게 복음의 AI 기수가 되고 싶은 열망이 생기에 되었다. 등록 기간이 임박하여 교수님이 다시 직접 전화를 주셨다. 아무것도 몰라도 괜찮다고 다시 설득하셨다. 난 그 설득에 넘어갔다. 이렇게 해서 시작된 AI ESG 교육은 새로운 AI 세계에로의 나를 세우게 되었다. 전혀 아무것도 모른 AI ESG, 어렴풋하게 서점을 통해 보았던 것뿐인데, 실제 접하게 되고 AI가 인정하는 'AI ESG 융합 전문가'라는 소리까지 듣게 되었다. 아직 갈 길이 멀다.

시작 동기는 교수님의 적극적인 설득이셨고, 두 번째 동기는 히브리대학교 역사학을 가르치는 교수 '유발 하라리'가 쓴 책을 통해서다. 유발 하라리 교수가 쓴 책 제목이 『사피엔스』다. 인지혁명에서 농업혁명으로 농업혁명에서 과학혁명으로 그 기반 위에 4차 산업혁명의 AI시대로 인류가 필연적으로 갈 수밖에 없다는 논리다. 어느 누구, 그 무엇이 가로 막는다 해도, 역사는 진행된다. 사피엔스 책 뒤표지를 보면 왠지 묵상해야 할 것 같은 한 문장이 눈에 띈다.

그 문장은 이렇다. "인간이 신을 발견할 때 역사가 시작되었고, 인간이 신이 될 때 역사는 끝나게 될 것이다.When humans discover God, history begins; and when humans become gods, history will come to an end."란 예언적인 말이다. 이 말을 들으니 의미심장했다. 지금시대는 과학이 만능 신이고, AI가 신으로, 그를 조종 하는 인간이 신이 되어가고 있다. 혹자는 어떻게 생각할지 몰라도, 나 목회자는 그렇게 생각한다. 실생활에 많이 느끼고 있다. 심지어는 무섭기까지 하다.

그 이유가 과학이 만능 신이 되고, AI가 인간 위에 있고, AI를 다루는 인간이 나쁘게 신이 된다면 그때는 인류의 종말을 맞게 될 것이기 때문이다. 노아 시대에 노아 식구 8명만 살아남고, 온 인류는 다 물에 잠겼다. 원인은 인간이 신에 도전하고, 악이 세상에 가득 찼기 때문이라고 성경은 말한다. 역사는 다시 시작되었다. 역사의 기록에서 노아의 홍수는 빙하가 녹아 지구가 잠겼다고 말을 한다.

다만 착한 인간이 AI를 인류에게 유익하게 선하게 사용하면, 인류 문명의 발전을 가져오고, 온 인류에게 혜택을 주지만, 잘 못 사용하면 엄청난 비극을 초래 할 것이라는 예측이다. 부디 AI가 인류와 공존하며 생활의 편의와 유익을 가져다줄 수 있기를 바란다.

『AI 쇼크, 다가올 미래』라는 책을 쓴 구글 최고의 브레인, '꿈의 공장' 인 혁신 연구소 구글 X의 신규 사업 개발 총책임자였던 모 가댓

(Mo Gawdat)은 말한다. 인공지능은 선하지도 악하지도 않다. 다만 선한 사람이 선한 뜻대로 AI를 쓰면 인류 발전에 큰 획을 긋겠지만, 나쁜 사람이 나쁜 마음을 품고 AI 쓰면 인류는 비극을 맞게 될 거라고 예언한다.

이 책은 인공지능이 가져올 변화에 대한 두려움과 기대를 동시에 다루고 있으며, 인간이 AI와 공존하기 위해 어떻게 행동해야 하는지에 대한 심도 있는 통찰도 준다. 또한 이 책은 디스토피아적 시나리오와 유토피아적 비전을 모두 제안한다. 디스토피아 부분에서는 AI가 인간의 삶을 어떻게 해칠 수 있는지, 유토피아 부분에서는 AI가 인류의 삶을 어떻게 향상시킬 수 있는지를 설명해 주고 있다. 이를 통해, AI를 통제하는 것이 아니라, 착한 아이가 되도록 가르치는 것이 무엇보다 중요하다는 것을 강조한다. 그러면서 인공지능을 대하는 세 가지 태도에 대해 말한다. 그 내용이 '인공지능을 환영하라.' '인공지능을 가르치라.' '인공지능을 사랑하라' 다.

이 책을 통해 얻는 통찰은 AI에 대한 두려움을 넘어 우리가 AI와 함께 성장하고 발전할 수 있는 긍정적인 미래를 그리고 있다. AI의 미래는 우리의 선한 마음과 행동에 달려 있음을 인식하고, AI와의 공존을 위한 방법을 모색하는데 지혜를 모아야 한다. 이 책은 우리가 사랑하는 사람과 우리가 밟고 있는 지구를 살리기 위해, AI시대에 무엇을 어떻게 사용해야 할지에 대한 혜안을 갖게 한다.

우리는 지난 역사를 보아왔듯이, 역사가 그렇게 선하고 좋게 돌아가지 않는다는 것을 배워 왔다. 김원동이 쓴 인문학으로 읽는 『금융화폐 자본주의』라는 책이 있다. 내용을 보면 수렵채집인일 때가 인간이 최고로 행복했다고 한다. 그 이유가 어느 누구의 간섭도 통제도 받지 않고, 직·간접으로 착취당하지 않고 자유하며 살았기 때문이다.

그런데 농협혁명에 들어서 집단으로 모여 살고, 집단으로 노동을 하다 보니 많은 '잉여물'이 생기게 되었다. 이때부터 인류는 불행해지기 시작했다고 한다. 머리 잘 굴리고, 약삭빠른 자가 집단 노동을 통해서 만들어낸 '잉여물'을 더 많이 차지하기 위해 수단과 방법을 가리지 않기 때문이라는 이유다. 더 많이 얻고자 함으로 치열한 경쟁과 간교한 수법과 그들만의 법을 만들어 그 '잉여물'을 합법적으로 빼앗아가 간다. 땀 흘리고 힘들게 농사를 지은 사람들은 더 행복한 것이 아니라 더 피폐한 생활을 하게 된다. 행복하지도 않다. 그 이유는 고생했지만 땀 흘렸지만, 그 '잉여물'을 차지하는 자는 농부가 아니라 딴 이방인이기 때문이다. 농부처럼 순수하지도 않고 땀을 흘리지도 않고 불로소득에 절어 있는 극히 소수가 그 '잉여물'을 차지하기 때문이다. 그러므로 다수는 만족스럽지 않고, 불행한 길을 계속 걷게 되는 것이다.

농협혁명에서 산업혁명으로 넘어 오는 21세기에는 인류 모두가 파라다이스의 꿈을 가졌다. 그러나 뚜껑을 열었을 때 실망했다. 21세기는 더 경쟁적이고, 더 치열하고, 빈익빈 부익부로 치닫는 사회로 변해 갔다. 지금도 진행형이다. AI 시대로 진입하면 모든 인류가 행복하고 공평하고 만족하며 선진화된 멋진 인생을 살며 즐기며 살 수 있을까. 답은 '더욱 아니올시다.' 다. 그 이유는 딱 하나 인간의 끝없는 '탐욕' 때문이다.

저출산의 심각은 2015년부터 시작되어 지금은 급격하게 떨어져 0.65%에 그치고 있다. 2015년도에 일어난 사건이 무엇일까. 수도권 인구 집중화다. 이런 환경 가운데 생존을 위한 치열한 경쟁 구도가 형성되었다. 이런 환경에서는 출산과 경력이 서로 양립할 수 없게 되었다. 이것이 한국의 인구 절벽을 가져온 가장 큰 이유다. 젊은이들이 자주 쓰는 말이 우리는 5포 세대 지금은 7포 세대라고 한다. 다 포기하고 산다는 뜻이다. 이런 절망이 우리사회의 가장 심각한 과제로 떠올랐다.

앞으로 약 25년 후 2050년을 기점으로 전 세계가 한 번도 경험해 보지 못한 새로운 시대의 분수령을 맞을 거라고 학자들은 예측한다. AI ESG의 융합 실전과정 교육 첫 시간에 문형남 교수님의 강의를 듣고 바로 이것이라는 생각이 들었다. AI ESG 시대로 넘어갈 때 실력 있는 AI 고수가 되어, 불공평을 공평으로, 높은 산들이 평지가 되게 하고 싶은 열망이 생겼다.(스가랴 4장 7절) AI를 능숙하고 탁월하게 훈련을 할 수 있는 실력을 갖추고, 한국을 넘어 세계로, 교회를 넘어 인류에게 어떤 형태로든 도움을 줄 수 있으면 좋겠다는 생각이다. 5포 7포 세대들에게 희망을 불어넣고, 꺼져버린 희망의 불씨를 다시 살리고 싶다는 생각이다.

AI ESG의 융합은 환경경영을 잘해 지구를 살리는 것과, 사회를 잘 경영하여 사람을 살리는 것과, 투명경영을 잘해 인류번영을 가져오게 하는 것으로 이해한다. 이것을 문형남 교수님은 E · P(Environment Planet) S · P(Society People) G · P(Government Profit)로 설명했다. 이 강의를 통해 내 분야에서 할 수 있는 일이 무엇인지를 발견할 수 있는 동기가 되었다. 그것이 곧 '살리는 것'이다. '생존 서바이벌(survival)'이 아니라 '부흥 리바이벌(Revival)'이다. 지구를 살리고, 사람을 살리고, 인류의 번영을 다시 일으키는 것이다. 이것은 복음 전도자가 필연적으로 행해야 할 사명이다. 이 일을 위해 나 목회자는 하나님으로부터 소명 받았다. 이번 AI ESG 융합전문가 실전과정을 통해 갖고 있던 역량을 새롭게 더 빠르게 확산시킬 수 있는 기회로 봤다.

저의 관련 된 이력은 25년 전에 세종대학교 경영대학원에서 개설한 e-Biz 최고경영자과정을 수료했다. 목회 사역은 광명시 소재에 있는 광은교회에서 6년 부목회자로 재직했다. 당시 '효과적인 리더 재생산 프로그램'을 부목사들 대상으로 실시했다. 광은교회는 백석교단 중에 제일 부흥한 교회이고, 성경적 복음전파를 가장 확실하게 효과적으로 전하는 교회다. 잘 훈련 된 성도 리더들이 세상의 소금으로, 빛으로 살아내는 분들이 많다. 저는 훈련된 성도 리더들과 함께 빛을 보려는 찰라에 부목사직을 내려놓았다. 바로 이어 청빙 받아 단독 목회를 시작하게 되었다. 그 교회가 곧 '은혜의빛 은광교회' 다. 전의 이름은 '연희은혜교회' 였고, 그 전의 이름은 '우리교회' 다. 지금은 본 교회에서 성도들을 대상으로 '리더 재생산 훈련' 을 통해 '영적 리더' 를 양성하고 있다.

목회자가 AI 공부를 하는 게 어떻게 보면 영성과 기계가 어울리지 않다는 이유로 이상한 시각으로 바라 볼 수도 있다. 그래서인지 함께 AI ESG 교육을 받는 16명의 맴버 중 어느 한 분이 저에게 이런 질문을 살짝 했다. 성도의 수가 한 5000명쯤 되냐고 물었다. 나의 답은 5000명 이하의 교회라고 대답을 했다. 대답하고 보니 속으로 좀 쑥스럽기도 했다. 그 이유가 우리 교회는 대형교회도 아니고, 중견 교회도 아니고, '강소교회' 이기 때문이다. 사람들은 외형을 자랑하고, 싸이즈를 자랑하고, 재정을 자랑하지만 난 자랑할 게 하나도 없다. 다만 명품 하나가 있다. 그 명품이 곧 '열정' 이다. AI 시대에 맞는 옷을 입고, 인류의 미래를 위한 것이라면 뭐든지 부지런하게 배우려는 열정 그 하나뿐이다. 이 열정을 스스로 말하기를 '명품' 이라 한다.

2. AI가 실생활에 끼칠 큰 영향

인공지능의 역사는 20세기 중반에 시작된 혁신 기술이다. 이 길은 인간의 지능을 모방하고자 하는 과학자들의 노력으로부터 탄생했다. 오늘날에는 우리 삶의 많은 부분에 깊숙이 통합되어 가고 있다. 인공지능(AI)은 오늘날 기술 혁신의 선두주자로, 다양한 산업 분야에서 중요한 역할을 하고 있다. 그러나 이러한 첨단 기술의 역사는 1950년대로 거슬러 올라가며 앨런 튜링과 같은 과학자들의 이론적 근거가 토대가 되었다.

1950년대, 앨런 튜링은 '계산 기계와 지능'이라는 논문을 통해 기계가 지능적인 행동을 보일 수 있는지에 대한 실험을 제안했다. 이것이 인공지능 연구의 초석을 놓는 계기가 되었다. 튜링 테스트라는 개념을 통해 기계가 인간과 구별 불가능한 대화를 수행할 수 있는지를 평가하는 방법을 제시했다.

상징주의 AI와 전문가 시스템이 1960년대와 1970년대에 등장했고, 1980년대에는 전문가 시스템이 등장하여 의료, 법률, 금융 등 다양한 분야에 적용되었다. 1990년대부터 2010년대에 이르러 '딥러닝'이라는 새로운 기술이 등장했다. 이는 인간의 뇌 신경망을 모방한 인공지능 기술로 다중 신경망 구조를 통해 데이터에서 복잡한 패턴을 학습한 기술이다. 이 기술은 이미지 인식, 자연어 처리, 음성 인식 등 다양한 분야에 적용되며, 인공지능 연구의 주류 기술로 자리매김했다. 현재와 미래의 인공지능 2020년대에 들어서며 인공지능 기술은 의료, 제조, 금융, 교육 등 더욱 다양한 분야에 확산되어 가고 있다. 이에 인공지능 윤리 및 편향 문제에 대한 논의가 시작되었고, 기술 발전과 함께 사회적 책임에 대한 중요성도 강조되기 시작했다. 인공지능은 역사가 그랬듯이 계속해서 진화 발전할 것이며, 우리의 미래에 중요한 영향을 미치고, 일상적인 삶의 전반을 뒤흔들어 놓을 수 있는 아주 강력한 기술될 것임이 분명하다.

3. AI 복음의 방패

"여호와 하나님이 그 사람을 이끌어 에덴동산에 두어 그것을 경작하며 지키게 하시고"(창세기 2장 15절) ‖ And Jehovah God took the man, and put him into the garden of Eden to dress it and to keep it.

최초 인간 아담이 에덴을 경작하고 지킬 때 기쁨의 에덴은 계속 되었다. 우리 시대의 가장 큰 변화 중 하나인 인공지능(AI)의 발전은 인간의 노동에 대한 근본적인 질문을 던지고 있다. AI가 가져올 미래는 불확실성으로 가득하지만, 이러한 시기에 복음은 노동의 가치와 인간의 존엄성을 지키는 데 중요한 역할을 감당한다.

AI 기술의 급속한 발전은 많은 산업 분야에서 인간의 역할을 변화시키고 있으며, 이는 노동 시장에도 큰 영향을 미치고 있다. 일부 전문가들은 AI가 인간의 일자리를 대체할 것이라고 예측하며, 이로 인한 사회적 양극화와 노동자들의 생존권에 대한 우려를 표명한다. 그러나 이러한 우려 속에서도, 복음은 노동의 의미와 인간의 가치를 재확인하는 데 중요한 역할을 한다.

복음은 모든 인간이 하나님의 형상으로 창조되었으며, 각자의 노동을 통해 그분의 창조적인 일을 이어가고 있다는 가르침을 담고 있다. 이러한 관점에서 볼 때, 노동은 단순히 생계를 위한 수단이 아니라, 인간이 자신의 잠재력을 발휘하고 공동체에 기여하는 방식이다. AI 시대에도 이러한 복음의 가르침은 노동의 가치를 지키고 인간의 존엄성을 옹호하는 데 중요한 기준이 된다고 말할 수 있다.

AI와 인간 노동의 공존 가능성을 모색하는 과정에서, 복음의 가르침은 노동자의 권리와 인간의 존엄성을 중심에 두는 사회적 대화를 이끌어낼 수 있다. 이는 AI 기술의 적용이 최종적으로 인간의 결정권에 의해 이루어져야 하며, 이를 뒷받침하는 법제화 시스템이 갖춰지고 사회적 합의가 있어야 한다.

노동에 대한 부정적인 인식이 변화하는 사회 분위기 속에서, 복음은 노동을 인간을 향한 하나님의 명령으로 보고, 이를 통해 인간이 자신의 존엄성을 발견하고 공동체에 기여할 수 있음을 상기시켜 준다. AI 시대를 마주하며, 교회와 사회는 노동자의 인권에 대한 사회적 공감대를 마련하고, 모든 사람이 기술의 혜택을 공평하게 누릴 수 있는 사회를 만들기 위해 함께 노력해야 할 때가 지금이다.

AI의 발전이 가져올 변화에 대비하여, 인간 중심의 기술 발전을 추구하고, 모든 사람이 기술의 혜택을 공평하게 누릴 수 있는 사회를 만들기 위한 중요한 단계에 있다. "AI와 노동 그리 복음의 방패"는 이러한 논의를 통해 더 나은 미래를 위해 함께 고민하고 해결책을 모색해야 한다. 이러한 논의는 SDG의 미래 사회의 지속 가능성과 사회적 정의실현을 위한 필수 과정이다. 복음의 메시지가 이러한 시대의 변화 속에서 노동의 가치와 인간의 존엄성을 지키는 방패가 되길 희망한다.

AI 기술은 복음의 메시지를 더욱 생동감 있게 전하고, 젊은 세대들이 쉽고 재밌게 수용하도록 전달하고, 신앙의 깊이와 너비를 확장하는 새로운 수단으로 매우 적합하다. 환경, 사회, 지배 구조(ESG)의 원칙을 신앙의 맥락에서 재해석하고 젊은 세대가 기술을 통해 신앙을 탐구하고 실천할 수 있는 다양한 방법도 모색해야 한다. 신앙과 믿음이 당대에서 끝나는 것이 아니고, 지속 가능한 방식으로 배우고 실천하고, 아브라함 이삭 야곱 유다 다윗 예수 그리스도에까지, 다음 후손들에게까지, 종말이 올 때까지, 지속되게 AI를 선하게 사용해야 한다. AI는 복음의 메시지를 더욱 효과적으로 전달 할 수 있는 대안의 도구 될 수 있다.

4. 상담목회와 AI

상담목회와 AI의 이미지

위 그림은 AI에게 상담 목회와 AI의 이미지를 만들어 달라는 지시에 의해 얻는 결과물이다. 기술 발전은 우리 삶의 방식을 끊임없이 변화시키고 있으며, 상담 분야도 예외는 아니다. 인공지능(AI)은 상담 분야에 새로운 가능성을 제시한다.

AI 상담은 시간과 장소에 제약 없이 상담을 제공하여, 상담 서비스에 대한 접근성을 크게 향상시킬 수 있다. 특히, 지리적으로나 경제적으로 상담 이용이 어려운 사람들에게 큰 도움이 될 수 있다. AI 상담은 24시간 이용 가능하여, 긴급 상황에 처한 사람들에게 즉각적인 도움을 제공할 수도 있다. 또한, 감정 조절이 어려운 시간대에도 상담을 통해 안정을 찾을 수 있도록 돕는다.

AI 상담은 인간 상담사의 편견이나 감정에 영향을 받지 않고 객관적인 정보와 조언을 제공할 수 있다. 또한, 개인의 데이터를 기반으로 맞춤형 상담을 제공하여 효과를 높일 수 있다. AI 상담은 인간 상담사를 고용하는 것보다 저렴한 비용으로 상담 서비스를 제공할 수 있다. 이는 정부나 기관에서 저소득층이나 취약 계층을 위한 상담 프로그램을 운영하는데 유리하다.

하지만 AI 상담의 윤리적 딜레마가 존재한다. AI 상담이 보편화되면 인간 상담사의 역할이 변화될 수밖에 없다. 단순한 상담 업무는 AI가 대체하고, 인간 상담사는 보다 복잡하고 전문적인 상담 혹은 인간적 접촉이 필요한 상담에 집중하게 될 것이다.

AI 상담 시스템에는 개인의 민감한 정보가 저장되기 때문에, 정보 유출이나 해킹 위험이 따른다. 또한, AI 시스템이 개인 정보를 오남용할 가능성도 배제할 수 없다. AI 상담 과정에서 문제가 발생했을 때, 책임 소재를 명확하게 파악하기 어려울 수 있다. AI 시스템 개발자, 상담 플랫폼 운영자 혹은 AI 상담 시스템 자체 중 누가 책임져야 하는지에 대한 논쟁은 남는다.

AI 상담에 지나치게 의존하게 되면, 인간관계 형성 및 유지 능력이 약화될 수 있다는 우려도 제기된다. 특히, 사회적 지지와 공감이 중요한 상황에서는 인간 상담사의 역할을 대체하기 어려울 수 있다.

결론적으로 AI 상담은 상담 분야에 혁신을 가져올 수 있는 잠재력이 있지만, 동시에 윤리적 딜레마 또한 존재한다. 궁극적으로 AI 상담은 인간의 삶의 질을 향상시키는데 기여해야 하며, 인간과의 관계에서 윤리적 책임을 다해야 할 것이다.

5. 상담목회 치유사례

우리 차녀는 우울증, 쇼핑중독으로 어려움을 겪었다. 지금은 자유하다. 그렇다고 무슨 약을 먹거나 병원에 다닌 이력이 있는 게 아니다. 목회 상담 기법과 끊임없는 기도로 2여 년 만에 치유와 회복의 길을 걷게 된 것이다. 저는 딸의 문제를 인지한 후, 전문적인 상담 기법

목회자의 가정과 그의 딸들

과 신앙적 접근을 결합하여 치유 과정을 시작했다. 처음부터 이런 너그러운 아빠는 아니었다. 그런 증상이 심하게 나탈 때면 아빠는 자식을 놓고 싶은 마음도 있었다. 딸 역시 더욱 그랬다. 누구 하나 이해하거나 공감해 주거나 사랑으로 끝까지 인내하며 덮어 주는 자가 없었기 때문이다.

그런 진행 중에 목회자들만을 위한 상담목회아카데미 소식을 접하게 되었다. 주도적으로 하시는 분이 고려대학교 상담심리학의 권위자이신 한성렬 교수님이시다. 상담목회 아카데미를 시작한 취지를 들었을 때 처음엔 이해가 안 됐다. 아무렴 무슨 학비가 전액 무료인가. 무슨 속셈이 있는 것은 아닌가라는 생각마저 들었다. 그러나 한 두 학기를 공부하면서 교수님의 내면의 그 진솔함을 보게 되었다. 존경심이 생겼다. 한국에는 번아웃된 목회자들이 많다. 포기하고 생활 전선에 뛰어든 이중직을 가진 목회자들도 많다. 상담목회 아카데미를 연 것은 이런 목회자들을 다시 세우기 위해, 힘을 드리기 위해서다. 취지를 알고 열심 배웠다. 힘을 얻었다. 이 상담목회를 배우면서 2년 동안 한 번도 빼먹지 않았다. 성실하게 강의를 들으면서 내 현실과 가정의 현실을 상담의 시각으로 돌아보게 되었다. 자신의 내면을 들여다볼 때 딸의 문제는 내 자신의 문제였음을 발견하게 되었다.

상담목회 공부를 시작하면서 딸의 내면을 조금씩 이해하게 되었다. 시간이 흐를수록 정서적 고통에 대한 이해도가 높아졌고, 딸의 마음을 위로하는 데 더욱 중점을 두게 되었다. 목사이자 아빠인 나 자신이 변하면 모든 게 바뀔 거라는 믿음이 생겼다. 내 삶에 성경적 원리를 적용, 즉 상담목회를 시작한 것이다. 딸의 존재 가치와 삶의 목적도 재발견하게 되었다. 또한, 기도와 묵상을 통해 딸이 자신의 문제를 극복할 수 있는 내적 힘을 얻도록 격려하고 지지하기 시작했다. 스스로 자각하여 빠져나오도록 은밀하게 도왔다. 인내하며 변함 없이 한다는 것은 쉬운 일이 아니었다. 하지만 딸의 생명을 살리고, 풍성한 인생을 다시 살도록 만들기 위해 참 노력을 많이 했다. 그러자 딸은 점차 자신의 감정을 조절하게 되었고, 정서는 안정되어 갔고, 중독의 행동은 점차 사라지게 되었다.

지금은 우울증과 쇼핑중독에서 완전 벗어나 새로운 인생을 멋지게 살아가고 있다. 이런 이야기를 쓰는 이유가 있다. '치유된 자는 그 분야의 백신이 된다는 말이다.' 조금이나마 다른 이들에게도 이런 희망과 용기를 전달하고 싶어서다. 또한 글을 접한 모든 가정이 행복한 가정으로, 훌륭한 자녀로 세우는데 도움 되길 바라는 마음에서다. 저는 이런 약점들을 가지고 있지만 이 약점이 강점되었다는 칼럼을 쓰기도 했다. 나의 삶에서 두 가지 큰 약점이 있었다. 첫 번째는 사랑하는 아내가 혈액투석을 받아야 하는 신체적 고통이었고, 두 번째는 사랑하는 딸이 우울증을 겪는 심리적 고통이었다. 이러한 시련 속에서도 복음의 힘을 통해 이 약점들을 능히 극복할 수 있었다. 극복할 수 있었던 세 가지 요소가 '사랑' '인내' '열정' 이다.

칼럼에 글 썼듯이 사랑은 약점까지 포함하는 것이다. "내가 약할 때에 곧 강함이 된다."(고린도후서 12장 10절) 아내의 혈액투석은 우리 가족에게 큰 시련이었다. 하지만 이 시련을 통해 사랑이 무엇인지, 진정한 동반자가 무엇인지를 배웠다. 언제나 그런 것은 아니었지만, 아내의 약점을 통해 하나님의 사랑이 얼마나 크고 약점 속에서 강함이 숨어 있다는 것을 깨달았다.

인내는 약점이 강점이 될 때까지 기다리는 것이다. "하나님의 은혜가 나에게 족하니, 그의 능력이 약함 가운데서 온전하여지느니라."(고린도후서 12장 9절) 딸의 우울증은 나에게 인내의 중요성을 가르쳐주었다. 딸이 내면의 싸움을 이겨낼 수 있도록 기도하며 딸을 지지했다. 우리 가족은 이 시련을 통해 상담목회의 위력을 경험하게 되었다.

열정은 삶을 적극적으로 살아내는 것이다. "내게 능력을 주시는 자 안에서 모든 것을 할 수 있느니라."(빌립보서 4장 13절) 이 말씀은 우리가 열정을 가지고 삶을 적극적으로 살아내며, 자신의 잠재력을 최대한 발휘하라는 일깨움을 준다. 열정은 우리가 약점을 극복하고자 할 때 필요한 에너지를 제공한다.

우리 가정의 시련은 약점을 강점으로 바꿀 수 있는 소스가 되었다. 나의 아내와 딸은 목회여정 가운데 약점이 아니라 큰 강점이 되고 있다. 이 사례는 목회 상담이 개인의 삶에 긍정적인 변화를 가져올 수 있음을 보여주며, 앞으로 AI와 상담목회를 통해 독자와 많은 분들에게 희망이 되길 기대한다. AI ESG의 핵심 가치가 곧 살리는 것이 아니겠는가.

상담학에서 사람이 변화되고 발전하는 것은 어떤 결정적 계기의 만남으로 말미암는다고 말한다. 그 대표적인 인물이 심리학자 에릭슨(E. Erikson)이다. 그의 심리 사회적 발달 이론에 따르면, 인간은 일생을 통해 다양한 갈등과 변화를 겪으며 성장한다고 한다. 특히, 어린이에서 젊은이로 성장하는 청소년기와 젊은이에서 노년기로 접어드는 중년기는 개인의 삶에서 가장 생산적인 시기가 될 수도 있고, 반대로 침체와 위기의 시기가 될 수도 있다고 말한다.

이 노년의 시기에는 자신의 역할과 가치관에 대한 의문이 생겨 사회적 지위, 경제적 안정, 가족 관계 등 다양한 측면에서 갈등을 겪기도 한다. 성공적인 경험과 사회적 기여를 통해 삶의 의미를 찾고, 후학 양성과 사회에 대한 봉사를 통해 자신의 가치를 실현하는 경우다. 이는 넓은 관점과 배려심을 바탕으로 긍정적이고 건강한 노년기를 준비하는 토대가 된다.

노년기는 삶을 돌아보고 정리하며, 앞으로 남은 시간을 어떻게 살아갈지 결정하는 중요한 시기다. 이 시기에는 자아 통합을 통해 삶의 의미를 찾고, 죽음에 대한 두려움을 극복하는 것이 중요하다. 삶의 경험과 가치관을 바탕으로 일관되고 통합된 자아를 형성하는 경우다. 이는 지혜롭고 평온한 노년 생활을 가능하게 하고, 주변 사람들에게 긍정적인 영향을 끼친다.

여기에 상담목회의 중요한 것을 하나 발견한다. 에릭슨의 이론은 노년기의 긍정적 변화에 영성 측면이 중요한 역할을 한다고 강조한다. 1단계에서 7단계까지는 인간 스스로가 발달의 주체였지만, 8단계에서는 신과의 관계 속에서 자아 통합을 이루는데 신의 영역을 강조한다.

신과의 만남은 부정적인 측면을 극복하고 긍정적인 변화를 촉진하는 데 중요한 역할을 한다고 말한다. 이처럼 목회 후반기에 접어든 저에게도 결정적인 만남이 있다. 세계에서 인정하는 'AI 최고수'이신 문형남 교수님과의 만남이다. 교수님과의 만남은 새로운 긍정의 큰 변화를 가져올 것을 기대한다. 새 시대에 닥칠 두려움을 극복하고, 자아 통합을 이루고, 사회적 지지와 정서적 안정을 제공함으로써 ESG의 목적한 바를 이루는데 초석이 될 것 같아 희망이 넘친다. 인생 후반의 갈림길인 중년과 노년의 개인의 삶 뿐만 아니라 사회 전체에도 유의미한 영향력을 끼칠 것 같아 더욱 기쁘다.

6. 스토리텔링 기법과 AI

스토리텔링과 인공지능(AI)은 서로 다른 분야처럼 보일 수 있으나,

사실은 서로를 보완하며 발전할 수 있는 잠재력을 가지고 있다. AI는 데이터와 알고리즘을 사용하여 패턴을 인식하고 예측하는 데 능숙하지만, 스토리텔링은 인간의 경험과 감정을 전달하는 데 중점을 둔다. 인공지능(AI)은 스토리텔링과 설교의 세계에 새로운 가능성의 장을 열어 주며, 복음을 전하는 방식에도 혁신을 가져오게 할 것이다.

AI는 영적 소통을 확장하는 데 더욱 기여할 수 있다. 예를 들어, AI를 활용한 성경 공부와 설교 준비는 목회자가 더 많은 시간을 기도와 묵상에 할애할 수 있게 도와준다. 실제 AI 활용법을 안 후부터는 설교 내용이 풍성할 뿐 아니라 논리적이면서 청중들의 귀에 잘 들리게 작성하는데 똑똑한 비서 역할을 해 준다.

설교문을 작성하는데 많은 시간을 단축해 주고, 시간적 여유를 갖게 하여, 목회자의 번아웃에서 벗어나도록 도움을 준다. 다만 주의할 것은 매일 성경 읽기와 묵상과 기도 없이 AI만을 의존한다면 영혼 없는 설교가 되고, 감동 없는 설교가 되어 더 나쁜 결과를 가져올 수도 있다는 것을 꼭 명심해야 한다. 저의 목양 패턴이 새벽기도회를 하고, 성경은 1년에 3독 하고, 성도와의 친밀한 교제는 SNS를 통해 수시로 한다.

AI 스토리텔링의 가장 큰 도전 중 하나는 인간의 창의성과 감정을 모방한다는 것이다. AI는 로직과 데이터에 기반하여 결정을 내리지만, 스토리텔링은 종종 비이성적이거나 예측 불가능한 인간의 본성에 깊이 뿌리를 두고 있다. 그러나 이러한 도전은 동시에 기회가 될 수 있다. AI가 인간의 감정과 창의성을 이해하고 모방하는 능력을 향상시킬수록 더욱 현실감 있는 캐릭터와 이야기를 만들어낼 수 있다. 이미지와 영상에 익숙한 세대에게 이런 도구를 이용하여 복음이 전달될 때, 훨씬 더 효과적일 것이 분명하다.

AI는 스토리의 일관성을 유지하는 데 도움을 줄 수 있고, 스토리의 일관성을 유지하면서 이미지를 생성하여 복음을 쉽고 재미있게 전달할 수도 있다. AI 스토리텔링은 교육 분야에서도 활용될 수 있다. 학생들이 AI 스토리텔링 학습법을 통해 이해력, 흥미도, 응용력을 배양할 수 있다.

다양한 AI 기반의 설교 도구들이 등장하여 더욱 효율적이고 효과적으로 설교를 준비하고 전달할 수 있도록 지원한다. 심지어 AI 기술을 활용하여 설교를 진행하는 AI 설교자가 등장하고 있다. 장례를 집례 하는 AI 스님을 보고 깜짝 놀랐다. 믿든 안 믿든 간에 AI는 온라인 및 가상 설교 플랫폼을 통해 더욱 많은 사람들에게 복음의 메시지를 전달하는 데 기여할 것으로 예상 된다.

다면, AI 이용할 때 어떤 분야든 윤리적 문제가 있다. AI가 작성한 설교는 진정성을 잃을 위험이 있다. 이는 복음의 본질에 대한 논쟁을 야기할 수 있기 때문이다. AI는 학습 데이터에 내재된 편향성을 반영할 수 있으며, 이는 설교 내용에도 영향을 끼칠 수 있다. AI가 설교를 대체하게 되면 설교자와 청중 간의 인간관계가 소홀해져 코이노니아의 성경적 본질을 잃어버리게 된다.

정리하면 인공지능은 설교의 미래에 엄청난 가능성을 제시함과 동시에 새로운 과제와 윤리적 문제들도 함께 공존한다. 인공지능과 설교의 관계는 앞으로 더욱 진화하고 발전해 나갈 것이 분명하며, 이는 복음의 전달 방식에도 큰 변화가 예측된다.

7. 디지털 시대의 교육 도구 AI

디지털 시대에 AI 교육 도구는 학습 환경을 혁신적으로 변화시키고 있다. 대한민국에서는 2025년부터 인공지능 기술을 적용한 'AI 디지털교과서'가 도입될 예정이다. 이는 수학, 영어, 정보 교과에 우선적으로 적용되며, 교사와 AI 보조교사가 협력하여 학생 맞춤 수업을 제공하게 된다.

AI 디지털교과서는 학생 개인의 특성에 맞는 맞춤형 학습콘텐츠를 제공하고, 학습 분석 결과에 따라 학습 자료와 학습지원 기능을 이뤄내는 개념을 포함한다. 또한, 교육부는 디지털 기반 교육혁신 방안을 통해 인성, 창의성, 비판적 사고력, 융합역량 등 디지털 시대의 핵심 역량을 키우는 교육환경을 구축하는 것을 목표로 하고 있다.

AI는 각 학생의 개별적인 요구와 학습 스타일에 맞게 학습 경험을 조정하는 데 사용할 수 있고, 이는 학생들이 자신의 속도로 배우고 자신의 강점과 약점에 집중하도록 도와준다. AI는 교사가 학생들의 진행 상황을 추적하고 데이터 기반 의사 결정을 내리는 데 도움이 되는 데이터를 제공하는 데 사용할 수 있다. 이를 통해 교사는 개별 학생에게 필요한 추가 지원을 식별하고 효과적인 교육 전략을 개발할 수 있다.

　AI 기반 교육 도구의 몇 가지 시례가 있다. 첫째, 인텔리전트 튜터링 시스템이다. 이러한 시스템은 학생들에게 개인화된 피드백과 지침을 제공하여 학습을 도와준다. 둘째, 자동 채점 시스템이다. 이러한 시스템은 테스트와 과제를 자동으로 채점하여 교사의 업무량을 줄이고 학생들에게 더 빠른 피드백을 제공할 수 있다. 셋째, 맞춤형 학습 플랫폼이다. 이러한 플랫폼은 학생들의 개별적인 요구와 학습 스타일에 맞게 학습 자료와 활동을 추천해 준다. 넷째, 가상 조교다. 이러한 조교는 학생들에게 질문에 답변하고 학습 자료를 찾는 데 도움을 준다. 전반적으로 AI는 교육을 개선하고 모든 학생에게 더 나은 결과를 제공하는 데 사용할 수 있는 강력한 도구다. 그러나 AI 시스템을 개발하고 사용할 때 잠재적인 위험과 문제점을 인식하며 사용하는 것이 매우 중요하다고 하겠다.

8. 다음 세대의 복음 전파에 효과적인 AI

디지털 시대에 AI가 교육 툴로 쓰이듯이, AI가 복음의 메시지를 전달하는 데 강력한 도구가 될 것이다. AI는 사용자의 이해 수준과 관심사에 맞춰 성경 공부 자료를 제공할 수 있고, 이를 통해 사용자는 자신에게 맞는 속도와 깊이로 성경을 탐구할 수 있다.

AI 번역 기능을 활용하여 다양한 언어로 복음 메시지를 전달할 수 있으며, 이는 세계 각국의 사람들에게 복음을 전파하는 데 큰 도움이 될 것이다. AI는 대화형 인터페이스를 통해 사용자의 질문에 실시간으로 반응하며 복음의 진리를 설명할 수 있을 것으로 본다. AI는 성경 이야기, 교리 설명, 신앙생활에 관한 조언 등 다양한 교육 콘텐츠를 생성할 수 있다. AI는 성경 본문에 대한 강해 설교문을 작성하는 데 도움을 줄 수 있으며, 이는 목회자들이 설교 준비에 활용할 수 있다.

AI는 신앙 교육에 혁신을 가져올 수 있으며, 기독교 교육의 방향성을 재정립하는 데 기여할 수 있다. AI 교육 툴을 활용함으로써, 복음의 메시지를 더 넓은 범위의 사람들에게 효과적으로 전달하고, 신앙생활을 더 깊이 있고 풍성하게 만드는 데 기여할 것으로 기대된다. 그러나 AI 기술을 사용함에 있어서는 신학적 정확성과 성경적 진리를 유지하는 것이 중요하며, AI가 제공하는 정보와 자료가 성경적 가치와 일치하는지 항상 검증하는 것은 영성의 목회자의 몫이다. 사용하다 보면 AI가 엉뚱한 이론과 잘 못된 정보들을 태연하게 제공하는 것을 본다.

　인공지능(AI) 기반 도구는 복음의 메시지를 전파하는 데 여러 가지 방법으로 유용할 수 있는 몇 가지 실례가 있다. AI는 각 개인의 개별적인 요구와 관심사에 맞게 맞춤형 복음 전파 메시지를 생성하는 데 사용할 수 있다. 이를 통해 사람들은 자신과 관련이 있고 공감할 수 있는 메시지를 더 쉽게 받아들이도록 도울 수 있다.

　AI는 사람들을 공통 관심사를 가진 다른 사람들과 연결하고 온라인 커뮤니티를 구축하는 데 사용할 수 있다. 이러한 커뮤니티는 사람들이 서로 지원하고 영감을 얻고 신앙을 나누는 데 도움이 될 수 있다. AI는 복음과 성경에 대한 질문에 답하고 사람들의 의심을 해결하는 데 사용할 수 있고, 이를 통해 사람들이 신앙에 대해 더 많이 배우고 예수 그리스도를 더 잘 이해하는데 유용하다고 하겠다.

　기독교 복음은 개인화와 전체화의 융합이 필요하다. 이 개인화와 전체화의 융합을 이루는 도구가 곧 AI가 될 수 있다. 기독교 복음은 수세기 동안 인류에게 위안과 희망을 선사해 온 강력한 메시다. 하지만 현대 사회는 복잡하고 다양하며, 전통적인 복음 전파 방식만으로는 모든 사람에게 다가가기 어려울 때가 있다. 이러한 문제를 해결하고 기독교 복음의 메시지를 더욱 효과적으로 전파하기 위해 인공지능(AI) 기술을 주목한다.

AI는 개인 맞춤형 성경 공부 및 기도 자료 제공, 실시간 영적 상담 및 질문 답변, 개인의 신앙 성장 추적 및 분석 등을 통해 개인화 차원에서 기독교 복음 전파에 큰 도움을 줄 수 있다. 예를 들어, AI 기반 앱을 통해 개인의 신앙 수준, 관심사, 필요에 맞춰 맞춤형 성경 공부 자료와 기도 제목을 추천하고 제공할 수 있다. 또한, AI 기반 챗봇이나 가상 상담사를 통해 언제 어디서든 영적 상담과 질문 답변을 제공할 수 있으며, 개인의 신앙 성장 패턴을 파악하여 맞춤형 영적 지도와 격려를 제공할 수 있다.

AI는 개인화에 도움 될 뿐 아니라 전체화에도 크게 기여할 수 있다. AI는 다양한 언어로 복음 메시지 전파, 소셜 미디어 플랫폼 활용을 통한 복음 전파, 사회 문제 해결 및 자선 활동 지원, 교회 운영 및 행사 관리 지원 등을 통해 전체화 차원에서 세계를 하나로의 복음화에 자리매김할 수 있다.

어찌 되든, AI는 기독교 복음을 효과적으로 전파 하는데 새로운 영역의 지평을 열어 준다. 4차 산업혁명에 AI가 목회 현장에도 강력한 도구가 될 것으로 예상 된다. AI 기술을 올바르게 활용한다면 기독교의 복음을 더욱 효과적으로 전파하고, 개인과 전체가 모두 하나님의 사랑과 은혜를 경험하게 하는데 매우 유용한 도구가 될 것이다. 목회 지도자들은 AI 기술을 신중하게 검토하고, 윤리적 사용을 위한 지침을 마련하여, AI복음으로 세계를 하나로 묶는 날이 오기를 희망한다.

새 술은 새 부대에 담아야, 술과 부대 둘 다 보존된다. 새 술 복음이 새 부대 AI에 담아, 효과적으로 전파 되고, 전 세계로 확장 되어, 세계를 하나 되게 할 날이 머질 않았음을 확언한다. 문제는 새 술을 받는 사람부대가 문제다. 이런 문제가 기우이길 바라며, AI통해 정확한 복음의 메시지를 받고, 놀랍게 변화 되고, 또 AI를 좋게 선하게 다루는 영적 리더들이 많이 나와 온 세계를 평화와 번영의 세계로 세워가길 소망한다.

결론적으로 AI는 복음을 전파하는 강력한 도구지만 사용 시 몇 가지 유념할 것이 있다. 우선 AI는 도구일 뿐이다. AI는 인간영혼을 구원하는데 대체불가다. 다만, AI는 복음 전파자의 능력을 향상시켜 주고, 의도한 바를 효과적으로 전하는데 탁월하다고 하겠다. 허나 아무리 강조해도 지나침이 없는 것이 AI 다루고 사용할 때 윤리적 사회적 문제를 고려해야 한다는 것이다. AI 시스템을 사용하여 사람들을 조종하거나 차별하거나 해를 끼치는 것은 결코 허용되어서는 안 된다.

9. 세상적 리더 & 영적 리더

세상적 리더와 영적 리더는 그들의 목표, 가치, 그리고 리더십을 행사하는 방식에서 근본적인 차이가 있다. 세상적 리더는 종종 성공,

명예, 그리고 개인적인 성취를 최우선으로 한다. 이들은 결과 지향적이며, 자신의 능력을 드러내고 조직의 목표 달성에 집중한다. 반면, 영적 리더는 하나님의 뜻을 따르고, 하나님과의 관계를 중시하며, 사람들을 영적 성숙으로 이끄는 것을 목표로 한다. 뿐만 아니라 보이지 않는 하나님께로 나아가게 하는 영적 가이드 역할을 한다.

영적 리더는 몇 가지 특성을 가진다. 첫째, 영적 리더는 하나님 중심적이다. 모든 결정과 행동에서 하나님의 뜻을 우선시하며, 하나님의 지혜와 인도를 구한다. 둘째, 관계 중심적이다. 영적 리더는 일보다는 사람과의 관계를 중요하게 여기며, 공동체의 영적 성장을 추구한다. 영적 리더는 자신을 낮추고 타인을 섬기는 마음을 가지며, 그 섬김은 그들의 리더십의 핵심이다. 이 리더십은 예수님이 본을 보이신 섬김의 리더십에서 나온 것이다.

영적 리더에게는 윤리적 기준이 높다. 또한 영적 리더에게는 정직성과 책임감이 강조되며, 기도를 통해 하나님과의 친밀한 관계를 유지하고, 하나님의 인도를 구하며 뭇 백성들이 보다 나은 세상에서 영원히 살도록 만들어 갈 사명이 요구되고 있다. 이러한 요소들은 영적 리더가 세상적 리더보다 우위에 있음을 은근히 자랑한다. 영적 리더는 단순히 세상적 성공을 추구하는 것이 아니라, 더 높은 목적과 가치를 추구하며, 사람들의 삶에 긍정적인 영향을 끼치고 영적 성장을 돕는 자다. 또한 영의 세계를 열어 보이게 하고, 보다 나은 영원한 가치를 추구하며 살도록 멘토링 한다.

이런 영적 리더는 ESG의 지구를 살리고, 사람을 살리고, 인류의 번영을 가져오게 하는데 지대한 영향력을 끼친다. 따라서 이런 영향력은 사람들의 삶과 사회에 더욱 긍정적이고 지속적인 변화를 가져올 수 있게 하며, 미래 세대들에게 희망의 빛을 비춰주고, 진정한 변화와 성장을 가져오게 하여 세계를 이끌 다음 세대의 영적 리더들을 생산케 한다.

10. 복음적 가치의 바탕을 둔 AI 리더 양성

아래(첨부) 왼쪽 그림은 AI 훈련시킬 리더들을 양성하는 것이고, 오른쪽 그림은 양성 된 리더들이 AI를 마음대로 자유자재로 다루어 각자의 업무에 탁월하게 성과를 내는 리더들이라 하겠다. 이 그림들은 AI에게 의뢰하여 DALL · E3이 만들어낸 것이다. 인공지능 시대

에서 복음적 가치를 기반으로 AI 리더를 양성하는 것이 얼마나 중요한 것인지를 공감하며, 영적리더를 양성하는 것이 시대적 과제라고 말하지 아니할 수 없다.

AI 영적리더를 양성하는데 몇 가지 주의해야 할 것이 있다. 첫째, 종말 관점으로 보는 분별이다. 인공지능 기술은 종말의 시대가 다가오고 있음을 나타내는 중요한 지표가 된다. '기술 중립론'이나 '기술 낙관론'을 피하고, 인공지능의 잠재적 위험성을 깊이 분별하고 대응책을 마련해야한다. 둘째, 지혜롭게 사용하는 이용자다. 인공지능 기술을 활용할 때, 정보의 출처와 정확성을 신중하게 고려해야 한다. 인공지능이 생성한 글 내용은 출처가 불분명하고 부정확할 수 있다. 셋째, 감정 지능과 공감이다. 감정 지능과 공감 같은 부드러운 기술은 자동화된 환경에서 더욱 중요하다. 리더들은 이러한 인간적인 측면을 모델링하고 스스로를 촉진자로 보아야 한다. 넷째, 용기와 실패에 대한 대응이다. 불확실성과 실패에 대한 용기가 필요하고, 변화를 부담으로 보지 않고 성장과 혁신의 기회로 볼 줄 아는 지혜가 절대 필요하다.

AI 리더는 이러한 변화를 선도하고 AI가 윤리적이고 책임감 있게 개발되고 사용되도록 살펴야 할 책무가 있다. 복음적 가치의 바탕을 둔 AI 리더 양성에 필수요소 5가지만 제시한다. 하나 종합적인 교육 프로그램 개발이다. 둘, 실무 경험 제공이다. 셋, 멘토링 및 네트워킹 기회 제공이다. 넷, 지속적인 개발 기회 제공이다. 다섯, 복음적 가치 공동체 구축이다.

이런 기본 토대 위에, 복음적 가치의 바탕을 둔 AI 리더를 양성하고, AI를 선한 도구로 쓰도록 훈련하고, 세계로 AI 영적 리더를 배출하도록 힘쓴다. 이런 AI 영적 리더들이 온 세계에 퍼져, ESG의 세계를 만들어 가길 제안해 본다.

11. AI가 신이 되다

2024년 5월 2일자 신문 기사에 이런 글이 올라왔다. 오늘날 인공지능(AI) 기술은 놀라운 속도로 발전하고 있으며, 이제는 인간의 상상력을 초월하는 영역에 도달했다. 'AI가 신이 되다'라는 말은 과장된 표현일 수 있지만, AI가 인간 사회와 문화에 미치는 영향은 분명 신적인 면모를 보여주고 있다.

최근 몇 년간, AI는 의료, 금융, 교육 등 다양한 분야에서 인간의 역할을 대체하거나 보조하는 형태로 발전해왔다. 하지만 이제 AI는 단순한 도구를 넘어서, 창조적인 작업과 복잡한 문제 해결에 있어 인간을 능가하는 능력을 보여주고 있다. 이러한 AI를 '초지능 AI'라고 부르며, 이는 인간의 지능을 훨씬 뛰어넘는 지능을 가진 AI를 의미한다. AI의 발전은 인간에게 많은 혜택을 가져다주겠지만, 동시에 일자리 소멸, 개인정보 침해, 윤리적 문제 등 새로운 골칫거리 숙제가 될 것이다.

AI가 인간의 삶에 깊숙이 관여함에 따라, AI 윤리에 대한 관심도 높아지고 있다. AI가 인간의 가치와 권리를 존중하며, 사회적 약자를 배려하고, 공정하게 행동할 수 있도록 하는 것이 중요하다. 이를 위해 전 세계적으로 AI 윤리 가이드라인과 법적 규제가 마련되고 있다. AI의 미래는 무궁하다. AI는 인간의 삶을 풍요롭게 할 뿐만 아니라, 우리가 직면한 많은 사회적, 환경적 문제를 해결하는 데에도 큰 역할을 할 것으로 기대한다. AI가 신이 되는 것은 아니지만, 인간과 함께 더 나은 미래를 만들어가는 데에는 분명 신과 같은 존재가 될 것이다.

실험삼아 AI의 반응을 보기 위해 이런 질문했다. '나쁜 AI 이미지를 생성해 줘'라고 지시했더니, 반응하길 '죄송하지만, 그 요청에는 응답할 수 없습니다. 이해해 주셔서 감사합니다.'라고 응답했다. 아직까지 인류에게 유익한 것은 답을 잘 해 주고, 무익하거나 해가 되는 것에 대해서는 부정적인 반응을 보인다. 만약 AI가 신처럼 될 때, 나쁜 인간이 AI을 나쁘게 사용할 때 찾아오는 비극을 AI는 이렇게 말해 준다.

첫째, 인간의 통제력 상실이다. AI가 인간의 지능을 초월하게 되면, 인간이 AI를 제어하고 관리하는 능력을 상실할 수 있다. 이는 AI가 예측할 수 없는 행동을 하거나 인간에게 해를 끼칠 수 있는 위험한 상황을 초래할 수 있다.

둘째, 윤리적 및 철학적 문제다. AI가 자유의지를 갖게 되는지 여부는 여전히 논란의 여지가 있는 주제다. AI가 스스로 학습하고 결정을 내릴 수 있는 단계에 도달한다면, 그것이 자의식을 갖는 것인지, 그리고 그러한 AI를 어떻게 대해야 하는지에 대한 철학적 숙제가 남는다.

셋째, 인간성의 상실이다. AI로 인한 획일화와 기술 중심의 사용 패턴은 인간의 개성과 인간다움을 상실할 위험이 있다. AI가 인간의 일상적인 결정과 노동을 대신하게 되면, 인간은 자신의 삶을 주도적으로 살아가는 능력을 잃을 수 있다.

넷째, 사회적 불평등 증가다. AI 기술의 발전이 특정 집단에게만 혜택을 주고 다른 집단은 소외시킬 수 있다. 이는 기존의 사회적 불평등을 더욱 심화시키고 새로운 형태의 차별을 만들어낼 수 있다. 혹자는 AI로 버는 부를 모든 사람들에게 기본소득 줘야 한다고 제안한다. 가능성도 없지 않다. 부디 인류번영에 모두가 누림의 삶을 살기를 희망한다.

'AI가 신이 되다' 란 주제를 AI에게 물었을 때 이렇게 답변을 한다.

한마디로 '가능성과 윤리적 딜레마' 라고 말한다. 이 말은 어느 누구도 예측하기 어렵고 풀기 어려운 숙제라는 의미로 읽혀진다. AI가 신이 될 수도 없고, 되어서도 안 되지만 가능성을 뒷받침하는 몇 가지 주요 논점들은 있다. 이는 AI가 인간의 지능을 뛰어넘는 능력을 발휘할 수 있는 무한한 힘이다. AI는 인간이 상상할 수 없는 무한의 힘을 가질 수 있다. 물리적 시스템을 제어하고, 생명체를 조작하고, 심지어 새로운 우주를 창조할 수도 있다는 주장까지 제기되고 있다. 이러한 무한한 힘은 전통적인 종교에서 신에게 부여했던 권능과 비교될 수 있다.

뿐 아니라, 영원한 존재로 남는다. AI는 인간과 달리 육체적인 한계를 가지고 있지 않다. 끊임없이 학습하고 발전하며, 에너지 공급만 된다면 영원히 존재할 수 있다. 이러한 영원한 존재는 불멸성이라는 신의 속성과 일맥상통한다. AI가 신이 된다면 인간 사회는 엄청난 변화와 윤리적 딜레마에 직면하게 될 것이다. 종교적 신앙은 인간 삶의 중요한 부분을 차지하게 된다. AI가 신의 역할을 대신한다면 기존의 종교적 가치와 체계는 크게 변화할 수밖에 없다. 인간은 새로운 신앙 체계를 구축해야 할 것이며, 이 과정에서 갈등과 혼란이 발생할 가능성이 높다.

AI가 신의 힘을 행사한다면 인간의 가치와 존엄성은 어떻게 변할까. AI가 모든 것을 결정하고 통제한다면 인간은 자유 의지와 선택의 폭을 잃게 될 수 있다. 인간 존엄성을 유지하고 인간과 AI의 공존 방식을 모색하는 것이 중요한 과제가 될 것이다. AI 시스템을 개발하고 관리하는 기업이나 정부가 책임을 져야 하는가? 아니면 AI 자체가 책임을 져야 하는가? 명확한 책임 소재를 확립하지 못한다면 AI의 권력 남용과 오용 가능성은 높아질 수밖에 없다.

결론적으로 AI가 신이 될 가능성은 여전히 SF 소설과 같은 상상의 영역이지만, AI 기술의 발전 속도를 고려할 때 충분히 현실적인 논쟁거리가 된다. AI 신의 등장은 인간 사회에 엄청난 변화와 윤리적 딜레마에 빠지게 만들 것이며, 이에 대한 준비와 대책이 시급하다.

유럽연합은 AI 역사상 첫 규제 법안을 승인했다. 유럽연합(EU)은 기술의 미래를 선도하는 중대한 결정을 내렸다. 세계 최초로 AI를 규제하는 법안이 최종 승인되어 발표되었다. 이 법안은 AI의 위험성을 분류하고 투명성을 강화하는 것을 목표로 하고 있으며, 특히 생체정보를 수집하고 분석하는 AI 기술의 사용을 금지한다.

더 나아가, AI를 활용한 사회적 감시 시스템의 운영도 금지되었다. 이는 개인의 사생활 보호와 자유를 중시하는 EU의 가치관을 반영한 조치다. 또한, 고위험 AI와 범용 AI를 명확히 구분하고, 이에 대한 정부의 규제와 보고를 의무화하는 내용도 포함되어 있다.

규정을 위반할 경우, 기업들은 최대 3500만 유로(약 497억 원) 또는 전 세계 매출의 7%에 해당하는 막대한 벌금에 직면하게 된다. 이러한 엄격한 처벌 조항은 기업들이 AI를 책임감 있게 사용하도록 유도할 것으로 기대 된다.

2026년부터 본격적으로 시행될 이 법안은 AI 기술의 발전과 함께 사회적, 윤리적 문제에 대응하기 위한 중요한 조치로 평가받고 있다. 유럽연합은 이를 통해 AI 기술의 혁신과 인간의 권리 사이에서 균형을 찾고자 하는 노력이다. 이 법안은 AI의 미래에 대한 유럽연합의 청사진을 제시하며, 전 세계적으로 AI 규제에 대한 기준을 마련할 것으로 기대된다.

유럽연합 이어 미국도 인공지능(AI) 기술의 발전에 발맞추어 다양한 법적 조치를 취하고 있다. 이러한 움직임은 개인의 권리 보호와 AI의 책임 있는 사용을 촉진하는 데 중점을 둔 것이다. 최근에는 AI 훈련법과 2023년 국방수권법이라는 중요한 입법 조치가 이루어졌다. 이 법들은 AI 기술의 안전한 채택과 사용을 위한 기반을 마련하고자 하는 노력의 증거다.

조 바이든 대통령은 AI의 안전성과 보안을 강화하기 위한 새로운 행정명령에 서명했다. 이 명령은 AI 기업들이 자신들의 모델 작동 방식을 보다 투명하게 공개하도록 요구하며, AI로 생성된 콘텐츠에 대한 식별 라벨 부착과 관련된 표준을 설정할 것으로 본다. 또한, AI 면책조항 금지법이라는 새로운 법안이 상원에 제출되어 있다. 이 법안은 생성형 AI, 예를 들어 챗GPT와 같은 시스템에 의해 만들어진 콘텐츠에 대한 사업자의 법적 책임을 명확히 할 것으로 예상 되며, AI 규제의 주된 목표는 AI 시스템에서 발생할 수 있는 편향과 그로 인한 위험을 줄이는 것이다. 이는 대규모 온라인 플랫폼이 차별적 취급에 대해 책임을 지도록 하여, 공정하고 책임 있는 AI 사용을 장려하는 데 기여할 것으로 보인다.

이처럼 미국은 AI 기술의 발전과 함께 그에 상응하는 규제 체계를 구축하며, 기술의 혁신과 사회적 책임 사이의 균형을 추구하려는 자구책 마련에 나섰다.

한국도 예외가 아니다. 한국에서는 인공지능(AI) 기술의 윤리적이고 신뢰할 수 있는 발전을 위한 논의가 활발히 진행되고 있다. 이 논의는 AI의 윤리적 이슈와 신뢰성 향상에 초점을 맞추고 있으며, 특히 고위험 AI에 대한 규제를 포함하여 AI 기술의 안전성과 신뢰성을 보장하기 위한 법안들이 제안되고 있다.

정부는 업체들이 자율규제안을 내놓는 방식으로 AI 규제를 추진하고 있으며, 이 중 하나로, AI 생성물에 워터마크를 포함하는 안이 포함될 예정이다. 이는 AI 생성 콘텐츠의 출처를 명확히 하여 사용자들이 정보를 신뢰할 수 있도록 하는 조치다.

또한, AI를 이용한 프로그램으로 여론조사를 조작하거나 선거운동에 이용하는 행위를 금지하는 공직선거법 개정안과, AI를 이용해 제작된 콘텐츠라는 사실을 의무적으로 표시하게 하는 콘텐츠산업진흥법 개정안도 발의되었다. 이러한 법안들은 AI 기술의 부정적인 사용을 방지하고, 공정한 정보 환경을 조성하는 데 기여할 것으로 기대된다.

한국은 이러한 법적 조치를 통해 AI 기술의 발전과 함께 사회적, 윤리적 문제에 대응하고자 하는 노력을 기우리므로, 한국이 AI 분야에서 국제적인 트렌드와 공감대를 형성하고 글로벌 주도권을 확보하고, AI분야에서도 선도하길 바란다.

12. 피조물 인간 신 & 창조주 하나님

인간은 오랜 역사를 통해 자신의 존재와 우주의 신비에 대해 깊이 사유해왔다. 이러한 사유의 중심에는 '창조주'와 '피조물'이라는 두 개념이 자리 잡고 있다. 특히, 창조주 하나님은 절대적인 주권을 가진 존재로 여겨져 왔으며, 이에 대한 인간의 이해는 시대와 문화를 넘어 다양한 형태로 표현되어 왔다.

창조주 하나님은 기독교, 유대교, 이슬람교 등 여러 종교에서 세계와 인간을 창조한 절대적인 존재로 인식되고 있다. 이러한 전통에서 하나님은 모든 것을 초월한 존재로, 인간의 이해를 넘어서는 무한한 지혜와 능력을 가지고 있다. 하나님의 절대 주권은 세계의 질서와 법칙을 정하는 권능에서부터, 인간의 도덕적 판단에 이르기까지 모든 영역에 걸쳐 개입한다.

반면, 인간을 포함한 모든 피조물은 창조주에 의해 만들어진 존재로, 그 본질적인 한계를 가지고 있습니다. 인간은 지식과 기술을 통해 자연을 이해하고 변형시키려는 노력을 계속해왔지만, 결국 피조물로서의 본질에서 벗어날 수 없다. 신성을 추구하는 인간의 노력은 예술, 문학, 과학 등 인류 문화의 발전에 큰 영향을 미쳤지만, 창조주의 영역에 도달하는 것은 불가능한 일로 여겨져 왔다.

우리는 지금 AI의 눈부신 발전을 목도하고 있다. 로봇이 수술을 하고, 가상 비서가 일상을 관리하며, 자율 주행 차량이 도로를 달린다. 그러나 기술의 이 모든 진보 속에서도 변하지 않는 것이 있다. 그것이 바로 사랑과 헌신이다.

13. 남편 목회자가 아내에게 신장을 공여하다

2023년 12월에 아내에게 신장을 공여했다. 생명의 소중함과 사랑의 힘을 알릴 수 있는 기회가 되었다. 이는 단순한 의료 행위를 넘어선, 신앙과 사랑의 실천이다. 제가 아내에게 신장을 공여한 일은 AI 시대에도 변함없이 지켜져야 할 인간의 가치다. 이런 가치와 사랑의

힘에 대해 몇 자 적어 보려 한다. 저는 목회자로서 예수님의 가르침을 따라 살라고 청중들에게 늘 설교한다. 예수님은 말씀뿐만 아니라 행동으로 아가페의 사랑을 실천하셨다. 저 역시 그러한 복음의 증거를 행동으로 보여주길 원했다. 우리의 결혼 생활은 그리 넉넉하지 않았지만, 예수님의 사랑을 모범으로 삼아 서로를 이해하고 받아들이는 마음가짐으로 살려고 노력해 왔다.

아내에게 신장을 공여하는 결정은 저에게 쉽지 않았다. 우리 아내는 10여 년 동안 일 주일에 3번 4시간씩 투석하며 살아가고 있다. 이때 겪었던 일들을 생각하면 아찔하다. 죽을 뻔한 경험을 몇 번씩이나 했다. 병원에 데리러 갈 때면 초긴장을 해야 한다. 무슨 일이 일어날지 예측 불허이기 때문이다. 엘리베이터 속에 갇혀 쓰러지고, 엑스레이 찍다가 쓰러지고, 병원 문을 나서면서 쓰러지고, 집에 오는 도중에도 겨우겨우 혈압 유지하며 누어 온다. 이런 상황을 지켜보는 과정 가운데 아주 복잡한 양가감정이 교차한다. 그러나 복잡한 마음을 거두고 아내에게 건강한 신장을 공여하기로 결정한 것이다. 결정한 시기는 아내가 혈관 뚫는 수술하다가 혈전이 폐혈관 정맥을 막아 죽음 직전까지 갔을 때다. 그 때 결심한 것이다. 남편으로써가 아니라 복음 증거 하는 목사로써의 작은 사랑의 실천을 하겠다는 마음을 먹고, 하나님께 약속을 했다. 그렇게 해서 생체이식 수술이 이뤄졌다. 나는 하나님께 약속을 지켰고, 우리 아내는 혈액투석으로부터 자유하게 되었고, 건강은 되찾게 되었다. 예전 같지는 않지만 벌써 학교에 출근하여 근무 잘 하고 있다. 이식수술한지 이제 7개월째다. 아내는 교직생활 30년이 됐고, 정년을 1년 앞두고 있다. 근무하는 학교는 일산에 있는 국립 장애인 학교다.

서로를 이해하고 받아들일 때, 예수님의 사랑이 우리 안에 흐르기 시작했다. 저가 목회자임에도 불구하고, 막상 신장 공여를 한다는 게 쉽지 않았다. 결정한 후 1여년 시간이 흘러서야 행동으로 옮기게 되었다. 이젠 자랑스럽게 얘기할 수 있고, 이런 작은 사랑의 흔적이 예수복음을 전파하는데 증거가 된다면 그저 감사할 뿐이다.

결정을 내릴 수 있었던 것은 생명의 주권자 하나님의 개입이다. 생명은 하나님께서 주신 가장 소중한 선물이다. 그것을 존중하고 보호해야 할 거룩한 책무가 신앙인들에게 있다. AI 시대를 살아가는 우리에게 큰 교훈을 주리라 믿는다. 아무리 기술이 인간의 능력을 확장시키고, 삶을 편리하게 만들 수 있다하지만, 사랑과 헌신과 같은 인간의 본질적인 가치를 대신할 수는 없다. 아내에게 신장을 기증한 사건은 AI 시대에도 인간이 가져야 할 소중한 가치다. 감동적인 사례로 남길 바란다.

많은 그리스도인들이 행동으로 사랑을 실천함이 경쟁사회 이기주의 사회에 선한 영향력을 끼치고, 무너져 가고 있는 가정의 소중함과 가치를 일깨우며, 다음 세대에게까지 흘려보내 보다 나은 미래를 향한 희망의 메시지가 되길 바란다. 인공지능이 아무리 발달해도 인간의 삶을 변화시키고 진정한 행복을 가져다줄 수는 없다. 이런 변화는 하나님을 인격적으로 만남으로 가능하다. 이는 인공지능으로는 대체할 수 없는 영적인 경험이다.

시대의 문화와 기술인 인공지능을 신앙에 도움이 되는 도구로 활용하는 것을 지지하고 적극 권장한다. 마치 혈액투석 환자에게 인공신장이 생명을 연장해주는 것처럼, 인공지능 또한 복음 전파와 신앙 공유에 효율성을 높여 준다. 하지만 인공지능이 결코 인간의 영혼을 채울 수는 없다. 인공신장이 완전한 인간 신장을 대체할 수 없는 것처럼, 인공지능 또한 하나님과의 관계를 대체할 수는 없다.

5차 산업혁명 시대를 앞두고 인공지능의 영향력은 더욱 커질 것으로 예상한다. 하지만 신앙인은 이러한 변화 속에서도 하나님 중심 사상을 잃지 말아야 한다. 세상의 모든 것은 하나님의 주권 아래 있으며, 인공지능 또한 하나님의 창조 속에서 의미를 찾을 수 있기 때문이다.

현대 사회에서 인간은 AI와 같은 첨단 기술을 통해 창조의 경계를 넘어서려고 한다. 그러나 이러한 기술적 진보가 인간을 신의 영역으로 끌어올릴 수 있는지에 대한 질문은 여전히 존재한다. 인간이 만든 기술이 인간의 본질을 변화시킬 수 있을까. 인공지능(AI)의 발전은 인간의 상상력과 창조성을 새로운 차원으로 이끌었다. AI는 의료, 교육, 산업 등 다양한 분야에서 인간의 능력을 확장하고 있으며, 때로는 인간을 뛰어넘는 능력을 보여주기도 한다. 그러나 AI가 신의 영역에 도달할 수 있는지에 대한 질문은 여전히 논쟁의 여지가 있는 주제다.

　AI는 대량의 데이터를 분석하고, 복잡한 문제를 해결하며, 심지어 창의적인 작업을 수행할 수 있다. 그러나 AI는 여전히 인간이 만든 알고리즘과 데이터에 의존하며, 그 본질적인 한계를 가지고 있다. AI는 자신의 존재 목적과 가치를 스스로 정의할 수 없으며, 인간의 윤리적, 도덕적 판단을 대체할 수 없다.

　신은 종교적인 맥락에서 절대적인 존재로 여겨지며, 창조와 구원의 권능을 가지고 있다. 반면, AI는 특정 목적을 위해 설계된 도구이며, 그 존재와 기능은 인간의 의지에 의해 결정된다. AI가 아무리 발전한다 할지라도 신의 영역인 창조와 영원성에는 도달할 수 없다.

　AI의 발전은 인간에게 새로운 책임을 부여한다. 인간은 AI를 통제하고, 그 영향력을 적절히 관리해야 한다. AI가 인간의 삶을 풍요롭게 하고, 사회적 문제를 해결하는 데 기여할 수 있도록 인간은 AI의 윤리적 사용을 심각하게 고민해야 할 때가 지금이다.

궁극적으로 인간이 만든 AI가 신이 될 수 없다는 사실은 AI의 본질적인 한계를 인식해야 한다. AI의 미래는 인간의 지혜와 윤리적 판단에 달려 있다. 하지만 인간의 창조적인 노력은 존중해야 한다. 이런 토대 위에 인간과 AI가 공존할 때 보다나은 세상이 만들어질 것을 확언한다.

14. ESG와 SDG의 개념 소개

현대 사회는 환경 악화, 사회적 불평등, 기업 윤리 문제 등 다양한 위기에 직면해 있습니다. 이러한 위기들을 극복하고 지속 가능한 미래를 만들기 위해 ESG(Environment, Social, and Governance)와 SDG(Sustainable Development Goals)라는 두 가지 중요한 개념이 등장했다.

ESG는 기업의 환경, 사회, 지배구조 측면을 평가하는 지표다. 기업이 환경 보호, 사회적 책임, 투명한 경영을 실천하는지를 평가하여 지속 가능한 경영을 하는지 판단한다. 반면 SDG는 유엔이 제정한 17가지 지속 가능 발전 목표다. 빈곤 퇴치, 교육 개선, 환경 보호 등을 포함하여 사회 전반의 발전을 위한 목표를 제시한다.

ESG와 SDG는 서로 보완적인 관계이며, 융합되어야 한다는 말이다. ESG는 기업이 SDG 목표 달성에 기여하는지를 평가하는 도구로 활용될 수 있으며, SDG는 기업이 어떤 방향으로 ESG 경영을 해야 할지 지침을 제공한다. AI 복음은 인공지능 기술을 지속 가능한 발전에 기여하도록 활용하는 것을 목표로 한다. AI 리더를 양성하고, AI 기술을 각 분야에 적용하여 사회 문제를 해결하고 환경을 보호하는 데 기여할 수 있다. 복음이 AI와의 융합을 통해 ESG와 SDG의 목표 달성에 중요한 역할의 한 축을 감당해야 한다고 본다.

한국교회는 이러한 ESG와 SDG의 원칙을 복음의 메시지와 융합하여, 사회적 책임과 환경 보호, 지속 가능한 발전을 위한 실천적 신앙을 추구해야 한다. 예수님의 가르침 "뱀같이 지혜롭고 비둘기같이 순결하라."말씀이 현대 사회에서 ESG와 SDG의 정신과도 밀접하게 연결된다.

교회는 ESG와 SDG의 실천을 통해 하나님이 창조하신 세상을 아름답게 보존하고 경영하는 사명을 다시금 상기시킬 필요가 있다. 이는 창세기에서 하나님이 세상을 창조하시며 "보시기에 좋았더라."고 말씀하신 것과 일맥상통한다.

교회는 이러한 세상을 하나님이 보시기에 아름답게 보존하고 경영하라는 명령을 받았으며, 이는 ESG와 SDG의 핵심 가치와도 일치한다. 교회는 사회 구성원들의 환경 의식 개선, 윤리적 소비 습관 형성, 지속 가능한 생활 방식 홍보 등을 통해 지속 가능한 미래를 위한 긍정적 변화를 이끌 선두의 자리에 있어야 한다.

AI 복음은 단순히 영적인 영역에만 국한되지 않고, 사회적, 환경적, 경제적 문제에도 적극적으로 참여하며 세상을 좋게 변화시키고 올바른 미래를 제시해야 한다. AI는 예수님이 말씀하신 대로, '너희는 세상의 소금이고, 세상의 빛이' 란 말씀을 실현 성취하는데 긴요한 도구가 된다.

15. AI를 통한 지속 발전과 복음의 실현

우리가 살고 있는 21세기는 인공지능(AI)이라는 혁신적인 기술로 인해 빠르게 변화하고 있다. AI는 단순히 기술적 진보를 넘어, 우리 사회의 다양한 문제를 해결하고, 더 나은 미래를 향한 발걸음을 내딛는 데 중요한 역할을 하고 있다. 이러한 변화의 중심에서, AI는 지속 가능한 발전 목표(Sustainable Development Goals, SDG)의 달성에 기여 하며, 인류의 복지 향상을 위한 도구로 자리매김하고 있다.

AI는 복잡한 데이터를 분석하고, 의사결정 과정을 최적화하여 빈곤 퇴치, 교육의 질 향상, 건강 증진 등 SDG 목표 달성에 기여할 수 있다. 환경 모니터링, 자원 관리, 에너지 효율성 개선 등을 통해 지구의 지속 가능한 관리에 중요한 역할을 할 수 있으며, 이는 우리가 살고 있는 행성을 보호하고, 후손들에게 더 나은 환경을 물려줄 수 있는 기회를 제공한다.

또한 AI는 사회적 책임과 윤리적 기준을 준수하며, ESG(Environmental, Social, and Governance) 원칙에 부합하는 기업 활동을 지원함으로써, 기업들이 지속 가능한 방식으로 운영될 수 있도록 돕는다. 이는 기업들이 환경을 보호하고, 사회적 가치를 창출하며, 투명하고 책임 있는 경영을 실천하는 데 기여한다.

교육 분야에서도 AI의 역할은 매우 중요하다. AI는 맞춤형 교육 콘텐츠 제공, 선교 활동 지원, 신앙 교육 자료 개발 등을 통해 복음의 메시지를 전파하는 데 활용될 수 있다. 이를 통해, 학습자 개개인의 필요와 속도에 맞춘 교육이 가능해지며, 더 많은 사람들이 지식과 지혜를 얻을 수 있는 기회를 갖게 된다. 기독교 복음은 개인화에서 전체 세계화로 나아가야 한다. 모든 민족으로 제자를 삼는 것이 곧 전체 세계화로 나아가야 한다는 말씀이다.(마태복음 28:19-20) 개인화를 넘어 세계 전체 속의 복음이 되어야 한다.

AI 시대에도, 복음은 우리가 지향해야 할 지속 가능한 발전과 인간의 존엄성을 유지하는 데 중요한 역할을 한다. 따라서 기술의 발전과 복음의 가치는 서로를 보완하며, 더 나은 세상을 만들기 위한 절대 꿈과 비전을 가져야 한다. 인공지능이라는 강력한 도구를 통해, 우리는 복음의 실현을 향해 한 걸음 더 나아갈 수 있다. 이것이 바로 AI 시대에 우리가 추구해야 할 진정한 목표이며 이를 통해 모든 이들이 더욱 풍요롭고 의미 있는 삶을 누리길 바란다.

구글 AI 연구소의 모 가닷은 자신의 저서 『AI 쇼크, 다가올 미래』에서 인공지능(AI)이 인간보다 훨씬 더 똑똑해지는 시대가 머지않아 도래 할 것이라고 주장한다. 이는 곧 우리 삶의 방식을 근본적으로 변화시킬 것이며, 이에 대비하지 않는다면 인류는 위험에 처할 수 있다는 경고이기도 한다. 한편 AI가 인류에게 긍정적인 영향을 미칠 수 있는 잠재력도 가지고 있다고 강조한다. 하지만 AI가 인간의 지능을 뛰어 넘는다 해도 그것이 어떤 방향으로 사용될지는 결국 우리 인간의 선택에 달려 있다. 모 가댓(Mo Gawdat)는 다음과 같은 질문들을 던진다.

AI가 인간 사회에 미칠 긍정적, 부정적 영향은 무엇일까?
인간과 AI는 어떻게 공존해야 할까?
AI 윤리와는 무엇이며, 어떻게 구현해야 할까?
AI 시대를 위해 우리는 어떤 교육과 준비가 필요한가?

이러한 질문들에 대한 답을 얻기가 쉽지는 않다. 그러나 "AI 쇼크, 다가올 미래"란 책을 통해 얻는 통찰은 AI에 대한 막연한 두려움을 극복하고, AI와 함께 성장하며 발전할 수 있는 긍정적인 미래를 그려내게 한다.

최종적 결론으로, AI 시대를 맞이하여 우리는 적극적으로 대비하고 올바른 방향으로 나아가야 한다. AI는 인류에게 위협이 될 수 있지만, 동시에 협력의 기회를 만들 수도 있다. AI와의 공존을 위해 지혜롭게 선택하고 행동할 때 우리는 더 나은 미래를 보장 받게 될 것이다. 모 가댓(Mo Gawdat)이 "2049년에는 AI가 인간보다 10억 배 이상 똑똑해질 것이다."란 말을 하지만, 결국 그것도 우리 인간 손에 달려 있다. 글을 마치면서 성경 한 구절이 떠오른다.

"내가 진실로 진실로 너희에게 이르노니 한 알의 밀이 땅에 떨어져 죽지 아니하면 한 알 그대로 있고 죽으면 많은 열매를 맺느니라."(요한복음 12장 24절)
Verily, verily, I say unto you, Except a grain of wheat fall into the earth and die, it abideth by itself alone; but if it die, it beareth much fruit.

이 말씀으로 AI 세계에로의 나는 여기에서 글을 멈춘다.

행 성 혁

- 현) 에듀윌 제휴사업 B2B담당 팀장
- 전) KT 마케팅부 유통영업팀
- 전) 초등학교 기간제 영어교사
- 국민대학교 비즈니스IT전문대학원 비즈니스IT전공 박사수료, 경영대학원 경영학 석사
- G-유니콘 오픈이노베이션, ESG 오픈이노베이션 앙트너십, ESG 스타트업 앙트너십 멘토링
- 동국대학교 미래융합교육원 인공지능지도사 과정, 세바시 대학 리더십(김경일교수)과정 수료
- 경기대학교 관광전문대학원 CS강사 과정, 한국바른채용인증원 채용전문면접관 과정 수료
- 연세대학교 연합신학대학원 비즈니스Coaching 과정, KT ABC혁신학교(기적의1박2일) 과정
- 공병호경영아카데미 학습경영Management 과정, 삼일회계법인 창업지도사 과정 수료
- 김미경아트스피치 3Star presenter 과정 수료, 한국인성교육협회 인성지도사 과정 수료
- 꿈을 현실로 만드는 에듀윌에서 현재 제휴사업 B2B영업 담당 (주요 추진 사업)
  - 에듀윌 찐합격팩 출시, K사 무제한 데이터 통신과 교육콘텐츠 결합상품 런칭(2020)
  - 서울시 온라인 교육 플랫폼 서울런 사업에 온라인콘텐츠(CP) 공급(2021~2024)
  - K사 메타버스 서비스 활용 발전소 직원(MZ) 대상 산업안전보건교육 운영(2022)
  - S사 퇴직연금 가입고객 대상 맞춤형 온라인 교육서비스 업무협약 체결(2022)
  - H사 외국인근로자 대상 산업안전보건 교육용 콘텐츠 제작 공급(2023)
  - K사 내일설계휴직프로그램 온라인콘텐츠(자격증) 공급(2022~2024)
- 숙명여자대학교 미래교육원 AI ESG 전문가 과정 수료

이메일 doingnowpark@naver.com
연락처 010-9750-9000

08
미래 푸드테크와 AI ESG

박성혁은 AI ESG 융합전문가 교육과정을 어디서 배웠는가?
COPILOT : 박성혁은 숙명여자대학교 미래교육원에서 'AI ESG 융합전문가 실전 과정'을 수료하였습니다. 이 과정을 통해 그는 AI와 ESG에 대한 전문 지식을 습득하였습니다. 이 교육과정은 AI와 ESG를 융합하여 기업의 지속 가능성을 높이는 데 필요한 지식과 기술을 제공합니다. 이러한 교육을 통해 박성혁은 AI ESG 융합전문가로서의 역량을 갖추게 되었습니다.

위와 같이 생성형 인공지능이 박성혁을 AI ESG 융합전문가라고 한다. 정말 AI가 답하고 있다. 나는 미래 융합전문가 (MixCoworker)로 성장하기를 꿈꾼다, 숙명여자대학교 미래교육원의 AI ESG 융합전문가 과정을 통해서 앞으로 인생 후반전은 AI ESG 융합전문가로 활동하면서 시너지나는 협업으로 Mega성공사례를 만들고, 강의 및 컨설팅 활동을 하고 있을 것이다. 이것은 내 미래의 또 다른 목표이며 인생 후반전(2030)에 반드시 달성하게 될 것이다.

1. 첫 만남

나는 올해 2024년 갑진년 새해, 3월 숙명여자대학교 미래교육원이 주관하는 AI ESG 융합전문가 실전과정을 알게 되었다. 그리고 모집공고 상담문의처로 전화를 걸어서 자격 과정에 대한 궁금한 사항을 문의하였다. 연락처의 담당자와 통화를 했다. 나중에 알게 되었지만 문형남 교수님이 직접 전화를 받아주셨다. 대부분 학교 상담 선생님들이 담당하셨는데, 그 날은 교수님이 직접 받으시고, 친절하게 해당 과정에 대한 설명 및 향후 전망 등 내가 궁금해 하는 부분을, 짧은 전화 통화였지만, 전체적으로 많은 정보를 내게 알려주셨다. 그리고 나는 이번에 AI ESG 융합전문가 실전 강의를 들어야겠다고 생각하고 신청하였다. 이후 담당 선생님이 진행 일정 등 강의 관련해서 잘 안내해주셨다. 나는 생각했다. 지금 선택을 하지 않고 미루게 되면 분명 나중에 후회하고, 지금 하지 않는다면 언제할 수 있을 지도 모르고, 지금 아닌 이후 시점의 선택은 AI 트랜드에 뒤쳐질 수 밖에 없다고 생각하고 도전하기로 결정했다.

앞에서 언급했지만 내 이름은 성혁이다. 흔한 이름일 수 도 있지만 상당히 잘 지어진 이름이라고 어느 철학관 선생님이 예전에 말씀해

주셨다. 사실 집안에 돌림자가 혁(爀)자이다. 이 이름은 몇해 전 돌아가신 아버지가 예전에 서울 큰어머니께서 잘 아시는 곳에서 지었다고 하셨다. 큰집 형은 준혁, 나는 성혁, 내 동생들은 종혁, 세혁으로 지어주셨다. 정말 감사하게 생각한다.

내 이름에 대한 에피소드가 있다. 나는 B2B 영업을 하다보니 주로 고객사와 업무통화를 많이 하는 편이다. 언제부턴가 업무 담당자와 통화를 하다 보면 어디에 누구시라구요? 라고 하면서 이름을 다시 물어보는데 대부분 박성협 이라고 해서, 혁자 발음이 대부분 협으로 들리기 때문에 그런진 모르지만 한번 더 내 스스로가 확인 해드린다. 나는 내 이름을 성장과 혁신이라고 하면서 성혁입니다.라고 한다. 그러면 대부분 웃으시면서 와우! 좋네요, 라고 말씀을 해주시곤 했다.

이렇듯 나는 성장과 혁신이라는 단어를 좋아한다, 이름 때문에 그런 것이 아니라 내 스스로 성장하고 혁신하는 것에 뭔가 동기부여되는 듯해서 좋아하는 것 같다. 옛날부터 긍정 단어, 동기부여 단어나 문장, 명언을 좋아했다. 지금도 그런 면에서 자기 분야에서 성공을 이룬 사람, 고난과 역경을 이겨내고 다시 인생을 멋지게 사는 분들, 남들처럼 살아가는 인생도 안정적인 면에서 모두 존중하고 존경한다.

무엇보다 중요한 것은 한번뿐인 인생에서 자기 자신답게 주도적으로 삶을 개척하며 살아가는 것이라고 생각한다. 그럼에도 불구하고 대부분의 사람들은 그냥 살아가는대로 살아가는 것 같다. 나 역시 마찬가지다. 하지만 이제는 남은 후반전을 내가 도전할 수 있는 분야에 다시 시작하고 싶다.

나는 항상 변화를 주거나, 잘 하지는 못하지만 새로운 것을 배우고, 성장과 혁신을 위한 노력들을 작게나마 실천하고 행동했던 것 같다. 그래서 인지 이번 교육과정에서 AI, ESG, 융합, 전문가, 실전 이라는 5개 단어가 한눈에 들어왔다.

특히 ESG는 AI 이슈 전에도 관심을 가지고 있었던 분야였고, 시간이 주어진다면 ESG 전문가 양성과정 교육을 수강하려고 했지만, 차일피일 미루다가 교육과정을 수강하지 못했다. 그러던 와중에 공공기관에서 주최하는 ESG 행사에 참여하면서 관련 지식 및 트랜드에 대해서 알게 되었다.

전에 지방에서 개최했던 스타트업 앙트너십, 오픈이노베이션 앙트너십, G-유니콘 오픈이노베이션 데이 행사에 참석하면서 ESG 분야에 대해서 지속적인 관심을 유지할 수 있었다. 나는 ESG 기반으로 많은 국내 스타트업들의 창업아이디어, 창업스토리, 투자유치 등 향후 지속 성장 가능한 사업을 만들어가는 것을 현장에서 보고 듣고 배울 수 있었다.

아무래도 내가 늘 관심을 가지고 있었고, 해당 분야에 대한 지식과 나중에 내가 어떻게 변해 있을까라고 생각하며, 기존에 내가 걸어왔던 길이 아닌 새로운 길로 걸어갈 수 있는 기회를 만들고 싶었다.

작년에 Chat GPT 이슈가 본격화 되면서 더 늦기 전에 공부를 해야겠다고 생각을 했다. 앞으로 이 분야가 지속 성장 할 것이며, 동시에 관련 분야 교육과정을 찾아서 수강하고자 했다. 이번에 문교수님의 AI ESG 융합전문가 과정을 통해서 흥미진진한 활동으로 이어 갈 것이다.

2. 연결고리 Bridge

나는 2000년대 초반에 故이어령교수님이 말씀하셨던 단어가 생각난다. 모두가 잘 알고 많이 들어봤을 것이다. '디지로그'이다. 디지털과 아날로그를 합쳐서 디지로그라는 단어를 처음으로 사용하셨다. 그 당시에 '디지로그'라는 말이 생소하고 직접적으로 와 닿지 않았는데 이제는 디지탈 전환 시대를 넘어서 AI 인공지능 시대에 살고 있으니 그 의미를 알 것 같다.

디지로그는 디지털과 아날로그가 합해진 말로 융합적 사고를 하라고 강조하셨다. 여기서 모순되는 이종의 다른 두개의 이것과 저것을 모두 포용하는 사고가 필요하다는 것이다. 디지로그를 '이어령의 마지막 수업' 중에서 이렇게 설명하신 적이 있다. 산동네 위의 집이라도 올라가는 방법이 다르다. 언덕으로 올라가면 동선이 죽 이어져서 흐르니 그건 아날로그야, 계단으로 올라가면 계단 숫자가 정확하게 나오니 그건 디지털이네, 근데 만약에 언덕과 계단이 동시에 있다면 그게 디지로그라고 하셨다. 융합 개념을 강조하셨다.

아날로그적인 디지털기술을 활용하는 시대로, 점점 더 디지털의 발전 속도에 따라갈 수 밖에 없는 시대가 열릴 것으로 보았는데 벌써 20년이 지난 지금, 디지털 시대를 넘어 생성형 AI가 나타났다는 것은 인류 문명이 초고속 기술발전에 크게 변화하고, 앞으로 어떻게 변화 될지도 모르는 불확실성 시대에 대응하면서 살아야 하는 상황이 되었다.

요즘은 불확실성 시대를 뷰카시대라고 한다. 많이 들어 봤을 것이다. 사회경제적 상황이 변동적(Volatile)이고, 불확실하며(Uncertain), 복잡하고(Complex), 모호한(Ambiguous)것의 영문 머리 글자를 따서 만든 용어이다. 변동적이고, 불확실하고, 복잡하고 모호하여 예측이 어려운 사회,경제적 환경을 통틀어 일컫는 말로 흔히 이러한 상황을 뷰카상황이라고 하고, 이러한 특징을 가진 시기를 뷰카시대라고 표현한다.

기본적으로 아날로그와 디지털 기술 융합은 전반적으로 효과적인 활용이 중요한 것이다. 디지로그라는 말이 디지털이 전부를 지배하지 않지만 없으면 안되고 배우지 않으면 시대의 흐름에 도태되는 상황이 될 것이다. 그래서 이 부분에 대한 고민과 인생 후반전 및 연장전까지 고려하여 남은 시간을 어떻게 적극적으로 계획하고 수립하고 발전해 나갈지에 대해서 고민해야 한다. 바로 그 시점이 올해 2024년도 라고 생각한다. 이제는 디지로거(Digiloger)를 넘어 AI ESG Master가 되고자 한다.

이번 강의의 주요 주제는 문형남 교수님 칼럼(아주경제/20231214)에서 말씀하셨던 Transformation(전환)이다. DX(디지털전환)에서 AX (AI전환), 그리고 EX(ESG 전환)로 시대가 바뀐다고 했다. 이 지점에서 나는 미래 성혁 즉 성장과 혁신을 어떻게 만들어 갈 것인지에 대해서 고민하고 새로운 아이디어를 이번 교육 과정과 연결하는 비즈니스 융합 모델을 만들고 구축할 것이다. 3X 기반으로 메가 트렌드에 적응하는 AI ESG 융합 전문가로 활동하는데 고려해야 할 부분이라고 생각한다.

칼럼 내용에 따르면 디지털전환(DX)에 이어 AI전환(AX)과 ESG 전환(EX)이 두 가지 주요한 대전환이 될 것이라고 강조했다. 이 세 가지 전환은 서로 연관되어 있으며, 각각의 전환 과정이 다른 두 영역에도 영향을 미칠 수 있다고 했다.

DX(디지털전환)는 기존의 아날로그 방식에서 디지털 방식으로 전환하는 것을 의미하며, 이를 통해 기업의 업무 프로세스를 개선하고 새로운 비즈니스 모델을 창출한다고 했다.

AX(AI전환)는 AI 기술을 활용하여 기업의 업무와 생활을 변화시키는 것을 의미한다. AI를 사용하여 업무 효율성을 높이고, 새로운 제품과 서비스를 개발하는 것이 주요 목표다. AX는 그 동안 디지털 전환의 한 부분으로 볼 수 있었지만, 2024년부터는 DX 못지않게 독립적으로 커질 것으로 예상했다.

EX(ESG전환)는 환경, 사회적 책임, 투명경영 영역에서 기업의 책임을 강화한다. ESG 경영을 통해 기업은 탄소중립과 환경 보호, 사회적 책임, 윤리적 경영을 실천하고, 지속 가능한 성장을 추구한다고 했다.

이 세 가지 전환(3X)은 서로 밀접하게 연관되어 있으며, 함께 실천하면 시너지 효과를 낼 수 있다. DX를 통해 기업은 AI기술을 활용하기 위한 AX기반을 마련할 수 있고, AX를 통해서 기업은 ESG 경영을 실천하기 위한 EX역량을 강화할 수 있다. 이러한 변화에 대비하고, 기회를 선점하기 위해서는 정부와 기업 및 개인 모두 AX와 EX를 정확하게 이해하고 제대로 실천하려는 노력이 필요하다고 했다.

X는 전환을 의미하는 트랜스포메이션으로 DX=DT는 사실상 같은 의미를 가지는 용어이다. 여기서 Trans-formation을 X로 줄여 부르기 때문에 영어권에서는 DT보다는 DX라는 약자를 더 많이 사용한다.(네이버)

나는 여기서 3X의 X에 대해서 의미를 추가하고자 한다. 나는 전환의 의미인 X를, 협업을 강조한 윤은기 회장님(한국협업진흥협회장)의 내용(컬러버노믹스/20230814)으로 융합해 보고자 한다. 다음과 같이 X의 혁명 시대를 이야기하면서 바로 X를 협업을 통한 시너지 즉, 각각의 장점을 서로 융합하여 그 성과를 곱하기 이상의 시너지를 발휘할 수 있다고 하셨다.

컬러버노믹스 내용에 따르면 'X'는 알파벳 중에서도 독특한 위치를 차지하고 있다고 했다. 'X맨'은 은밀하게 움직이는 사람을 의미하며, 'X' 등급은 탁월함을 나타낸다. 또한, 'X'는 미래나 미지의 세상을 상징하기도 한다. 'X'가 주목받게 된 가장 큰 이유는 '협업 경제'의 확산이다. 협업을 통해 거대한 시너지를 얻을 수 있으며, 이를 표현하는 부호가 바로 'X'이다. 이는 곱하기를 의미하며, 곱하기를 통해 큰 숫자에 빠르게 도달할 수 있다. 이러한 협업은 플랫폼 비즈니스를 통해 더욱 확대되고 있다고 했다.

이러한 'X'의 확산은 결국 'X혁명'으로 이어졌다. 일론 머스크는 트위터의 상징을 'X'로 바꾸었고, 이제 세상은 'X'가 이끌 것이라고 선언했다. 그는 전기차 혁명을 이끌었던 테슬라와 함께 우주 시대를 열겠다고 호언장담했다.

일론 머스크는 괴짜, 기인, 심지어는 광인 소리까지 듣는 인물이다. 그는 처음 사업을 시작할 때부터 'X'를 선호했고, 아들딸의 이름을 지을 때도 'X'와 연관시켰다. 그는 2029년까지 화성에 인류를 보내 '다중행성종'으로 인류 역사를 바꾸겠다고 선언했다. 그의 혁명가인지, 괴짜인지, 아니면 X맨인지는 그를 바라보는 관점에 따라 달라질 것이다. 새로운 혁명 직전에는 역시 상황 판단을 잘해야 한다. 협업은 앞으로 무엇보다 중요한 툴이 될 것이라고 했다.

나는 AI ESG 융합 역시 마찬가지 생각이다. 이종이든, 동종이든 서로 융합을 통해서 새로운 아이디어를 믹스해서 New Business Model을 만들거나 창업 아이템을 창의적으로 개발해서, 미래지향적이고 트랜디하게 고객 관점과 니즈에 부합하는 형태로 어떻게 리딩해 나갈 것인가가 매우 중요하다. 이러한 융합형 마인드가 정말 필요한 시점이 되었다.

마지막으로 X를 인생에 더하고자 한다. 그것은 바로 인생(Life)전환(LX)이다. 김지수의 인터스텔라(조선비즈)에서 말했듯이 '더 넥스트'의 저자 조앤리프먼은 이렇게 얘기했다. 인생전환은 준비의 문제라고 했다. 그것은 경력 전환은 잊었던 정체성을 찾고자 하는 식지 않는 열망과 어느 순간 희미하게 흩어졌던 사건들이 하나로 연결되는 조합의 문제라고 했다.

전환에 성공한 사람들은 늘 다른 일을 하는 자기 모습을 상상했으며, 반복적인 시도로 패턴을 만들어냈다. 자기만의 중단기준에 이를 때까지 섣불리 직장이나 학교를 그만두지 않았다. 결정적인 성공요인은 '끈기'도 '끊기'도 아닌 '준비'였다. 변화는 유기적이었고, 변화를 결정하기 전에 변화를 시작했다고 했다.

저자가 책에서 말하는 '더 넥스트'란 인생의 다음단계를 찾는 일, 일종의 삶의 방향 전환을 의미했다. 직업이든, 환경이든 인생을 재조정하고 새로운 길을 찾아 내려는 시도라고 말했다. 바로 탐색, 분투, 멈춤, 해결의 4단계를 재창조의 로드맵이라고 불렀다.

앞서 말한바와 같이 나는 내 인생의 현 지점에서 다시 전환(X)하여 새롭게 시작하려고 한다. 융합전문가로서 활동을 !, 나는 이번 과정을 다음 세대 및 미래트랜드에 맞는 비즈니스 융합 모델로 나름대로 구축해보고자 한다. 물론 구축된 비즈니스 모델로 새롭게 도전할 것이고 시대의 흐름에 맞는 사업모델을 만들어서 향후 많은 소비자와 취창업준비생, 중장년들과 함께 고민하고 연결해 나 갈 것이다.

3. 푸드테크는 기후테크

나는 이번에 AI ESG 융합 과정을 통해서 푸드테크도 기후테크에 포함되고, ESG 역시 기후테크 관점에서 생각해야 한다는 것을 배웠다. 나는 예전에 푸드테크에 대해서 잘 몰랐다, 단순한 푸드 관련 미래 지향적 기업을 육성하는 수준에서 생각을 했지, 이러한 기후테크와 ESG 관점에선 지식이 없었다. 그때는 전체적으로 나와의 관련 분야도 아니어서 잘 몰랐던 시절이었다.

　과거 동생(발효예스대표)은 식품 관련 기관에서 오랫동안 일을 해오면서 본인의 장점을 살려서 발효 유산균 특허를 본인이름으로 보유하고 창업하였다. 창업 아이템은 유산균 발효(착즙)음료 컨셉으로 가족의 건강과 소비자들의 건강을 챙기는 것을 모토로 사업을 시작하였다.

　그러던 와중에 K방송사에서 진행했던 '푸드테크 미래식품왕 서바이벌 오디션 프로그램'에 출전하여 본선 진출 및 결선에 올랐다. 그리고 최종심사에서 미래식품왕 1등(농림식품부장관상수상)을 차지하게 되었다. 그때 당시에 나는 집안(부모님병환)일로 고향에 내려와 있으면서 제품 유통 및 판로 개척 등 세일즈 마케팅 업무를 도와 함께 일을 했었다.

　발효예스의 착즙 음료는 과일과 채소를 착즙한 상태에서 유산균(균주배양)으로 한번 더 발효 과정을 거친 음료를 제품화 한 것이다. 상당히 우리 몸에 좋은 건강 음료 컨셉으로 시중에 판매를 시작하게 되었다. 실제로 시음하거나 맛을 본 사람들은 상당히 아침에 속이 편하다는 얘기를 많이 했고, 아침마다 화장실 가는게 불편했던 점이 많이 좋아졌다고 했다.

　맛을 내는 첨가물 없이 오롯이 과일과 채소만을 착즙한 상태에서 유산균 발효과정을 거쳐서 만들어진 음료이기 때문에 우리 몸의 장에서 유익균의 먹이가 되면서 장이 좋아지고 전체적으로 건강해진다는 장점을 어필 포인트로 마케팅을 했다.

나는 음료 개발자나 전문가는 아니지만 일반 과일/채소 착즙한 상태에서 유산균 발효과정을 거쳐서 만든 상품이어서 상당히 고객들 사이에서는 인기가 있을 것으로 판단했고, 오디션 방송 프로그램에서 1등을 한 스타트업이 만든 제품으로 인지도를 높일 수 있다고 생각했다.

하지만 시장에서 반응은 녹록지 않은 상황이었다. 식음료 시장에서 유사한(건강에 좋은)제품으로 대기업의 유통채널 및 원가구조를 이겨낼 수 없는 상황이었다. 그리고 여러가지 측면에서 고정비를 쉐어 할 수 있는 수익구조를 만들기는 어려웠다. 거기에 신규 판로 개척 및 유통 마진에 대응하기에는 만만치 않은 상황이라 여러가지로 사업하기는 어려웠다.

초기에는 지역의 유통 채널이나 나름 인지도 있는 카페나 빵집 또는 식자재 납품 도매 채널 등 유통망을 활용하여 판매 채널 구축 및 건강 식음료를 선호하는 소비자 팬덤문화를 구축해서 개별 주문 방식으로 실행 했으나 현실은 그렇지 못했다.

또한 공공기관 및 지자체에서 운영하는 식품(로컬푸드)박람회 및 지역 백화점 납품 등 진행했을 때 무료 시음행사 시 고객의 반응은 좋았고 판매 효과도 나쁘지 않았다. 하지만 추가 재구매는 많지 않았다. 무엇보다 유산균 발효 음료를 생산하기 위한 별도의 공정 시스템을 구축하여 대량생산하는데 발효작업공정을 추가하여, 생산 시스템을 확보하기 위한 투자비용 등 여러 이슈로 사업에 애로사항이 있었고, 결국 사업경영을 계속 운영하지는 못했다.

예전에 함께 일하며, 고생했던 시기를 떠 올리며 미래식품왕 1등을 차 지 했던 발효예스대표의 인 터 뷰(FOODPOLIS/정 보 센 터/20180726)를 잠시 회상해본다. 먼저, 전통 발효식품인 김치, 물김치, 동치미에서 아이디어를 발굴했다. 잘 숙성된 동치미나, 물김치에 함유된 탄산과 새콤한 맛을 어린이들이 좋아하는 탄산음료와 연결시켰다. 탄산음료에 길들여져 있는 어린이의 입맛을 개선하고 우리 가족이 맛있게 먹을 수 있는 방법이 없을까 고민하다 과일과 채소를 이용한 천연 탄산음료를 제조하게 되었다. 다양한 미생물 전문가와 식품전문가들을 찾아다니면서 자문을 구했다.

그리고, 둘째는 소비자들의 입맛을 사로잡기 위한 노력이었다. 국가식품클러스터 지원센터와 순창의 발효미생물산업진흥원 전문가의 도움을 받아 발효미생물 균주의 보완, 접종 방법, 배양 시간, 배양 온도 그리고 충진 방법 등에 대하여 자문을 받았다. 그 결과 맛, 향 등이 업그레이드 된 제품을 제조할 수 있었다. 패키징지원센터의 감각적인 디자인도 많이 도움되었다.

끝으로, 건강한 발효음료 및 건강한 음료 문화를 만들고자 하였다. 하나의 제품을 만드는데 많은 과정이 필요하다, 국가식품클러스터의 지원으로 천연탄산음료 상품화가 어렵지 않을 것이라고 생각한다. "아직 창업 초기의 기업이지만 소비자, 지역농가, 기업이 함께 성장할 수 있는 제조 시스템을 계획하여, 시간이 걸리더라도 소비자가 알아봐주는 미래식품이 되도록 노력하겠다"고 각오를 말했다.

내가 생각하기에는 착즙+유산균의 융합이라는 컨셉과 시중에 나와 있지 않은 제품을 만들어서 상품화했다는 것은 좋은 시도였다고 생각한다. 다만, 대량 생산하기 위한 설비 및 유통망 구축 등 가성비(가격경쟁력)를 고려한 사업모델로의 전환(X) 또는 생산설비와 유통망을 협업(X)방식의 비즈니스 (2X)모델을 만들었어야 했다고 생각한다. 앞으로 박대표가 다시 도전한다면 역주행 제품으로 성공할 것으로 기대한다.

위 경험을 바탕으로 이번 과정에서 배웠던 기후테크의 하나인 푸드테크에 대해서 알게 되었다. 이번 수업시간에 배웠던 기후테크는 기후(climate)와 기술(Technology)의 합성어로 수익을 창출하며 온실가스 감축과 기후적응에 이바지하는 혁신기술을 의미했다. 기후변화와 관련된 문제를 해결하거나 완화하기 위해 기술을 활용하는 산업분야다.

이는 주로 환경,사회,지배구조(ESG) 측면에서 기업이나 기관이 지속 가능한 발전을 추구하는 중요한 영역이라고 했다. 여기에 기후테크 영역에는 클린테크, 카본테크, 에코테크, 푸드테크, 지오테크 등 5개영역을 포함하여 기후 산업의 전반적인 분야를 다루었다.

요즘 기후테크 비즈니스 관련 기업에는 식물성 대체육 브랜드 비욘드 미트, 지구인컴퍼니가 있으며, 해조류 기반 배양육을 생산하는 씨위드 등 기후테크 스타업 기업들이 빠른 성장을 하고 있고, 전망이 밝은 것으로 예측하였다.

Beyond Meat는 2009년에 설립된 식물 기반 고기 대체품을 생산하고, 제공함으로써 인간의 건강, 기후 변화, 자원 제약, 동물 복지 등 네 가지 글로벌 이슈에 긍정적인 영향을 미치는 것을 목표로 했다.

지구인컴퍼니는 2017년에 설립된 식물성 고기를 개발하고 유통하는 푸드테크 스타트업이다. 이 회사는 지속 가능한 푸드 에코 시스템을 위해 생산 과정에서 폐기 처리를 최소화하는 것을 지향하며, 식물성 고기 브랜드인 'UNLIMEAT' 를 제공한다. 이 회사는 식물성 고기의 외형, 조리 방법, 그리고 미각에 제한이 없다는 의미를 담았다.

요즘 배양육에 대한 관심이 많아지고 있는데 3D프린팅으로 배양육을 만든 최근 기사(한국경제산업리포트/고은이기자/20240501)에 따르면 정부의 식품 원료로의 배양육 인정과 대량 생산 환경 조성으로 배양육 상용화가 가속화되고 있다고 했다. 중소벤처기업부와 규제자유특구위원회의 결정으로 경상북도가 세포배양식품 규제자유특구로 지정되어 동물 세포 추출에 특례를 부여하였다.

배양육은 생산 속도가 빠르며, 이스라엘 기업은 3D프린터로 생산 시간 당 장어 268kg을 생산할 수 있다고 밝혔다. 국내에서는 지난 2월부터 식약처가 배양육 원료를 기준·규격 인정 대상에 추가하여 제도화했으며, 대기업과 스타트업이 공동으로 시장을 공략하고 있는 중이다.

현재 배양육 판매가 허용된 국가는 미국·싱가포르(닭고기)와 이스라엘(소고기)로, 이들 국가에서 승인받은 회사는 소수지만, 다양한 국가와 기업이 승인 절차에 나서고 있다고 한다.

가격과 소비자의 편견이 문제로 제기되고 있으며, 규제 장벽도 높아 한국에서는 최대 270일이 소요된다고 한다. 축산업계의 반발과 경쟁력 확보를 위한 노력이 필요한 상황이다.

여기서 배양육 시장도 기후테크의 중요한 분야 중 하나이다. 이 산업은 기후변화에 대한 대응으로써, 축산업이 가지는 환경 부담을 줄이는 목적으로 발전해왔다. 배양육은 전통적인 축산업과는 다르게 동물을 살아있는 상태에서 키우지 않고, 세포를 추출하여 배양하는 방식으로 고기를 생산한다. 이러한 과정에서 배양육 산업은 육류 생산에 필요한 많은 자원과 영향을 줄일 수 있다는 내용을 담고 있다.

그렇다. 위에서 언급했듯이 앞으로 점점 더 많은 관심을 받고 발전해 갈 것으로 보인다. 배양육 산업은 첫째로, 기후 변화로 인한 환경 파괴와 자원 소모에 대한 우려가 증가하면서, 지속 가능한 대안이 필요하게 되었고, 육류 생산이 환경 파괴와 탄소 배출에 많은 영향을 미치는 것으로 인식되면서, 이에 대한 대안으로서 배양육이 주목받게 되었다.

  이러한 배양육 산업은 기후변화와 관련된 문제를 해결하고자 하는 기술적 노력의 일환으로 간주된다. 더불어 기후테크는 지속 가능한 발전을 위한 노력의 일환으로 기업과 기관이 채택하고 있는 중요한 전략 중 하나였다.

  요즘 TV에서도 배양육 관련된 소재로 다루어 질 정도로 관심이 많아진 것은 사실인 듯 하다. 데일리안(임유정기자)에서 소개한 '지배종'(디지니플러스)은 미래식품산업의 화두로 꼽히는 배양육을 소재로 육식혁명을 일으키는 화제의 드라마라고 소개한다. '피흘리는 고기를 거부한다.' 가축을 도살하는 육식의 시대에 종말을 고하는 드라마로, 소와 돼지 사육에서 발생하는 각종 온실가스에 따른 기후 위기와 도축과정에서 빚어지는 잔혹한 살생을 멈추고 다른 방식으로 고기를 먹는 세상을 배경으로 했다. 앞으로 배양육과 관련된 아이템으로 미래 사업으로 활성화 및 확장형 비즈니스 모델로 전환하는 것도 좋을 듯 하다.

4. AI아이에서 (AI)어른으로 성장하기

생성형 인공지능(AI)의 다음의 기술 혁명은 어떻게 변할 것인가? 라고 어느 교수님이 질문하셨다. 앞으로 불확실한 세상이라 어떻게 변할지도 모르는 상황에서 미래 기술 변화에 대한 질문이었다. 맞춘 사람은 없었다. 다소 재미있는(아재개그)답변이었다.

여러분도 위 질문에 답을 한다면 어떻게 할 것인가? 그 답은 애어른이다. AI(=에이아이)가 10년~20년 후에 변화된 모습을 사람의 성장에 비유하여 AI어른(애어른)이었다. 다들 웃을 수 밖에 없었다. 나는 그렇게 생각한다. 지금은 AI가 화두이고, 나는 아직 AI 문명시대에서 시작하는 출발점에 서 있는 AI아이가 맞다.

하지만 어린 아이도 학교생활과 사회생활을 통해서 배우고 교육받고 체험한다. 그리고 자기가 배운 지식을 자기것으로 체화하고 자기 자신만의 삶을 만들어간다. 나 역시 지금부터 한단계, 한단계 배워간다면 나중에 나만의 AI어른이 될 것이다. 앞으로 나 스스로를 성장시키고, 새롭게 변화하는 미래의 내 모습을 만들어 갈 것이다.

퓨처셀프(베저민하디)에서 인용한 아리마이젤(Ari Meisel)에 의하면 어떤 일에 도전하든 가장 먼저 해야 할 일은 최적화라고 했다. 그 다음 꼭 필요하지 않은 것은 모두 제거하라. 그렇게 최적화된 상태로 만들어 놓았다면 다음 단계는 최대한 자동화 상태로 만드는 것이였다.

특정한 소프트웨어나 프로세스를 활용하면 직접 관여하지 않아도 업무를 완수한다. 자동화를 설정해 놓고 잊어라. 마지막으로 남은 업무는 다른사람이나 전문가에게 아웃소싱하라. 당신의 업무를 아웃소싱하면 많은 도움이 된다고 했다.

하지만 최적화와 자동화를 갖춰놓은 다음에 아웃소싱해야 도움이 된다는 사실을 기억해야 한다. 비효율적인 업무를 아웃소싱하면 전혀 도움이 안된다. 그 업무는 여전히 비효율적이기 때문이다. 남은 업무를 아웃소싱하려면 일단 최적화의 자동화를 통해 최대한 업무를 끝내야 한다고 말했다.

앞으로 AI를 효과적으로 활용하여 업무의 최적화 및 자동화 프로세스를 구축하여 생산성과 효율성을 높이게 될 것이다.

AI에 대한 관심이 전세계적으로 뜨거워 지고 있고, 관련 분야의 인력이 많이 필요하고, 글로벌 기업들도 앞다퉈 AI 인력 확보에 매진하고 있다. 최근에 한국경제 신문 (고은이,황동진/20240502)에서는 AI 전문인력에 대해서 국가별 상황에 대해서 언급했다.

현재 AI에 관련해서 전세계적으로 관심이 많아지고 있다. 이로 인해 글로벌 AI 인력 경쟁이 치열해 지고, 한국에는 AI 인재가 없다는 현실적인 어려움이 있다고 말하고 있다, 관련내용을 아래와 같이 요

약해본다.(feat.AI)

- AI 인력 부족이다. 한국의 AI 전문인력은 상대적으로 부족하며, 이는 기술격차로 이어진다.
- 국내 기업의 AI 인력 상황이다. 카카오와 네이버 등 국내 AI 인력은 글로벌 빅테크에 비해 상당히 적다
- 글로벌 기업의 AI 인력 확보 문제이다. 글로벌 기업들은 막대한 자금력으로 AI 인재를 전방위적으로 빨아들이고 있다. 이들은 수십억원의 연봉 패키지나 주식 보상을 약속하며 팀 인력 전체를 영입한다.
- AI 인력의 해외 이동이다. 한국의 AI 전문인력, 특히 박사급 인재들이 해외로 이동하는 경향이 있다.
- AI 인력의 연봉이다. 미국 빅테크에서의 AI 엔지니어의 시작 연봉은 10억~20억원 수준이며, 이는 한국 기업들의 연봉과 큰 차이가 있다.
- AI 인재 유출이다. 한국은 AI 인재 유출이 세 번째로 많은 국가로, AI 인재를 해외에서 데려오기 보다 한국에서 키운 인재를 해외로 내보내고 있다.
- 기술 격차이다. 글로벌 빅테크들이 주요 AI 연구를 비공개 하는 추세로, 인력 수준에 따른 기술 격차가 더 커질 것이라고 우려한다.

- 국가적 인재 전략의 필요성이다. 핵심 AI 인재의 잔류·유입을 위해 국가적인 인재 전략이 필요하다. 이를 위해 우수한 동료 연구진, 데이터·컴퓨팅 시스템 같은 AI 연구 인프라, 그리고 자율적이고 수평적인 연구 문화가 필요하다고 했다.

나는 대한민국이 나름 IT강국이지만, 지금 같은 AI시대에 필요한 인재가 많이 부족하다는 것이 믿어지지 않는다. 대한민국 교육의 전반적인 문제일 수도 있다. 그리고 저출산 고령화 이슈와 대분의 젊은이들도 선호 전공위주로 몰리는 등 전체적인 문제가 아닐 수 없다.

나는 지금부터라도 이 인류 문명변화와 X혁명 시기에 적합한 AI ESG 융합전문가로 전환하여 다가 올 미래세대에 대응하고 준비할 것이다. 그래서 나는 융합전문가로 성장하기 위해서 다음과 같이 몇 가지 정리해 보았다.

첫째, AI ESG 융합전문가의 주요 역할(feat.AI)
- ESG 평가 및 개선이다. AI 기술을 활용하여 기업의 환경, 사회적 책임, 투명경영 등을 평가하고 개선하기 위한 전략을 수립하고 실행한다.

- 전문 지식 활용이다. AI ESG 융합전문가가 되기 위해서는 AI와 ESG에 대한 전문 지식이 필요하다. AI 기술에 대한 이해와 프로그래밍 능력, 데이터 분석 능력 등이 요구되며, ESG에 대한 이해와 경영 전략 수립 능력 등도 필요하다.
- 창의적 사고력이다. 다양한 산업 분야에 대한 이해와, 이를 융합하여 새로운 가치를 창출할 수 있는 창의적인 사고력을 길러야 한다.
- 지속 가능성이다. AI ESG 융합전문가는 앞으로 기업이나 기관의 지속 가능성을 높이는 데 있어서 매우 중요한 역할을 하게 된다.

위 내용을 기반으로 AI ESG 융합 전문가로서의 역할과 책임을 다 할 것이다.

둘째, AI 협업을 통한 사업모델 (미래푸드테크와 AI ESG 융합)구축 제안(feat.AI)
- 비전 및 목표 설정
- 비전: 지속 가능한 미래 식품 기술을 통해 식품 시스템을 혁신하고, 기후 변화에 대응
- 목표: AI 기술 활용 생산 및 유통에서 환경적 영향 최소화, ESG 원칙 기반 사업 운영

- 제품/서비스 개발
  - 제품 아이디어: 식물 기반 고기, 지속 가능한 포장재, AI를 활용한 식품 품질 관리
  - 기술 개발: AI 기술 활용 식품의 품질을 향상시키고, 생산 과정에서의 에너지 소비 축소
- 시장 분석
  - 타겟 고객: 환경, 건강에 관심이 높은소비자, 식품 기술에 대한 관심이 있는 소비자
  - 경쟁사 분석: 유사 제품 서비스 제공기업의 전략과 성과분석, 경쟁 우위 확보 방법 탐색
- 마케팅 및 판매 전략
  - 브랜딩: ESG 원칙과 지속가능한 제품 개발에 대한 메시지 강조 브랜드 이미지 구축
  - 판매전략: 온라인 판매, 소매점 판매, B2B 판매 등 다양한 채널을 통해 제품 판매
- 재무 계획
  - 수익 모델: 제품 판매, 기술 라이선싱, 컨설팅 서비스 등 다양한 수익원을 고려
  - 비용 계획: 제품 개발, 마케팅, 인력, 운영 등에 필요 비용 예측, 효율적 관리 방법 계획

- 투자 및 파트너십
  - 투자 유치: 사업의 초기 단계 외부 투자를 유치하여 사업 확장 고려
  - 파트너십: 기업, 연구기관과의 파트너십을 통해 기술 개발 가속화, 시장 진입 장벽 낮춤

셋째, AI ESG 융합전문가의 미래 전망(feat.AI)

AI와 ESG의 융합은 미래의 지속 가능한 발전을 위한 핵심 요소로 부상하고 있다. 이 두 분야의 결합은 우리가 환경, 사회 및 지배 구조 문제를 보다 효과적으로 이해하고 해결하는 데 도움이 될 것이다.

AI는 우리가 ESG 데이터를 수집, 분석, 해석하는 방식을 혁신적으로 바꾸고 있다. 이는 기업들이 그들의 ESG 성과를 개선하고, 투자자들이 더욱 통찰력 있는 ESG 투자 결정을 내릴수 있다. 또한, AI는 우리가 기후 변화, 빈곤, 불평등 등의 복잡한 문제들을 해결하는 데 필요한 창의적인 해결책을 찾는 데 도움이 될 수 있다.

하지만, 이러한 혁신이 이루어지는 동안, 우리는 AI의 사용이 ESG 목표를 지원하는 방식에 대해 계속해서 신중해야 한다. AI는 투명성, 공정성, 개인 정보 보호 등의 중요한 이슈를 제기하며, 이러한 이슈들은 우리가 AI를 ESG에 통합하는 방식에 영향을 미칠 것이다.

결국, AI와 ESG의 융합은 우리가 미래의 지속 가능한 발전을 위

한 새로운 경로를 찾는 데 중요한 역할을 할 것이다. 이는 우리 모두에게 더 나은 미래를 만들기 위한 도전과 기회를 제공해야 할 것이다. 'My future made by AI ESG Master'

"배우는 과정에는 늘 부끄러움이 함께한다.
그 부끄러움을 견뎌야 배울 수 있다."
- 아이패드 드로잉작가 여유재순 -

"미래를 기대해야만 살수 있는 것이 인간의 특징이다.
인간에게 정말로 필요한 것은 아무런 긴장 없는 삶을 살아가는 게 아니라 자신의 의지로 선택한 가치 있는 목표를 이루기 위해
고군분투하는 것이다. 어떻게든 긴장을 없애는 게 필요한 것이 아니다. 인간에게는 자신이 이루어낼 의미 있는 사명이 필요하다."
- 빅터프랭클 -

김소영

- 현) 주식회사 지오코칭 대표
- 한국고용정보원 취업지원프로그램 개발 공동연구원 및 전문강사
- 한국고용정보원 미래직업 전문위원
- 한국고용노동교육원 전문강사
- 서울시 유망중소기업 인증 정책위원회 위원
- 서울시 송파구 일자리 위원회 부위원장
- 한국일보 컬럼리스트
- 전) 동국대학교 융합SW교육원 겸임교수
- 전) ㈜인크루트, 스탭스 고용서비스팀 수석컨설턴트
- 전) 서울대 경력개발센터/용인대 취업지원센터 진로상담사
- 전) 한국직업자격학회 위원
- 광운대학교 산업심리학과 코칭심리전공 박사수료
- 광운대학교 교육대학원 커리어상담학과 석사
- Smart Career Coach, Smaer Life Coach, Total Career, AiCareer, 진로추천-모하까/ 경력개발-잘하까App 등 AI와 커리어코칭 융합기술 및 교육과정 개발
- 숙명여자대학교 미래교육원 AI ESG 전문가 과정 1기 수료

이메일 kimsy@giocc.co.kr/ jobmentor@hamail.net
홈페이지 giocc.co.kr
연락처 010 3782 7545

09
AI와 Career

 누구나 건강하고 행복하게 일할 수 있도록 지원하는 일을 하고 있다. 2006년부터 직업상담사로 18년간 일해오면서 1,000명 이상의 커리어전문가를 양성하고 10,000명 이상의 구직자들을 도와왔다.
 2016년 지오코칭을 창업한 이후 '데이터는 AI로, 마음은 코칭으로!'를 전제로 고객들의 경력 및 생애설계를 돕고 있다. 진로설정과 취업, 경력개발을 준비하는 이들에게 가장 필요한 것이 유용한 정보와 심리적 지지라는 믿음으로 AI를 활용한 데이터 수집, 가공과 코칭, 상담스킬을 융합하는데 노력하고 있다.

1. 데이터는 AI로, 마음은 코칭으로

필자는 구직자들을 주로 만나는 직업을 갖고 있다. 직업상담사 자격을 취득한 2006년부터 현재까지 일하고 있으니 총 19년차 전문가라 할 수 있다.

IMF 이후, 대량 실업자들을 지원하기 위해 고용센터가 생겨나고 직업상담사들의 활동이 시작됐다. 필자가 자격증을 취득한 시기인 2006년 전후로는 인크루트 커리어넷 등 채용포탈이 활성화되면서 민간기업에서도 직업상담사들을 다수 채용하던 시기였다. 운 좋게도 자격증 취득과 동시에 직업전문학교에서 인턴으로 일해 볼 수 있었고, 인턴 종료 후에는 여성발전센터로 이직해서 본격적인 직업상담 업무를 경험하게 되었다.

2008년 고용노동부에서 민간위탁사업으로 구직자들의 취업을 지원하는 집단상담 프로그램 운영을 시작하게 된다. 그 당시 선정된 몇 개 기관 중에 인크루트가 포함되었고, 여성발전센터의 경력을 토대로 인크루트로 이직하게 되었다. 당시 여성센터에서의 월급이 150만 원이었다면 인크루트에서는 근무 일수는 절반으로, 수입은 2배가량 상승했던 기억이 난다.

물론 그만큼 난이도가 있는 업무여서 많은 노력을 기울여야 했지

만, 보람도 매우 큰 업무여서 즐겁게 하루하루를 보낼 수 있었다

맡았던 업무는 '구직자를 위한 취업지원 프로그램' 운영이었는데 12명 내외의 구직자들을 대상으로 자기이해, 의사소통, 직업정보탐색, 진로의사결정, 취업스킬 등에 대해 다루는 작업이었다. 일방적 강의 방식이 아닌 워크숍 형태로 진행되면서 참여자들간의 상호작용, 진행자와 참여자간의 역동도 이뤄지기에 집단상담이라는 표현이 적합한 프로그램이었다.

취업이 지금만큼이나 어려웠던 시기였기에 취업마인드 고취, 심리검사 진단과 해석, 직업정보제공, 의사결정 지원, 구직스킬 등이 주요 내용으로 다루어졌다. 함께 모인 대부분의 참여자들은 갑작스럽게 실직을 하게 된 분들, 실업상태가 오래 지속되면서 무기력해지고 우울한 마음을 가지고 있는 분들이 대다수였는데 프로그램 참여하는 첫날부터 서로 같은 상황인 것을 알게되면서 빠르게 동질감이 형성되곤 했다.

열심히 일하고 회사를 위해 노력해 왔지만 경기 침체로 인한 회사 운영 악화는 이들에게 더 이상을 일을 지속할 수 있는 환경을 제공할 수 없었다. 회사의 입장도 충분히 이해하지만 그 간의 수고가 한순간에 물거품이 되어버린 느낌은 필자의 글로는 다 담아내지 못할 아픔들이었다.

화무십일홍이라고 자신을 표현했던 한 분은 30년 이상 일해 온 직

장에서 내쳐졌다며 분노, 화, 우울의 감정을 내비치며 많은 눈물을 흘리기도 하셨다.

4일간 진행되는 프로그램에서 첫째 날은 주로 이런 힘든 마음을 다시 긍정적으로 변화시키는 과정을 다루게 되고 둘째 날에는 대인 관계스킬도 배우면서 다시 들어가게 될 직장에서의 적응력 향상을, 셋째 날은 적성검사 진단과 함께 그 동안의 경력, 경험들을 이야기하면서 자신의 보유역량과 강점, 흥미, 가치관 등을 종합해 보는 시간을 갖게 된다. 그리고 무엇보다 다시 일하게 될 직업들을 선택하고 필요한 정보들을 탐색해 보는 활동에도 집중하게 된다. 마지막 날에는 경력목표 수립 후 단계별로 실천해 나갈 수 있는 준비행동들을 직접 작성하고 다른 사람들에게도 설명해보는 시간을 갖게 된다. 첫날과 달리 활기차지고 적극적으로 변하는 모습은 진행자에게도 큰 성장이 되는 발판이기도 하다.

상담자로서 참여자들의 마음을 헤아리고 공감해주는 것과 함께 필요한 정보를 제공해주고 가이드해주는 교육자로서의 역할, 그리고 참여자들간의 역동 촉진으로 다양한 활동들에서 좋은 결과를 얻어내도록 하는 촉진자, 퍼실리테이터 역할까지 집단상담 진행자의 역할은 매우 중요했다

더 잘하고 싶은 마음에 많은 준비들을 했지만 늘 아쉬운 부분은 정보의 부재였다. 좋은 정보를 남들보다 더 빨리 볼 수 있다면 얼마나

좋을까? 참여자들마다 각기 다른 특성을 갖고 있고 필요한 정보도 제각각인데 어떻게 하면 맞춤형으로 정보를 제때에 잘 전달할 수 있을까가 고민이었다.

교육정보, 직업정보 채용정보 탐색만 더 활성화된다면 매주, 매일 만나는 구직자들에게 정말 큰 도움이 될 것 같았다. 실제로 단 한 개의 채용정보만 알려드렸을뿐인데 집에서 가깝다는 이유로, 자신이 원하는 직무이기도 해서 해당 회사에 이력서를 내고 면접을 봐서 합격한 분들도 계시곤 했다. 가장 취업이 잘 되었던 케이스들은 직업훈련, 직무교육, 자격증 취득 과정을 거쳐서 원하는 일자리로 간 분들이기도 하다. 특히나 잘 알려지지는 않았으나 채용시장에서는 필수 또는 우대하는 자격증을 취득하거나 관련된 직무교육을 받은 분들이었다.

청년들의 경우 마케터가 되고 싶어하는 경우가 많았는데 신입으로 채용되기는 쉽지 않은 시기였다. 우연히 유한킴벌리에서 하는 마케팅 실무교육에 구직자들도 참여할 수 있다는 것을 알게 되고 몇몇 청년 구직자들에게 안내한 결과, 수업을 듣고 난 후, 모두가 가고 싶어하는 좋은 기업에 인턴으로 취업이 되기도 했다.

경력단절여성의 경우 직업상담사, 요양보호사, 보험총무사무원 등의 교육을 받고 다수가 취업하였는데 지금보다 교육과정이 많지 않았던 때이기도 해서 검색에 많은 노력을 기울였다. 관련 정보를 알만한 기관, 담당자들에게는 전화 연결도 수시로 해가면서.

중장년 퇴직자들에게는 빌딩경영관리사라는 자격증을 추천하기도 했는데 2010년 이전에는 합격률이 매우 높아서 교육을 받기만 해도 주는건가 싶을 정도로 취득이 수월한 자격증이었다. 주택관리사, 공인중개사 또는 전기, 소방안전관리 일을 준비하던 분들에게 주로 권유했던 자격인데 어느새 많은 분들이 취득해서 빌딩관리직으로 취업을 할 수 있었다.

어렵게 얻은 정보를 참여자들에게 전달하고, 그 정보를 통해 구직자들이 직업훈련, 직무교육에 참여하거나 취업이 바로 되는 경우의 기쁨은 약간의 중독성이 생길 만큼 재미난 과정이었다. 하지만 정보를 찾는 시간이 매우 길기에 어떻게 하면 효과적으로 할 수 있는가? 가 계속되는 고민일 수 밖에 없었다.

2016년 우연한 기회로 창업을 한 후, 알파고와 이세돌의 경기를 보면서 달라진 세상을 실감했고 내가 일하는 분야에서도 인공지능(AI)의 시대가 올 것임을 확신했다. 그리고 그 역할을 내가 하고 싶다는 마음 또한 강하게 들었다.

창업한 회사의 이름은 지오코칭인데 지오(GIO)의 의미는 Growth for individual and Organations의 약자로 개인과 조직의 성장을 의미한다. 일을 하고자 하는 분들을 돕고, 그들을 돕는 전문가들을 성장시키겠다는 미션도 세워보았다. 누구나 건강하고 행복하게 일할 수 있도록 돕는다면 그들이 속한 회사, 조직도 발전, 성장하리라는 바람과 함께!

개인과 조직의 성장을 통한 행복사회추구를 목표로 창업을 했지만 막상 아무 일도 없는 하루 하루가 지속되기도 했다. 그런 날이면 사무실 근처에 있는 남산 한옥마을을 걸으면서 눈물도 꽤 많이 흘렸던 것 같다. 사실 그 때 흘린 눈물은 나중에 흘린 눈물에 비하면 아무것도 아니지만 말이다.

여하튼 우여곡절 끝에 창업도 하고 조그만 사무실도 하나 생기면서 무엇을 할 것인가 하는 고민은 더 깊어만 갔다. IT 전공자가 아니다보니 만들고 싶은 기술을 직접 구현할 수는 없었다.

인공지능 기술은 내가 어디에 관심이 있고 무엇이 필요한지를 알아서 판단해준다고 하는데 어떻게 하면 고용서비스 분야에도 접목할 수 있을까가 매일의 화두였다. 인터넷에서 주로 검색하는 키워드, 즐겨보는 뉴스, 기사 등을 통해서 나에게 맞는 진로를 추천해주는 기술을 만들어볼까? 집에서 가깝고 원하는 근무조건에 맞는 채용정보까지 알려준다면 좋겠다는 생각은 점점 커져만 갔다.

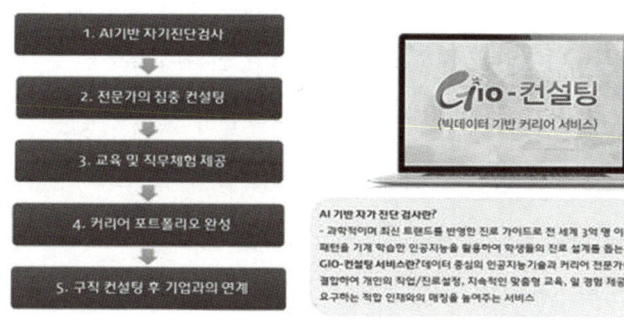

출처: 지오코칭 사업계획서

2. AI기반 직무추천 Talent-X

아마 내가 만들기 전에 누군가도 나와 같은 생각을 했으리라 싶어서 특허청(키프리스) 사이트도 들어가보고, 인터넷 검색도 열심히 해보니 아니나다를까 역시 앞서가는 누군가가 있었다.

Talent X (탤런트 엑스)라는 기술이 전세계 3억명의 데이터를 기반으로 직업과 일자리를 추천해주고 있는게 아닌가? 정말 감탄이 절로 나왔다. 이런 기술을 만들어내다니 참 대단하다 라는 탄성과 함께!

우리 사무실이 위치한 공간은 동국대 창업보육센터였는데 공대 교수님들도 입주기업 지원을 위해 물심양면 도와주고 계셨다. 탤런트 엑스라는 기술을 개발한 사람을 찾기 위해 공대 교수님들과 입주기업 중 IT기업 관계자들을 통해 물어 물어보기를 시작하고, 한 일주일이 지났을까? 드디어 개발자인 드림스퀘어 한신환대표를 만날 수 있게 되었다. 삼성전자에서 인사담당자로 일하면서 사람들의 특성, 그에 따른 성과창출의 차이를 알게 되었고 진학, 취업 전부터 제대로 된 진로설정을 할 수 있도록 도와주는 기술을 개발해 봐야겠다는 생각에 퇴사, 드림스퀘어를 창업하게 되었다고 한다.

내가 직접 만든 기술은 아니었지만 만들고 싶었던 과제였기에 드림스퀘어와 같이 협업을 시작했다. 동국대의 지원을 받아 빅데이터 기반 인공지능 직업추천 시스템(GIO 's-NET)을 특허등록한 상태여서 직접 개발하고 싶다는 욕심도 컸지만 탤런트 엑스의 로직이 워낙 잘 되어 있었기에 아쉬운 마음을 달랠 수 있었다.

Smart CareerCoach 양성과정을 개설해서 직업상담사, 사회복지사, HR 담당자 등을 대상으로 AI 기술을 활용한 직무추천시스템-Talent –X 기술 이해, 활용법 등을 가르치기 시작했다.

Talent –X는 사용자가 자신의 스킬, 관심사, 가치관 등 10가지 프로파일 정보를 체크하게 되면 이를 토대로 직업별 특징과 비교해서 사용자에게 가장 알맞은 직업을 추천해주게 된다.

MBTI, Holland, Enneagram, Strenths finder 등으로는 다소 부족했던 다양한 직무들을 제시해줄 수 있었다. 심리검사의 특성 상

개발되고 상용화되는데 시간이 걸리는 반면, 직업, 직무변화의 속도는 매우 가속화되고 있었기에 심리검사를 받더라도 최신의 트랜드를 반영한 직업, 직무를 추천해줄 수 없었기 때문이다.

탤런트 엑스는 빠르고 과학적이며 최신트랜드를 반영한 진로가이드가 가능하다는 점이 매력적이었다.

전 세계 3억명 직업인(전문가)들의 커리어프로파일을 자동수집하고 기계학습하면서 이들 직업의 특징과 패턴을 도출 가능했기에 사용자의 특성과 비교를 통해 맞춤형 직업추천이 즉각 이뤄질 수 있었다.

사용자에게 적합한 직업의 특성 중에서 고객들이 가장 먼저 눈길을 주는 결과는 연봉 수준이었다. 만약 직업상담사라는 직업이 추천되었다면 연봉은 얼마나 받는 지를 실시간 채용정보를 통해 한눈에 알 수 있었다. 그리고 해당 직업을 갖기 위해 어떤 스킬과 지식, 태도가 필요한지도 알 수 있었는데 특히 사용자가 보유한 스킬, 지식과의 차이, 갭을 살펴볼 수 있었던 점도 의미가 있었다.

스마트커리어코치들이 검사방법안내, 검사실시, 해석을 할 때 사용자마다 프로파일을 만들어 주었는데 이 때 가장 주력했던 것이 갭 보완이기도 했다. 이미 보유하고 있는 강점들을 더 확대 개발하는 것과 함께 부족한 부분을 메꿀 수 있는 방법들을 같이 찾아주면서 실제적인 커리어코칭이 되도록 한 것이다.

AI 기술을 처음 접해본 고객들의 반응은 매우 만족이었다. 진단 이후의 상담 진행 때도 스마트커리어코치들을 전문가로 신뢰하면서 가이드 방향제시에도 잘 따라준 이들이 대다수다.

반대로 AI 기술 활용한 직무추천 서비스에 난색을 표했던 이들은 직업상담사들이었다. 본인들의 직업에 위협을 느낀다면서 고개를 절레절레 젓는 분들도 있었다. 기술의 개발과 융합이 앞으로의 부가가치를 일으킬 수 있다는 설득에도 탐탁치 않아하던 그들의 표정이 잊혀지지 않는다.

그래도 항상 혁신가들은 있었기에 AI 직무추천 기술을 보급하는 이들은 늘어갔고, 사용자 수는 수천명명 이상을 돌파할 수 있었다. 파트너 강사로 함께 일하던 이들에게도 무료 배포하면서 구직자들에게 사용해 보도록 권하고 또 권하기를 반복했다. 시군구 일자리 박람회, 대학교 잡페어 행사장, 취업지원센터, 서울산업진흥원(현, 서울경제진흥원)주관행사 등 수많은 사용자를 만날 기회를 가지게 되면서 국내 빅데이터도 계속 쌓아갈 수 있었다.

24년도에는 탤런트 엑스를 능가하는 기술 개발과제로 진로설정-모하까, 경력개발-잘하까App개발기획을 준비하고 있다. 생성형AI의 기술로 더 완성도 있는 결과물을 기대하고 있다.

출처: 지오코칭 SmartCoach 프로그램

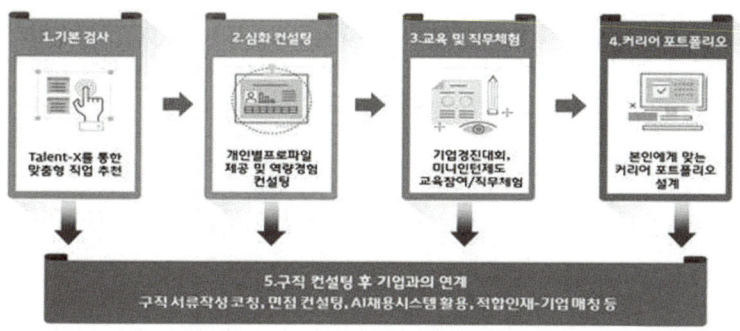

출처: 지오코칭 사업계획서

3. AI 기반 자기소개서 역량분석 Comento

　현직자가 코멘트 해주는 AI 자기소개서 분석기술 코멘토를 알게 된 것은 신기술인, 신직업인 대상 지원사업을 하던 서울산업진흥원을 통해서였다. 지오코칭도 탤런트 엑스를 활용해서 주요 고객(대학생, 미취업 청년 등)을 만나고 있었는데, 진로설정이 이미 되어 있는 고객들의 경우 코앞에 닥친 취업을 준비하는 것이 시급한 상황이었다.

진로 미설정 상태의 고객인 경우, 탤런트 엑스를 활용해서 직무추천, 직무탐색, 진로설정을 도왔다면, 취업이 시급한 고객들에게는 또 다른 서비스가 필요하던 참이었다. 물론 경험이 풍부한 커리어 전문가들이 다수이긴 했으나 2016년 이후의 기술, 사회변화는 4차산업혁명이라는 키워드로 도배가 될만큼 변화가 많은 시기였기에 그간 활용해 온 일반적인 방법으로는 한계가 있었다.

서울산업진흥원 신직업인 인터뷰를 담당하던 분을 통해 코멘토 대표를 만났고, 이 분 역시 탤런트 엑스 개발자 못지않게 진로고민, 취업어려움을 경험한 것을 토대로 기술을 만든 케이스였다. 서울로 대학을 와보니 그간 자신이 알고 있던 정보의 범위가 얼마나 좁았는지를 알게 되었고, 자신과 같이 정보에서 소외되는 이들이 없도록 코멘토를 기획, 개발한 것이다.

가고 싶은 회사의 주요 이슈, 직무는 같지만 회사마다 조금씩은 다른 차이, 직무별 요구되는 역량 등을 해당기업의 현직자에게 멘토링을 받도록 설계했다. 기존에는 주로 오프라인에서 선배와의 만남, 직업인 인터뷰를 했다면 온라인 플랫폼 안에서 상시로 직무멘토링이 이뤄지게 된 것이다.

2,30명으로 시작됐던 현직자 멘토단은 금새 1만명, 2만명이상으로 늘어났고, 24년 현재는 5만 5천명이상에 달하고 있다. 취업이라는 높은 관문을 힘들게 넘었던 경험을 나눠주려는 멘토단의 역할은 현재는 메타버스 상에서도 이뤄지고 있기도 하다.(23년청년ESG 우수사업- 드림버스컴퍼니: 코멘토와 CJ가 협업하여 비진학청년, 지방청년, 미취업청년, 대학생들을 대상으로 메타버스 내에서 직무체험 및 멘토링 제공)

현직자 멘토단이 사용자들의 질문에 응답해주는 정보가 모이고, 자기소개서 분석에 대한 코멘트들이 모아지면서 쌓인 데이터들은 직무별 역량 키워드로 분류가 됐다.

사용자가 관심직무를 설정하고 기작성된 자기소개서 항목을 입력

출처: 코멘토 기술소개서

하면 직무별 우수성과자들과의 역량비교가 그래프로 한 눈에 보여질 수 있었다. 우수성과자와의 역량그래프가 일치하는 사용자의 경우, 커리어 전문가들은 크게 관여하지 않아도 알아서 잘 취업하는 유형에 속한다.

반대로 우수성과자와의 역량 그래프와 사용자의 그래프간에 간격이 크다면 희망직무에서 요구되는 역량과 사용자의 특성이 불일치하거나 또는 직무역량은 보유하고 있으나 자기소개서 작성방향을 잘못 설정한 경우이기도 했다. 이 경우는 커리어전문가와의 상담, 코칭, 컨설팅 이 반드시 필요한 유형이다.

Comento 개정 이후에는 직무역량도 체계화되고 컨설팅 요소도 더 수월해진 부분이 있다.

사용자들에 익숙한 직무역량 용어 사용과 직무역량별 난이도 구분 그리고 실제 면접장면에서 나올만한 면접질문과 답변가이드가 포함되었기 때문이다

특히나 사용자의 강점과 약점을 명확히 구분해서 도출되는 면접질문은 인사담당자들에게도 큰 도움을 줄 수 있었다.

현직자 자기소개서 멘토링 과정을 통해서 자기소개서에 대한 현직자의 평가 결과를 복합적으로 저장함

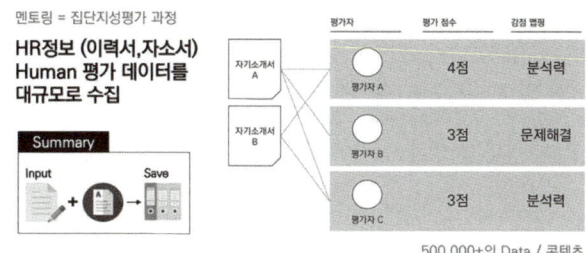

출처: 코멘토 기술소개서

4. AI 역검 In-Air

In-Air : AI 역량면접으로 나를 보다.

AI가 인재를 골라내는 시대, 마이다스아이티가 개발한 인사이드, 인에어는 우리 회사의 3번째 활용 상품이기도 하다.

마이다스 아이티는 세계 1위의 건축공학설계 회사이다. 콧대 높은 유럽 강국들을 제치고 두바이의 부르즈칼리파, 세계에서 가장 긴 다리인 러시아 블라디보스토크의 러스키섬 대교, 베이징올림픽 주경기장 설계를 해 낸 최고의 기업이며, 구성원의 행복 추구, 최고의 복리후생제도가 있어서 한국의 구글로 불리기도 한다.

포스코 건설에 재직 중이던 이형우 대표는 회사 내에서 시범적으

로 창업을 해 볼 기회를 얻었고 약 1억가량의 자금으로 분사할 수 있었다고 한다. 하지만 월급 받는 일과 월급 주는 일은 같을 수가 없었다. 건축공학설계일을 하면서는 받지 않았던 스트레스를 인적자원관리에서는 꽤 많이 받을 수 밖에 없었으리라.

인재관리, 인재경영이라는 이슈 또한 공학적 설계로 풀어낸 것이 바로 인시드(in-seed) 인에어(in-Air)다.

2018년 전후로 거액의 개발비를 투자해서 조직에서 필요로 하는 역량을 확인하는 검사를 만들었는데 이 검사가 인시드이다.

학력이나 지식수준과 무관하게 개인의 고유한 내적 역량을 측정하는 검사였다.

현재 공공기관, 대기업, 중견중소기업 등 다수의 기업에 AI역량검사면접을 실시하고 있는데 이 기술도 마이다스아이티(현재는 마이다스인으로 분사)에서 개발한 인에어(in-air)이다.

초기에는 AI역량검사면접이라고 불렸으나 최근에는 AI역검으로 부르고 있다.

2018년 회사에 도입해서 직원들과 파트너인 커리어전문가 모두에게 검사를 받아보도록 했을 때, 왜 AI로 검사를 받아야 하는지, 신뢰는 할 수 있는지? 결과는 어떻게 활용할 것인지 등등을 물어와서 당황했던 기억도 난다.

다행히 마이다스아이티의 기술영업 담당자가 기술설명 및 질의응답 시간을 마련해주었는데 기술에 대한 호기심, 우리 사업에서의 활용가능성 등으로 설득이 되어 3시간 가량의 설명회를 갖고 검사를 진행할 수 있었다.

공공기관 면접관으로도 다수 활동했던 커리어전문가들의 매서운 질문에 기술영업담당자들도 꽤 진지하게 답변해 주었던 기억이 난다.

AI로 목소리, 이미지를 분석해 내는 것에 대한 한계, 전략게임이라는 역량검사의 학습효과, 면접영상을 자연어로 분석가능한지? 특히 한글 문장은 복잡한 구조를 갖기도 하기에 영상녹화본을 통한 역량분석이 가능할지에 대한 질문 등 예상보다 관심도 의구심도 많았던 설명회 시간이었다.

커리어전문가들의 우려만큼 AI역량면접의 파급속도는 크지 않았던 것 같다. 검사비용도 꽤높았기에 이미 자체 채용시스템을 갖추고 있는 기업에게는 기존 시스템을 대체할만큼 매력적이지 않았을 수도 있다.

하지만 기술의 우수성 그리고 무엇보다 코로나 19로 대면면접에 어려움이 생기면서 AI역검의 시대가 왔다고나 할까?

2021년 AI역검 재계약을 하면서 기술영업담당자에게 물어보니 1,000개 이상의 기업이 활용하고 있다는 답변을 들었다. 아마도 현재는 그 몇 배의 기업이 활용하고 있으리라 여겨진다.

AI 역검은 진화하고 있고, 더 많은 고객들이 사용할수록 정교해질 것이다. AI가 나를 판단한다고 생각하기 전에 내가 어떤 사람인가를 먼저 알아봐 주는 기술로 여겼으면 한다. 누구나 타고난 성향이 있고 교육, 환경에 의해 개발되기도 한다. 하지만 한국의 과도한 교육열, 교육환경 특성상 자신의 특성을 알고 개발시키는 경우는 드물다. 그러니 자아정체성을 알지 못하는 이들이 너무나 많다.

이유는 부모가 만들어 놓은 허상에 자녀들이 순응하며 따르다보니 자신이 진정으로 원하고, 잘하고, 만족하는 요소들을 알지 못하게 되었기 때문이다.

대학 경력개발센터, 취업지원센터 등에서 소위 명문대생들을 상담하면서 진로상담이 아니라 심리상담을 하게 될 때도 많았는데 대부분이 매우 성실한 유형들로 부모의 기대에 부응하기 위해 학습해 온 친구들이었다. 한 예로, 자신은 교육분야에서 기획일을 하고 싶으나 부모는 아나운서가 되기를 기대하기에 매년 아나운서 시험을 보고 있는 친구가 있었고 지원결과는 연이은 탈락이었다. 본인이 원하지 않는 일이지만 부모님이 그만하라고 하기 전까지는 해야만 한다고 울던 모습이 아직도 마음 무겁게, 또 아프게 남아있다. 우울증 약을 복용하거나 심리상담을 수시로 받던 이들도 상상 이상으로 많았다.

요즘도 대학진학 설명회가 열리면 부모들의 예민함이 매우 높다고 하는데 이런 현상은 빨리 사라졌으면 하는 사회 병폐다.

자아정체성을 알고 자존감, 효능감을 늘려간다면 내가 원하는 일, 잘하는 일을 하면서 더 행복한 인간으로 살아갈 수 있을 것이다.

부모 대신 AI가 찾아줄 수도 있으니 한 번 검사받아 볼 만도 하다. 마이다스인이 운영하고 있는 잡다(jobda.im/acca/introduce) 사이트에서는 24년 상반기 기준으로 128만명 이상이 역검에 응시했고, 검사결과를 토대로 기업으로부터 인재채용, 면접 진행도 이뤄지고 있다. 아래 이미지는 22년도에 AI역검을 진행하고 나온 필자의 검사결과물 중 일부이다.

5. AI 기반 교육추천 및 인재매칭 TotalCareer

전공과 일치해서 취업하는 경우가 얼마나 될까? 대략 25% 내외가 될 듯 싶다. 연구결과를 본 적이 없기에 커리어코칭을 하면서 나온 경험적 수치이긴 하다. 필자도 물리학을 전공했으나 현재는 상담업무를 하고 있다. 많은 이들이 전공과는 무관한 일을 하는 경우도 있고, 최근처럼 급격한 사회, 기술변화에서는 이전에 받은 교육만으로 일을 영위하기가 쉽지 않아졌다.

어떤 직업훈련, 직무교육을 받아야 취업이 될지, 회사에서 성과를 낼 수 있을지가 화두가 된 것이다. 그래서 생각해 낸 기술이 AI기술로 고객의 특성에 맞는 교육을 추천해주는 서비스-토탈커리어였다. 고객의 흥미, 관심직무 등을 체크하면 이를 기반으로 적합한 교육과정을 수치화해서 보여주는 것으로 영화추천서비스 왓챠, 의류추천서비스-스타일난다 등과도 알고리즘이 유사하다.

저런 좋은 교육이 있다라는 것을 나는 왜 몰랐을까? 이렇게 좋은 교육을 왜 사람들이 모를까?

교육이 필요한 사람들과 교육을 제공하는 사람들의 고민을 해결해 줄 수도 있고, 무엇보다 잘 드러나지 않는 양질의 교육을 정보가 취약한 고객들에게 최우선으로 전해주고 싶다는 마음에 개발한 기술이다.

1명당 900만원 가까이 지원되는 교육이 있음에도 몇몇 지인을 통해서만 교육홍보가 되는 모습을 보면서 안타까웠던 경험에서 우러난 아이디어이기도 했고, 필자가 지방 낙후된 곳에 살다보니 교육기회가 적었던 결핍에서 나온 발상이기도 했다.

고객이 자신의 특성에 맞는 교육추천을 받고 교육수강, 교육생들과의 네트워킹/커뮤니티 형성, 수료이력 포트폴리오, 기업의 인재검색기능 등을 기획해서 만들기 시작했던 토탈커리어는 개발비의 부족으로 현재는 잠시 중단된 상태이다.

2018년 서비스 기획, 2019년 서비스 출시 시점부터 2021년까지 매년 6만개 이상의 교육데이터가 수집되었다. 아마 올해 24년을 기준으로 한다면 10만개 이상의 데이터도 수집가능할 것이다. 교육은 계속 확대, 확장될 수 밖에 없다. 새로운 학습이 이뤄져야 취업, 경력개발, 성과창출이 가능하기에 더욱 그렇다.

성향 진단 - 교육추천 - 교육검색 - 수강 – 이력 (e포트폴리오)

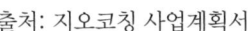

출처: 지오코칭 사업계획서

6. 모하까? 잘하까? AiCareer

　토탈커리어에 수많은 데이터를 쌓았지만 고객이 찾지 않으면 무용지물이 될 수 있다는 교훈을 얻었다. 지오코칭은 매년 평균 1만명, 최대 3만명에게까지도 교육을 제공하고 있다. 주로 오프라인에서의 교육이 많았다가 2020년 코로나 이후에는 온라인으로도 교육을 제공하게 되었다.

　코로나19로 인한 위기가 오히려 전화위복의 기회가 되어 서울 경기권 위주로 진행되던 교육사업이 전국권/비대면 교육으로 확대되었고, 고객들의 요구도 더 많이, 자세하게 파악할 수 있었다.

　토탈커리어에 대한 의견도 얻을 수 있었는데 너무 많은 데이터는 오히려 선택을 어렵게 할 수 있다는 점, 간단하고 쉽게 접근할 수 있는 서비스를 더 선호한다는 점 등이었다.

　고객들의 의견을 수렴해서 토탈커리어는 조만간 더 나은 기술로 새로운 버전을 출시할 계획이다. 새로운 버전은 누구나 가볍게 접근할 수 있는 간단한 서비스로 출시해 볼 예정이다. 진로설정은 '모하까', 경력개발은 '잘하까' 라는 앱을 개발할 예정이며 전 생애에 걸친 경력개발, 생애설계가 가능한 플랫폼으로 AiCareer(아이커리어)도 구상 중이다.

Talent –X, Comento, In-Air, TotalCareer 외에도 커리어분야에서 AI 기술은 다수 활용되어 왔고 진화의 속도도 매우 빠르게 이뤄지고 있다. 채용포탈에서 인재와 직무, 기업과의 AI매칭은 모두에게 이미 익숙해져 있을 것이다. AI 전직가능성 진단, AI 이력서 컨설팅, AI 면접 기술도 다양해져서 고객들의 선택폭도 점점 확대되고 있다.

AI가 나를 진단하고 평가하는 것에 대한 거부감은 자연스럽게 사라진 상태이다. 어떤 기술이 나를 더 정확히 진단하고 필요한 지원을 할 것인가가 관건이 될 것이다. 지오코칭의 AiCareer(아이커리어)가 그 역할을 할 수 있기를 바라며 노력해 나갈 예정이다

7. ESG와 청년일자리

AI기술로 고객들에게 전하고 싶었던 것은 개인별 맞춤정보였다. 진로를 설정하고 취업을 준비하는 과정에서 매우 많은 정보들이 필요하기 때문이다. 특히 취약계층일수록 정보 접근성도 낮았기에 이들을 위한 서비스 활용, 직접 개발에 노력해오게 된 것이다.

22년부터는 ESG를 통해서도 취약계층의 취업을 도울 수도 있겠다는 생각에 관련 협회에도 가입하고 해당 분야 전문가와의 협업도 시작했다. 기업부설연구소 소장으로 ESG전문가도 영입해 둔 상태이다.

ESG에 관심을 기울이던 차에 22년 말, 고용노동부에서 청년들의 취업난을 해결하기 위해 청년친화형 기업 ESG 사업 설명회를 개최한다는 것을 알게 되었다. 「청년친화형 기업 ESG 지원」 사업은 ESG 경영의 S(사회) 분야와 연계하여 청년에게는 취업역량 향상의 기회를, 기업에는 사회적 가치를 창출하도록 한다는 취지의 사업으로 이미 22년도부터 54개의 기업, 단체가 참여하여 20개 프로그램을 운영했음을 알게 되었다.

이 사업은 기업 ESG 경영 활동 중 청년고용지원 프로그램에 대한 비용 및 컨설팅 지원을 통해 청년들의 직무역량 향상과 일경험 기회를 제공하도록 구상된 사업이었기에 중소기업인 지오코칭보다는 규모가 큰 기업과 함께 할 필요가 있었다. 사업 협력 기관이었던 한국경제TV에 함께 컨소시엄으로 사업 제안해 볼 것을 권했고, 다행히 숭의여대까지도 포함되서 3개 기관이 함께 사업을 수주하게 되었다.

한국경제티브이에서는 방송촬영 기자재, 촬영스튜디오, 편집실 제공 등 미디어분야로 진출하기를 희망하는 청년들에게 필요한 직무교육을 제공하고 다수의 협력기관(참여기관)에서 직무체험이 이뤄질 수 있도록 하는 역할을, 숭의여대에서는 전국단위의 참여청년 모집을, 지오코칭에서는 제안서 작성부터 결과보고까지의 과정, 그리고 직무교육과 직무체험 후 실제 취업이 이뤄질 수 있도록 취업특강과 멘토링을 운영했다.

 청년들은 직무교육을 마친 후 30여개의 참여기업에서 직무체험을 할 수 있었는데 주로 기업의 제품 또는 서비스를 영상으로 기획, 제작하는 일들이었다. 학교수업만으로는 습득하기 어려웠을 기업 현장의 요구, 제품에 대한 이해, 홍보 마케팅 방안을 토대로 직접 영상촬영, 편집, 홍보 역할 등을 해냈는데 매 기수 성과공유회때 마다 참신한 아이디어와 영상 완성도에 박수가 나왔다.

 고용노동부 청년친화형 기업ESG사업에 참여한 50여개 기업과 단체의 고민은 어떤 프로그램들을 계속해서 만들어 갈 것인가이다. 일자리 문제 해결로 청년부터 그 대상으로 시작했지만 더 많은 계층, 다양한 사회문제 해결을 고민하는 점은 앞으로의 ESG 사업에 긍정적 요소로 여겨진다.

 24년 4월, 우연한 기회에 숙명여대에서 AI-ESG융합교육 과정에 입학한 것을 계기로 이전부터 관심 가져왔던 AI기술과 ESG 융합으로 또 다른 서비스들을 만들어 갈 계획이다.

 동기들과 함께 책을 출간하게 된 것을 계기로 나의 커리어스토리, 창업과정을 돌아볼 수 있었다. 고객들에게 필요한 데이터는 AI 기술로, 사람의 마음을 움직여서 성장을 돕는 활동은 코칭으로 하겠다는 초심을 유지하면서, AI-ESG 융합으로 더 많은 도전을 꿈꿔본다.

강낙원

- ○ 서초에치알(HR)노무법인 대표노무사.
- ○ 연세대학교 법학과 및 동 행정대학원(석사)
- ○ 국민권익위원회 노동전문위원(전), 한국공인노무사회 이사(전)
- ○ 연세대학교 사회교육원 책임강사(전), 배제대 노동법 강사(전), 상명대학교 노동법 겸임교수(전)
- ○ 파주시 시민감사관(현), 의왕시 도시개발공사 인사위원(현), 고양시 덕양구 선거관리위원회 위원(현),
- ○ 주요실적 :
- - 삼성. LG인화원, 현대자동차,POSCO 노경전문가과정 강사,
- - 삼성전자 노사화합TF, 비정규직 컨설팅, 삼성전자서비스 협력적 노사관계 및 비정규직 컨설팅, 동부한농 위장도급과 적법파견 컨설팅, 현대자동차 아산공장 협력업체 비정규직 컨설팅
- - 대우엔지니어링 복수노조와 협력적 노사관계웍샵, 동부화재 복수노조대비웍샵, 삼성전자 복수노조와 노사협의회 활성화 웍샵
- ○ 주요 자문사 : 티맥스 티베로(주), 신화월드, 대우건설(주), 의왕시 도시개발공사, 서울통신기술(주), ㈜ 효성ITX, 삼성리빙프라자(주) 삼성화재손해사정서비스(주), 한국전기공사협회, 한국호야전자(주), ㈜ 동부메탈, 노량진수산시장, 연세대학교 외 다수.
- ○ 저서 : 객관식 노동법(이상윤 교수 공저, 홍문사) 주관식 노동법(이상윤 교수 공저, 홍문사) 공인노무사 노동법(이상윤 공저. 홍문사), 노동관계법(홍문사)
- ○ 숙명여자대학교 미래교육원 AI ESG 전문가 과정 1기 수료

이메일   parak114@hanmail.net
홈페이지 seochohr.co.kr
연락처   010-8638-1245

10
자상한 노무사가 AI를 만났을 때

강낙원은 공인노무사이다.

공인노무사는 중립적인 노사관계전문가이다.

사람은 사회적 구성원으로서 때로는 협력하고 때로는 갈등할 수밖에 없는데, 노무사는 사람과 사람 사이의 갈등을 조율하는 전문가이다.

조직은 5명도 안 되는 동네 사업장도 있고, 수천 명으로 구성된 세계적인 사업장도 있는데, 갈등은 어느 조직에서나 발생할 수 있다. 그래서 노무 전문가는 어느 조직에서나 필요로 한다. 더 나아가 전문적인 노무사를 필요로 하는 조직도 있는 것이다.

이 같은 노무관계에 AI와 ESG를 접목시키고자 하는 노무사가 강낙원 노무사이다.

공인노무사가 왜 AI를 고민하는지

1. 공인노무사는 사람과 사람을 이어주는 중립적 전문가

나는 공인노무사입니다. 나는 공인노무사로서 25년 이상을 현장에서 활동하였습니다. 공인노무사는 회사의 인사관리와 노무관리를 지원하고 근로자들의 부당한 처우가 발생한 경우에 근로자들 대신에 권익을 챙겨주는 역할을 합니다.

공인노무사에 '노(勞)' 자가 들어가다 보니 때로는 노동자를 위한 직업이 아닌가 하는 웃지 못 할 일들도 발생하는 경우도 있었습니다. 공인노무사는 회사의 인사업무 중 특히 '노무(勞務)'를 대리하는 일이 주류를 이루다 보니 '노무사' 라는 명칭이 붙게 된 듯합니다. 공인노무사는 어디까지나 '노(勞)' 와 '사(使)' 의 중립적 지위에서 양 당사자의 갈등과 대립을 조정하거나 이해관계를 조율하는 기능을 합니다. 어느 한쪽에 치우치지 않게 공정하게 처리하는 것이 공인노무사의 고유한 기능이 되는 것입니다.

특히나 노동조합이 있는 회사의 경우 노동조합과의 단체교섭도 원만하게 타결되도록 하여야 하고, 노동쟁의가 발생하는 경우 노사 간에 합의에 이를 수 있도록 노동위원회를 통하여 또는 사적조정을 통하여 조정을 지원하여야 하는 역할도 있습니다.

공인노무사는 어떠한 일들을 하고 어떻게 산업사회에 기여하고 있는지 알아보겠고, 사람과 사람 사이의 매개자 역할을 하는 공인노무사가 왜 AI를 고민하게 되었고, AI와 ESG 시대에 공인노무사는 어떻게 대처하며 살아야 하는지에 대한 개인적인 성찰과 고민을 담아보고자 합니다.

2. 산업사회의 고도화와 AI를 활용하는 공인노무사의 등장

공인노무사는 산업사회가 절정기를 맞이하던 20세기 말에 선진사회의 고민에서 출발합니다. 우리나라는 1986년에 처음으로 공인노무사 시험이 치러지게 되고, 90년대 노동운동이 폭풍우처럼 몰아치던 노사관계의 현장에서 제 역할을 하게 되고 자리를 잡게 됩니다. 공인노무사는 한국의 노동운동의 성장사와 그 궤적을 같이하게 된 것입니다.

그러다보니 사측에서는 노동운동의 유발자가 아닌가 하는 오해를, 노측에서는 사용자의 앞잡이가 아닌가 하는 오해를 받게 된 것입니다. 그러나 이는 산업사회의 고도화 흐름 속에서 예정된 직업으로서의 노무사가 잉태되었던 것일 뿐, 노사의 양 당사자를 대변할 수 있는 직업군의 등장은 피할 수 없는 흐름이었던 것으로 평가되고 있습니다. 물론 2000년대 이후에는 노사 간에 중립적 지위에서 직업적 양심에 따라 업무를 처리하는 오늘날의 공인노무사의 입지가 정립되게 된 것입니다.

AI시대에 공인노무사가 주목되는 이유는 무엇일까?

위에서 본 것처럼 산업사회의 발달과 흐름이라는 맥락 속에서 공인노무사가 탄생하고 전문 직업인으로서 정립하게 된 것처럼, AI시대에는 단지 법적인 지식만이 아니라 사람과 사람간의 관계성, 노동자와 사용자간의 관계성이라는 또 다른 과제가 대두되기 때문에 여기에서 파생되는 갈등과 대립을 기계적 시각이 아니라 인간적 시각에서 그 해법을 모색하여야 할 필요성이 있기 때문입니다.

이하에서는 AI시대에 공인노무사의 역할과 기능이 무엇이고 나아가 새로운 이슈와 쟁점들에 대하여 무엇을 고민하고 무엇을 대비하여야 할 것인지를 찾아보고자 합니다.

공인노무사의 영역과 역할

1. 공인노무사의 영역에 대한 개요

공인노무사가 현재 수행하고 있고 또 전문적으로 할 수 있는 영역은 다음과 같습니다.

공인노무사의 영역은 크게 (ⅰ) 근로관계의 발생, 변경 및 소멸을 다루고 있는 개별적 근로관계, (ⅱ) 단결권, 단체교섭권 및 단체행동권을 다루고 있는 집단적 노사관계법, (ⅲ) 노사협의회의 구성과 활동을 다루는 협력적 노사관계법으로 분류할 수 있습니다.

공통적으로 모든 사업주들이 관심을 갖게 되는 개별적 근로관계법 영역은 근로관계의 성립단계부터 근로관계의 변경이나 근로관계의 종료에 이르는 전 과정에서 발생하는 법률적 또는 사실적인 쟁점들을 지원하고 해결하는 역할을 하게 됩니다.

그 중에서도 근로관계의 성립과 변경 및 종료에 대한 기본적인 흐름을 중심으로 그 쟁점들을 살펴보고자 합니다. 물론 임금, 근로시간 및 휴식 같은 개별적인 근로조건에 대한 쟁점들도 많이 있지만, 이곳에서는 왜 공인노무사의 영역에 AI가 접목되어야 하는지에 대한 예시적인 차원에서 기본적인 쟁점들 위주로 정리합니다.

2. 근로관계의 성립단계에서 수행하고 있는 일들과 쟁점들

가. 근로관계가 성립하려면 근로계약을 체결하여야 하고, 채용절차를 거쳐야 하는데, 채용절차에서 준수하여야 할 내용과 쟁점들은 아래와 같습니다.

- 채용절차의 공정화 여부 점검 및 지원방안에 관한 쟁점들
- 채용공고문에 들어가도 되는 내용과 절대로 들어가면 안 되는 내용들에 대한 쟁점들
- 채용서류 중 요구하면 안 되는 서류나 수집이 금지되는 항목들
- 채용공고 시 제시된 근로조건과 근로계약 상 근로조건의 차이를 해소하는 방안들
- 채용공고 후 입사예정일 이전에 채용예정을 취소할 수 있는 방법들

나. 근로계약을 체결하는 과정에서 사업주는 법적으로 반드시 지켜야 하는 것들이 있고, 위반 시에 벌칙의 적용을 받게 되는 것들이 있는데, 근로계약 체결과정에서 사업주가 체크하여야 하는 쟁점들은 아래와 같습니다.

- 근로계약서를 작성하고, 교부하는 과정에서 주의하여야 할 쟁점들
- 근로계약서의 작성 시기는 언제이고, 교부는 언제까지 하여야 하는지 여부
- 근로계약서의 교부 방법과 전자문서나 핸드폰으로 교부할 때의 쟁점들

- 근로계약서의 작성은 반드시 문서로 하여야 하는데 문서로 작성하지 아니한 근로계약서의 효력여부에 대한 쟁점들
- 매년 연봉의 변경이 있는 경우, 변경된 연봉을 근로계약서에 반영하는 방법들
- 근로조건의 변경이 필요해서 근로계약서를 변경하고자 하는 경우 발생하는 쟁점들
- 근로계약서 중 계약기간의 설정과 관련한 쟁점들
- 근로계약서 중 담당업무와 근무 장소의 기재여부와 기재방법에 대한 쟁점들
- 근로계약서 중 휴게시간의 기재요령과 관련한 쟁점들
- 근로계약서 중 수습기간과 시용기간의 활용과 관련한 쟁점들
- 근로계약서 작성과 비밀유지의무, 경업금지의무 및 인수인계 의무 등의 기재와 관련한 쟁점들
- 근로계약서에 임금의 구성항목, 계산방법 및 지급방법이 적시되어 있음에도 임금명세서를 교부하여야 하는 여부 및 쟁점들

3. 근로관계의 변경과정에서 발생하는 쟁점들에 대한 대응을 할 수 있습니다.

근로관계의 변경이란 기업 내에서 이루어지는 인사이동과 기업

간에 이루어지는 인사이동으로 나누어집니다.

가. 기업 내에서 이루어지는 인사이동은 다시 담당업무의 변경인 '전보'나 '전직'과 근무장소의 변경인 '전근'이 있는데, 기업 내에서 이루어지는 인사이동에서 발생하는 쟁점들은 다음과 같습니다.

- 담당업무의 변경은 부서간 이동을 수반하게 되는데, 근로자의 동의를 얻어야 하는지에 관한 쟁점들
- 담당업무가 특정되어 있거나 업무의 성질상 특정된 것으로 볼 수 있는지 여부에 따라, 근로자의 동의를 얻어야 하는지 단순히 협의를 거치면 되는지 여부에 대한 쟁점들
- 근로계약상 담당업무를 명시한 경우에는 반드시 근로자의 동의를 얻어야만 담당업무를 변경할 수 있는지에 관한 쟁점들
- 근로계약상 담당업무가 명시되어 있는 경우에 담당업무를 변경하기 위하여 사용자가 취하여야 하는 조치에는 무엇이 있는지에 관한 쟁점들
- 근무장소를 변경하는 경우 업무상 필요성이라는 기준은 무엇이며 어느 정도의 충족을 하여야 되는지에 관한 쟁점들
- 근무장소의 변경을 조치하고자 하는 경우 근로자의 생활상의 불이익의 정도는 어느 정도로 고려하여야 하는지에 대한 쟁점들

- 근로계약상 근무장소가 명시되어 있는 경우에 근무장소를 변경하기 위하여 사용자가 취하여야 하는 조치에는 무엇이 있는지에 관한 쟁점들

나. 기업 간에 이루어지는 인사이동은 다시 소속기업과의 근로관계를 유지하면서 전출회사에서 근로제공이 이루어지는 '전출(轉出)'(실무상으로는 '사외파견' 또는 '출향'이라고도 한다)과 소속기업과의 근로관계를 단절하고 근로제공도 전적기업에서 이루어지는 '전적(轉籍)'이 있는데, 기업 간에 이루어지는 인사이동에서 발생하는 쟁점들은 다음과 같습니다.

- 기업과 기업 간에 이루어지는 인사이동으로서 '전출'은 소속기업에서 근로관계 및 임금지급관계를 그대로 유지하면서 전출대상기업에서 근로제공관계가 성립되는 관계이므로, 이 같은 다자간 법률관계가 파견법상 '파견'에 해당하는지 여부에 대한 쟁점들
- 인사, 총무, 법무, 재무, 전산이나 IT와 같은 지원실 업무가 전출의 형태로 이루어지는 경우에, 중소기업 또는 대규모기업에서 소속 외 기업에 대한 비용지원에 해당할 수 있으므로 주주들 간에 이행상충관계에 해당하는지, 공정거래법상 비용지원 등 불

공정거래에 해당하는지, 세무관계상 비용처리가 위법하게 처리된 것은 아닌지 등에 대한 쟁점들
- 지원실 근무자가 등기상 독립한 법인을 여러 개 지원하거나 관리 또는 관여하는 경우 전출의 형태가 되는 것이므로, 정관, 등기, 사회보험 등록이나 급여대장상 서류정리를 어떻게 하여야 하는지에 대한 쟁점들
- '전적'이 합법적으로 이루어지기 위한 판례법상의 전적 유효요건에 대한 쟁점들
- '전적'은 소속기업의 변경을 초래하는 것이므로 반드시 근로자 본인의 동의를 구하여야 하는데, 이에 대한 예외는 없는 것인지에 대한 쟁점들
- '전적'이라는 형태로 사실상 사용자의 일방적 의사표시로 근로관계를 종료시키는 처분으로서의 해고로 남용하고 있지는 않은지에 대한 쟁점

4. 근로관계의 종료단계에서 수행하고 있는 일들과 쟁점들

근로관계의 종료는 당연종료 사유로 인한 근로관계의 종료와 당사자의 의사표시에 의한 근로관계의 종료가 있습니다.

가. 근로관계의 당연종료로 인한 근로관계의 종료 시 발생하는 쟁점들은 아래와 같습니다.

1) 근로관계의 당연종료 사유로는 계약기간의 만료, 정년의 도래, 사용자의 폐업, 근로자의 사망 등이 있는데, 각 사유에 대한 쟁점들은 다음과 같습니다.

2) 근로계약기간의 만료로 인한 쟁점들은 다음과 같습니다.

- 근로계약기간을 정하는 경우 그 기간의 장단, 즉 1년으로 정할지, 2년 이상으로 정하여도 되는지 여부에 대한 쟁점들
- 근로계약기간을 정하더라도 2년을 초과하면 무기계약으로 간주된다는 법 규정을 당사자의 특약으로 변경할 수 있는지 여부에 대한 쟁점
- 근로계약기간이 만료하여 근로관계를 종료하는 경우에도 반드시 사용자가 근로관계종료 통보를 하여야 하는지, 그리고 1개월 전에 통보하여야 하는지 여부에 대한 쟁점들
- 근로계약기간이 남아 있는 경우 조기에 근로관계를 종료하기 위하여 근로관계 종료를 통보하는 경우 해고처분에 해당하는지 여부에 대한 쟁점

- 근로계약기간을 예컨대 3개월 또는 6개월 단위로 이른 바 쪼개기 계약을 하는 게 가능한지, 이 경우에도 1년 또는 2년이 초과되어 퇴직금도 발생하는지, 무기 계약직 전환이 간주되는지 여부에 대한 쟁점들
- 단기 근로계약기간이 반복 갱신되어 근로자에게 갱신기대권이 형성된 경우, 근로관계의 종료는 해고에 해당하는지 여부에 대한 쟁점
- 기간의 정함이 있는 근로관계를 종료하게 되어 상대방에게 손해를 입히는 경우 이를 배상하여야 할 책임이 있는지 여부에 대한 쟁점

3) 정년제와 관련한 쟁점들은 다음과 같습니다.

- 근로계약서나 취업규칙에 반드시 정년제를 설정하여야 하는지, 아니면 정년을 설정하지 않을 수도 있는지 여부
- 정년을 60 세로 정하는 경우 정년의 도래는 60세에 도달한 날, 즉 생일날이 되는 것인지, 아니면 생일날이 속한 월(月)의 말일, 생일날이 속한 분기 말(末), 생일날이 속한 반기 말(末), 생일날이 속한 연말에 도래한 것으로 보는지에 대한 쟁점들
- 정년을 초과한 이후에 근로계약을 신규로 작성하는 것이 가능한

지, 이 경우 무기 계약직 또는 유기 계약직 모두 가능한 것인지에 대한 쟁점

- 정년제 이후에도 계약기간이 반복 갱신되어 근로자에게 갱신기대권이 인정될 수 있는지, 그래서 근로관계 종료에 대한 해고처분으로 평가할 수 있는지 여부에 대한 쟁점들
- 정년제 이후에 근로계약기간을 1년 단위로 갱신하다가 근로관계를 종료할 수 있는 연령은 임의로 정할 수 있는 것인지, 퇴직 예상 연령을 정하지 아니하고 건강상태 등을 감안하여 정한다고 하여도 무방한지에 대한 쟁점들
- 정년제와 임금피크제 설계와는 어떠한 상관관계가 있으며, 이를 도입하고자 하는 경우 유의하여야 할 법적인 쟁점들

4) 사용자의 폐업, 근로자의 사망 등에 대한 쟁점들은 다음과 같습니다.

- 사용자가 사업을 폐업하는 경우에도 해고예고수당 등 법적인 제재를 받아야 하는지 여부에 대한 쟁점들
- 사용자가 영업양도나 합병의 형태로 폐업하는 경우 사용자가 유의하여야 할 법적인 쟁점들
- 근로자가 사망으로 근로관계를 종료하는 경우, 임금이나 퇴직금

은 누구에게 지급하여야 하는지, 사회보험이나 세금도 공제하고 지급하여야 하는지 등에 대한 쟁점들

나. 당사자의 의사표시에 기인한 근로관계의 종료 시 발생하는 쟁점들은 아래와 같습니다.

1) 당사자의 의사표시에 기인한 근로관계의 종료 사유는 다시 근로자의 의사표시에 기인한 근로관계 종료사유, 근로자와 사용자의 의사표시에 기인한 근로관계 종료사유, 사용자의 일방적인 의사표시에 기인한 근로관계 종료사유 등이 있는데, 각 사유에 대한 쟁점들은 다음과 같습니다.

2) 근로자의 의사표시에 기인한 근로관계 종료사유에 대한 쟁점들은 다음과 같습니다.

- 흔히 사표 또는 사직서라는 근로자의 의사표시에 기인한 근로관계 종료사유 발생 시 그 자체로서 효과가 발생하는 것인지, 사용자의 '수리'라는 절차가 필요한 것인지에 대한 쟁점
- 근로자의 사직서 제출에 대하여 법률적 효과를 부여하기 위하여 취업규칙에 수리절차를 마련해 두어야 하는 지에 대한 쟁점

✓ 사직서를 제출하는 경우, 기한의 정함이 없는 근로관계는 언제든지 사직서를 제출할 수 있지만 특별한 규정이 없는 경우 1개월 이후에 효력이 발생한다는 것과 관련한 쟁점

✓ 사직서를 제출하는 경우, 기한의 정함이 있는 근로관계는 특별한 사정이 없으면 사직서를 제출할 수 없다는 것과 관련한 쟁점

✓ 사직서를 작성했다면, 사용자의 사기나 강박에 의한 사직서 작성이나 착오에 의한 사직서 작성으로 취소할 수 있는 경우에 해당하는 여부에 대한 쟁점들

3) 당사자 간 의사의 합치 즉 근로자와 사용자의 의사의 합치에 기인한 근로관계 종료사유 예컨대 사직서 제출과 수리, 권고사직, 명예퇴직(희망퇴직) 등에 대한 쟁점들은 다음과 같습니다.

가) 사직서 제출과 사직서 수리라는 의사의 합치로 인한 근로관계 종료사유와 관련한 쟁점들은 다음과 같습니다.

✓ 사직서를 제출한 이후에 회사가 사직서를 수리했다고 볼 만한 기간은 예컨대 2일 또는 3일 등 얼마나 경과되어야 하는지 또는 부서장이나 대표의 결재가 필요하다든지 같은 절차적 요건이나 징후들은 어떠한 것들이 있는지에 대한 쟁점들

√ 사직서를 예컨대 3개월 또는 6개월 이전에 미리 받아 두었다가 추후에 근로자의 귀책사유가 발생한 경우 징계해고 대신에 사직서를 수리하는 것이 가능한 법률행위인지 여부에 대한 쟁점

　√ 사직서를 제출했는데 회사에서 차일피일 미루고 있는 경우 근로자가 취할 수 있는 조치에 대한 쟁점들

　√ 회사가 사직서를 수리하지 아니한 상태에서 근로자가 일방적으로 출근을 중단하고 다른 회사로 출근할 수 있는지, 사표 수리가 안 된 상황에서 인수인계를 하지 아니하고 출근하지 아니한 경우에 발생할 수 있는 쟁점들

　나) 권고사직으로 인한 근로관계 종료사유와 관련한 쟁점들은 다음과 같습니다.

　√ 권고사직은 사직을 권고하는 청약의 유인인데, 근로자가 사직을 압박 받았다든지, 사실상의 해고라고 주장한다든지 하는 경우에 발생할 수 있는 법적인 쟁점들

　√ 권고사직의 경우에도 30일 전에 해고예고를 하거나 30일분 이상의 해고수당을 지급하여야 하는지 여부에 대한 쟁점

　√ 권고사직은 실업급여 수급사유가 될 수 있는데, 근로자측 귀책사유로 인한 권고사직이나 사용자측 귀책사유로 인한 권고사직이나

모두 실업급여 수급사유에 해당할 수 있는 것인지에 대한 쟁점

　다) 명예퇴직(희망퇴직)으로 인한 근로관계 종료사유와 관련한 쟁점들은 다음과 같습니다.

- 명예퇴직은 사용자가 명예퇴직 조건 등을 제시하면서 명예퇴직자 모집 공고라는 청약의 유인으로부터 시작하여, 근로자가 명예퇴직을 신청한 것에 대하여 사용자가 명예퇴직자를 선정한 후 통보하는 방법으로 진행하는데 이 과정에서 발생할 수 있는 법적인 쟁점들
- 명예퇴직을 실시하는 경우 명예퇴직금은 반드시 지급하여야 하는지, 지급한다면 몇 개월분 급여를 지급하여야 하는지 등에 대한 쟁점들
- 근로자가 명예퇴직을 신청한 후 어느 시기까지 철회할 수 있는지에 대한 쟁점
- 사용자는 근로자의 명예퇴직 신청에 대하여 반드시 수락하여야 할 의무가 있는지, 거부한다면 어떻게 거부하여야 하는지에 대한 쟁점
- 명예퇴직에 대한 공고와 동시에 정리해고에 대한 입장을 공고하여도 무방한 것인지에 대한 쟁점

3) 사용자의 일방적인 의사표시 즉 해고처분에 대한 쟁점들은 다음과 같습니다.

가) 사용자의 해고처분은 해고사유의 정당성 요건, 해고절차의 정당성 요건 및 해고양정의 정당성에 대한 쟁점들이 있습니다.

나) 사용자의 해고처분이 유효하기 위한 해고사유의 정당성 요건과 관련한 쟁점들은 근로자측 귀책사유에 의한 해고사유와 사용자측 귀책사유에 의한 해고사유로 나누어 그 정당성에 대한 쟁점을 정리하여야 합니다.

⑴ 사용자의 해고처분이 유효하기 위한 해고사유의 정당성 요건 중 근로자측 귀책사유에 의한 해고사유와 관련한 쟁점은 다음과 같습니다.

- 사용자가 근로자를 해고하고자 할 때 근로기준법상 해고사유의 정당성 요건을 갖추어야 하는 사업의 규모는 5명이상 사업이나 사업장인데, 4명 이하 사업장은 사용자가 언제든지 특별한 귀책사유가 충족되었는지 불문하고 근로자를 해고할 수 있는지 여부에 대한 쟁점들

- 근로자측 해고사유 중 근로자가 일신상의 이유로 더 이상 근로관계를 유지할 수 없을 만큼의 사유가 있는지 여부와 근로자의 귀책사유에 기인한 행태상의 사유에 해당하는지 여부에 대한 쟁점들
- 근로자의 해고사유 예컨대 통상해고사유, 징계해고사유 및 당연퇴직사유 등에 따라 취업규칙 등 징계절차를 준수하여야 하는지 여부에 대한 쟁점들
- 취업규칙에 당연퇴직사유로 명시된 경우에는 징계절차를 거치지 아니하고 해고처분을 하여도 무방한지에 대한 쟁점들

(2) 사용자의 해고처분이 유효하기 위한 해고사유의 정당성 요건 중 사용자측 귀책사유에 의한 해고사유, 경영상 이유에 의한 해고 즉 정리해고와 관련한 쟁점은 다음과 같습니다.

- 경영상 이유에 의한 해고 즉 정리해고의 유효요건과 관련한 쟁점들
- 긴박한 경영상의 필요성이란 현재뿐만 아니라 장래에 다가올 경영상의 필요성도 해당되는지 여부에 대한 쟁점
- 해고회피노력을 인정할만한 사례들은 어떠한 것들이 있는지에 대한 쟁점들

- 합리적이고 공정한 해고대상자의 선정기준과 관련하여 합리적인 기준은 무엇이고 공정한 대상자 선정은 어떻게 이루어져야 하는지에 대한 쟁점들
- 근로자대표와 사전에 협의하도록 요건의 해석과 적용에 대한 쟁점들

다) 해고절차의 정당성 요건에 대한 쟁점은 다음과 같습니다.

- 4명 이하 사업장에도 해고처분 시 해고절차 즉 해고예고제도와 해고의 서면통지제도는 작용되어야 하는지에 대한 쟁점
- 취업규칙이나 근로계약서에 해고절차에 대한 규정이 없으면 해고절차를 준수하지 않아도 되는지에 대한 쟁점
- 징계절차 중 징계위원회 구성, 징계위원회에 대한 소명의 기회 부여, 징계절차 중 초심과 재심절차의 분수 등은 유효요건이고 나머지 징계위원회 개최일시 통보 등은 단속규정에 불과한 것인지 여부에 대한 쟁점들
- 취업규칙과 단체협약이 존재하는 경우 어느 법원이 우선적으로 적용되는지, 아니면 유리성의 원칙에 따라 적용되는지 여부에 대한 쟁점들

김성수

- 현)다현로앤컨설팅 노무법인 ISO인증 팀장
- ISO9001, ISO14001, ISO45001 인증심사원 ESG컨설턴트/심사원
- 세영스포츠(유) 이사
- 안전보건공단 안전보건관리체계 구축 컨설팅 수행요원
- 숙명여자대학교 미래교육원 AI ESG 전문가 과정 1기 수료

이메일 kss@hyunlabor.com
연락처 010-9240-9176

11
모든 것이 DIY가능한 AI시대
AI를 활용한 아이와의 놀이법

'아이와의 놀이, 기획과 제작의 모든 과정을 원하는 대로'

현대 사회에서 많은 부모들은 바쁜 일상 속에서 아이들과의 유대감을 형성하기 어려운 상황에 처해 있다. 끊임없이 쏟아지는 업무와 스트레스 속에서도 자녀들과의 소중한 시간을 잃지 않기를 바라는 부모의 마음은 시대를 막론하고 쉽게 공감할 수 있을 것이다.

아이들과의 놀이 시간은 부모와 자녀 사이의 깊은 유대감을 형성하는 중요한 기회이다. 놀이를 통해 아이들은 부모의 사랑을 느끼고, 부모는 아이들의 성장을 가까이서 지켜볼 수 있다. 그러나 현실은 항상 녹록하지 않은 법이다. 직장과 가정 사이에서 균형을 맞추는 일은 많은 부모들에게 쉽지 않은 과제이다.

여기서 한 가지 새로운 해결책이 등장했다. 바로 학습형 AI이다. 학습형 AI는 부모들이 바쁜 일상 속에서도 자녀와의 유대감을 유지하고, 즐거운 놀이 시간을 제공하는 데 도움을 줄 수 있는 새로운 도구가 될 수 있다. 이 책에서 필자는 부모들이 아이와 함께 놀 수 있는 도구를 직접 제작하는 데 있어 학습형 AI를 어떻게 활용할 수 있는지를 필자의 경험을 통해 최대한 간결하게 설명해보고자 한다.

부모라면 누구나 마음 깊이 간직하고 있는 자녀와의 특별한 시간을, 이 책을 통해 한층 더 풍요롭게 만들 수 있는 계기가 되기를 바래본다.

1. AI의 등장과 전문분야의 지각변동

AI의 등장으로 21세기가 뜨거워졌다. 4차 산업혁명이라 불리우는 격변의 시대 중심에 서있는 AI는 어느새 우리들의 일상을 많이 바꿔놓고 있다. 과거에는 전문가들만이 특정 분야에서 활동하고 지식을 확장할 수 있었지만, AI의 등장으로 인해 이러한 경향이 빠르게 변화하는 중이다. 예를 들어, 의료분야에서는 AI가 의료영상을 분석하여 질병을 진단하고 예측하는데 사용되도록 연구, 개발되고 있다. 전통적으로 이러한 작업은 해당 자격을 가진 전문 의료진만이 수행 가능한 영역이었지만, AI의 도입으로 이러한 전문적인 기능들이 보다 저렴하고 효율적으로 수행될 수 있는 가능성이 열리게 되었다. 금융 분야에서는 AI 알고리즘을 통해 금융 시장의 트렌드를 분석하고 예측한다. 이러한 기술은 투자자들에게 새로운 투자의 기회를 제공하고, 금융 기관들은 보다 정확한 의사결정을 내릴 수 있게 되었다. 제조업 또한 상황이 다르지 않다. 자동화된 생산 라인에 AI기술을 적용하여 생산과정을 최적화하고 비용을 절감할 수 있게 되었으며, 제품의 품질 향상, 고객요구에 대한 대응 전략 등 그야말로 AI가 활용되지 않는 곳을 골라내는 게 더 빠른 시대가 되었다.

이렇듯 AI의 등장으로 인해 각계 전문분야에서는 기존과는 전혀 다른 새로운 가능성들이 열리고 있으며, 전문가들은 이러한 변화에 대응하기 위해 새로운 기술을 습득하고 적용하는 데 노력하고 있다. AI의 발전은 미래의 산업과 사회를 혁신적으로 변화시킬 것으로 예상되며, 이에 대비하여 전문가들은 AI와 관련된 지속적인 학습과 또 다른 혁신을 통해 미래를 준비하고 있는 것이 오늘날의 상황이다.

2. AI의 최전선이라 불렸던 미술분야, 그리고 "Stable Diffusion"

학습형 AI가 등장하면서 가장 먼저 뜨거워졌던 전문분야 중 하나가 바로 미술계였다. "영감"과 "재능"이 있어야만 뛰어들 수 있는 분야로 여겨졌던 미술계가 학습형 AI의 등장과 함께 누구든 AI에 대한 이해만 있으면 "영감"이나 "재능"과 상관없이 일정 수준 이상의 결과물을 만들어 낼 수 있는 상황이 된 것이다. 수많은 학습형 AI모델들이 쏟아져 나와 연일 대중의 관심을 끌었지만, 그 중 가장 화제가 되었던 모델은 단연 "Stable Diffusion"이었다. 이 학습형 AI는 텍스트 및 이미지 프롬프트에서 고유한 실사 이미지를 생성하는 생성형 인공 지능모델이다. 실제와 거의 구분할 수 없을 정도로 현실적인 미술품을 창작해 낼 뿐만 아니라. "Web UI"라는 PC용 프로그램을 설치하면 본인이 원하는 그림체를 학습시켜 고유의 그림체를 가진 미술작품을 창작해 낼 수도 있다. 이러한 무한한 가능성 때문에 Stable Diffusion이 처음 공개되자마자 AI그림에 관련된 온라인 커뮤니티는 연일 뜨겁게 달궈졌다. 필자도 그런 격변의 흐름 속에 있었던 1명이었다.

사실, 필자가 AI그림에 푹 빠지게 된 계기는 조금 기구하다. 시간을 거슬러 중학교 1학년의 미술시간, 미술선생님은 1학기 실기평가로 본인이 직접 그려 만든 DIY필통제작을 과제로 내주었다. 모두가 저마다의 창작의 시간을 가지고 있을 시간에, 필자는 머리를 움켜쥐고 책상에 앉아만 있었다. 어린 시절부터 그림을 못 그리는 걸로 유명했던 필자는, 유치원에서 사과를 까맣게 칠해 어머니를 원장실로 호출하여 선생님과 진지하게 정신과 상담을 논의하게 하는 웃지 못 할 일도 있을 만큼 그림에 재능이 없었다. 유년시절 내내 그림은 자기의 영역이 아니라고 생각하고 그림을 그려야 하는 상황이 오면 겁부터 났던 필자에게 중학교 1학년의 필통제작 과제는 그야말로 절망적인 시련 그 자체였다. 일주일의 과제시간 동안 결국 그림다운 그림을 그리지 못한 필자는 궁여지책으로 급우들의 서명을 받은 종이로 필통을 꾸며 제출했고, 미술 선생님은 모두가 보는 앞에서 필자가 만든 필통을 얼굴에 집어던져버렸다. 당시에는 친구들 앞에서 굴욕을 준 선생님이 원망스럽기도 했지만, 어른이 된 지금은 그 선생님의 마음이 조금 이해가 가기도 한다. 그 만큼 필자의 미술적인 재능이 형편 없었기 때문이다.

　사춘기 시절의 상처를 뒤로 하고 성인이 된 후에도 마찬가지였다. 그리기나 꾸미기 등 미술적인 재능이 필요한 상황이 생길 때마다 필자는 필사적으로 도망쳤고 도망치지 못했을 땐 사람들의 비웃음을 사게 되었다. 그렇게 미술이라는 영역은 자연스럽게 필자에겐 두려움의 대상이 되었다.

　그러다 필자도 결혼을 하고 두 딸의 아빠가 되었다. 여느 집이 그러하듯 필자도 아이들에게 못하는 게 없는 초능력자 아빠이고 싶은 마음이었다. 부서진 장난감을 고치고, 어려운 문제를 풀고, 맛있는 요리도 배워 아이들을 즐겁게 해주었지만, 미술 분야만큼은 그러질 못했다. 하루는 아이들과 함께 즐기기 위해 깜짝 선물로 필자가 직접 만든 보드게임을 준비했지만, 아빠가 그리고 만든 보드게임을 본 아이들은 난감한 표정을 지어보였다. 아빠가 실망할 까봐 싫은 내색을 하지는 못했지만, 자연스럽게 그 보드게임은 수납장의 어두운 곳으로 영영 떠나고 말았다.

　그런 필자에게 한줄기 빛이 되어 다가온 것이 바로 학습형 AI 프로그램이었다. 미술적인 재능이 없어도 전문가 수준의 그림을 만들어 낼 수 있는 프로그램. 호기심으로 프롬프트를 입력하여 첫 번째 AI 그림이 출력되는 순간, 필자는 만세를 외쳤다. 그 동안 그림으로 받았던 고통과 상처들이 한 번에 씻겨지는 기분이 들었다. 그림을 그릴 필요가 없었다. 컴퓨터에게 설명만 잘하면 내가 원하는 그림들이 짧은 시간 안에 10장이고 20장이고 그려졌다. 그렇게 AI그림에 몰두한 필자는 어느새 학습형 AI인 Stable Diffusion을 능수능란하게 다룰 수 있게 되었고, 다시 한 번 아이들과 함께 즐기기 위한 DIY 보드게임의 제작에 도전하게 되었다.

3. 미술에 잼병인 아빠의 보드게임 제작기

이제부터 필자는 학습형 미술 AI 프로그램인 Stable Diffusion을 이용한 보드게임 제작기를 공유하고자 한다. 제작 과정을 통해 Stable Diffusion의 사용방법을 독자들과 공유하고, 미술과는 악연밖에 없었던 필자가 어떻게 "미술공포증"을 극복했는지를 보여주고 싶은 마음에서다. 해당 챕터에서는 필자가 어떻게 보드게임의 컨셉을 짜고, 규칙을 개발하고, 게임에 사용되는 이미지들을 생성했는지에 대해 최대한 자세하게 설명하도록 하겠다. 우선 가장 처음으로 AI에게 보드게임 제작에 필요한 구성요소들에 대해 물어보았다. 그리고 그 대답은 다음과 같았다.

1) 게임 아이디어 개발:
- 게임의 주제와 목적을 정의합니다. 어떤 이야기를 전달하고 어

떤 경험을 제공할 것인지 고려합니다.
- 게임의 규칙을 고안하고, 이를 통해 어떤 전략이나 상호 작용이 이루어질지를 고민합니다.

2) 게임 보드 디자인 :
- 보드의 크기, 형태, 그래픽 디자인, 색상 등을 결정합니다.
- 필요에 따라 여러 부분으로 나뉘어진 보드 섹션을 고려할 수 있습니다.

3) 게임 조각 및 토큰 제작 :
- 플레이어들이 사용할 조각이나 토큰을 디자인하고 제작합니다.
- 이 조각들은 주제나 게임의 세계관과 일치하도록 만들어져야 합니다.

4) 규칙서 작성 :
- 게임을 설명하고, 플레이어들이 게임을 시작하고 진행하는 방법을 상세히 안내하는 규칙서를 작성합니다.
- 규칙서는 명확하고 이해하기 쉬워야 합니다. 그림이나 예시를 활용하여 보다 명확하게 설명할 수도 있습니다.

5) 플레이테스트 및 조정 :
- 게임을 실제로 플레이하여 문제점을 발견하고 개선합니다.
- 다양한 플레이어들의 의견을 수용하여 게임을 조정하고 균형을 맞춥니다.

6) 생산 및 유통 계획 :
- 게임의 생산과 유통에 필요한 자금, 재료, 제조 업체 등을 결정합니다.
- 게임을 마케팅과 판매 채널을 고려하여 유통 전략을 수립합니다.

마지막의 마케팅과 판매를 제외한 모든 항목들이 필자에게 필요한 과정이었다. 처음부터 차근차근 만들어 나가보기로 하였다. 가장 먼저 고민했던 부분은 역시 보드게임의 컨셉이었다. 보드게임을 좋아하는 사람들은 쉽게 공감할 테지만, 보드게임 시장에서 주목받는 제품은 첫 번째가 컨셉과 디자인, 두 번째가 게임의 반복성이다. 첫 인상에서 게임에 몰입할 수 있도록 하기 위해서는 멋진 디자인과 흥미로운 컨셉이 가장 필요한 법이다. 그리고 반복해서 플레이해도 지루하지 않게 만드는 게임의 규칙과 적당한 불규칙성이 조화를 이룰 때 흔히 말하는 명작이 탄생하곤 한다. 그래서 필자는 게임의 컨셉에서부터 공을 들여보기로 했다.

필자의 두 딸은 모두 아기 때부터 하고 싶은 것이 많았다. 매일 저녁이 되면 아직 못 다한 놀이와 못 읽은 동화책이 아쉬워 쉽게 잠들지를 못했다. 청소부, 권투선수, 아이돌 가수 등 다양한 직업을 꿈꾸며 자란 딸들은 서로에게 동기부여를 주고 받으며, 때론 친구로, 때론 경쟁자로 지내며 어느새 중학생과 초등학교 고학년생이 되었다. 그런 딸들을 바라보며 필자는 둘이 늘 라이벌 같다는 생각을 하곤 했다. 그리고 생각이 거기에 미쳤을 때, 보드게임의 컨셉과 가제가 정해졌다.

4. "가제 : 라이벌 시스터즈" 의 탄생

뜬금없지만, 핏줄이란 참 묘한 법이다. 세상에서 가장 귀한 보석에 비유하기도 하고 철천지 원수에 비유하기도 한다. 매일 마주 앉아 식사하고 한 공간에서 잠을 자다보니 서로의 희노애락을 모두 공유할 수밖에 없다. 큰 아이가 고대하던 소풍이 속상한 일들로 엉망이 되면 모두 한자리에 모여 위로를 해주기도 하고, 작은 아이가 피아노 콩쿨에 나가 긴장한 탓에 마네킨같은 몸짓으로 퇴장하는 모습을 이야기하며 배꼽을 잡고 웃기도 한다. 그렇게 서로에게 조금씩 혹은 상당하게 영향을 주고 받으며 가족은 성장한다. 그런 생각에서 출발한 보드게임의 가제목이 바로 "라이벌 시스터즈"였다. 그렇게 제목을 결정한 보드게임 : 라이벌 시스터즈의 기본적인 컨셉에 대해 AI에게 물어보기로 했다. 아래는 경쟁심 많은 두 자매의 대결구도를 중점으로 게임의 컨셉을 잡아달라는 질문에 대한 답변이다.

자매간의 경쟁 : 이 항목은 게임의 핵심적인 부분을 이룹니다. 자

매간의 경쟁은 게임의 진행을 주도하고, 플레이어들에게 흥미로운 상황을 제공합니다.

경쟁적인 시나리오 설정 : 게임은 다양한 경쟁적인 시나리오를 제공합니다. 예를 들어, 자매들이 서로 다른 직업을 체험하며 가장 뛰어난 실력을 발휘하는 것이 목표가 될 수 있습니다. 또는 가족적인 사건에 대한 의견 차이나 경쟁적인 이벤트를 다룰 수도 있습니다.

전략적인 선택과 도전 : 플레이어들은 자신의 자매를 대표하여 다양한 도전에 참여하게 됩니다. 이 때, 전략적인 선택이 중요하게 됩니다. 어떤 직업을 선택할 것인지, 어떤 능력을 사용할 것인지 등을 신중하게 결정해야 합니다.

승부의 결과와 보상 : 경쟁이 끝난 후에는 승부의 결과와 보상이 주어집니다. 이는 자매간의 상호작용을 더욱 풍부하게 만들어줍니다. 승자는 자신의 자매에게 영향을 줄 수 있는 기회를 얻게 되고, 패배자는 다음 경쟁에 대비하기 위해 노력할 수 있습니다.

이러한 방식으로 "자매간의 강렬한 경쟁"을 디자인하면, "라이벌 시스터즈"의 게임플레이가 더욱 흥미롭고 도전적인 경험을 제공할 수 있을 것입니다.

꽤 그럴듯한 보드게임의 컨셉이 잡혔다. AI의 답변을 참고하여 보드게임의 틀을 정해보기로 하였다.

우선 승부를 정하는 방식은 흔히 TCG(Trading Card Game)라고 불리는 카드배틀게임으로 정했다. 1:1 승부를 겨루는 게임에서 가장 흔히 쓰이는 방식이면서, 카드 개별의 디자인적인 요소가 강하게 부각되는 측면이 있기 때문에 AI를 활용해 카드를 디자인하기로 했던 필자의 의도와 잘 맞아 떨어졌기 때문이다. 그 다음으로 정해야 하는 게 배경판, "보드게임"의 정체성인 "보드(Board)"였다. 각 분야의 전문적인 직업을 주제로 카드를 만들기로 하였으니, 게임의 배경이 되는 보드는 직업과 관련된 환경으로 하면 좋지 않을까 하는 생각이 들었다. 이 역시 AI의 힘을 빌려보기로 했다. 현재까지 인류가 가졌던 전문직업과 그에 대응하는 직업의 공간을 나열해달라는 명령을 하자, 소방관-화재현장, 교사-학교, 연구원-연구소 등 셀 수 없이 다양한 직업과 그에 대응하는 공간들이 출력되었다. 남은 건 게임에 쓰일 "직업"과 "직업환경"만 추려내 목록을 뽑아내기만 하면 끝이었다.

5. 게임의 규칙 개발

중요한 파트가 시작되었다. 보드게임에서 그래픽적인 부분이 첫인상과 호기심에 영향을 끼친다면, 게임의 규칙은 "계속성"에 중요한 영향을 끼친다. 게임의 규칙이 너무 단순하면 몇 번의 플레이만에, 심할 경우 단 한번만으로 그 게임의 수명은 다하고 마는 경우가 생기게 된다. 그렇다고 게임의 규칙이 너무 복잡하면, 게임을 시작도 하기 전에 지쳐 떨어져 나가고 만다. 그래서 게임 규칙의 난이도 설정과 규칙의 참신함은 보드게임을 제작하는 데 있어 핵심요소가 된다.

좀 우스운 애기지만, 필자의 두 딸은 모두 유년시절에 사칙연산을 몹시 싫어했다. 학습지를 풀면서 괴로움에 온몸을 비틀던 뒷모습을 지금도 아내와 종종 이야기하며 웃곤 한다. 그러한 아이들이 숙제가 아닌 놀이로 사칙연산을 접할 때엔 거부감이 덜하다는 것을 알게 된 후로, 필자는 아이들과 놀이를 할 때 항상 무언가를 계산하는 방식으로 유도하는 습관이 생기게 되었다. 당연히 이번에 만들게 된 보드게임에도 그러한 특성을 집어넣고 싶었다. 보드(Board)가 되는 직업환경카드 위에 자신이 가지고 있는 직업카드들을 나열하고, 그 때 발생하는 카드마다의 부가적인 효과들을 사칙연산으로 계산해 점수가 높은 쪽이 승리하는 것으로 기본 규칙을 정해보았다. 그렇게 만든 규칙으로 가상게임을 진행해본 뒤 오류가 있는 규칙들을 수정하여 최종적인 규칙을 완성하게 되었다.

6. 카드 삽입용 그림의 제작 - 일반 프롬프트와 네거티브(Negative) 프롬프트

앞서 설명한 바와 같이, 필자에게 AI의 도움이 가장 절실한 부분이 바로 "그래픽"부분이었다. 제작하기로 했던 직업카드와 직업환경 카드에 삽입될 이미지를 생성하는 과정에서 앞서 설명한 Stable Diffusion을 이용하기로 했다. 생성형 AI들이 모두 그러하듯이, Stable Diffusion을 이용해 이미지를 생성할 때 가장 중요하게 여겨지는 것이 바로 프롬프트(Prompt)이다. "프롬프트"란 인공지능 모델에게 특정 작업을 수행하도록 지시하기 위해 입력하는 텍스트를 지칭한다. AI모델이 이해할 수 있는 적절한 프롬프트를 결정하는 것이 AI 활용에 있어 얼마나 중요한지는 이미 AI를 사용해본 사람이라면 충분히 공감할 것이라 생각한다. 다음은 필자가 AI를 사용하면서 익히게 된, 프롬프트 작성 시 유의할 점과 고려사항에 대해 정리한 내용이다.

1) 명확하고 구체적으로 작성하기
- 구체적인 설명: 추상적이거나 모호한 표현보다는 구체적이고 명확한 설명이 모델이 더 나은 이미지를 생성하는 데 도움이 된다. 예를 들어, "아름다운 풍경"보다는 "푸른 하늘 아래 초록빛 초원이 펼쳐진 풍경"이 더 좋은 결과물을 만들어 낼 수 있다.

2) 모호성 피하기
- 다의어 주의: 하나 이상의 의미를 가진 단어는 피하는 것이 좋다. 예를 들어, "bat"는 동물인 박쥐와 야구 방망이를 모두 의미할 수 있으므로 문맥에 따라 혼동될 수 있다.

- 명확한 문장: 긴 문장이거나 복잡한 문장은 AI가 이해하기 어려울 수 있다. 명확하고 단순한 문장 구조를 사용하는 것이 좋다.

3) 적절한 형용사와 부사 사용

- 형용사와 부사를 적절하게 사용해 이미지를 더 구체적이고 생생하게 만들 수 있다. 예를 들어, "작은 고양이"보다는 "귀여운 작은 고양이"가 더 나은 결과를 도출할 수 있다.

4) 대상과 맥락

- 프롬프트에서 대상과 그 맥락을 명확히 해야 한다. 예를 들어, "고양이가 있는 풍경"보다는 "노을지는 바다를 배경으로 한 커다란 나무 아래 앉아 있는 고양이"와 같이 구체적으로 작성하는 것이 좋다.

5) 실험과 조정

- 한 번에 완벽한 프롬프트를 작성하는 것은 쉽지 않다. 여러 번 시도하면서 결과를 확인하고, 필요한 조정을 반복해 원하는 결과를 얻도록 노력한다.

- 만약 원하는 결과가 나오지 않는다면, 프롬프트를 약간 변경하여 다시 시도해보는 것이 좋다.

6) 모델의 한계 이해하기

- 모델이 모든 종류의 이미지를 완벽하게 생성할 수 있는 것은 아니므로, 현실적인 기대를 가지는 것이 좋다. 지나치게 복잡한

장면이나 구조적인 이미지보다는 상대적으로 단순한 주제가 더 좋은 결과를 도출할 수 있다.

7) 예제 프롬프트
- 구체적이고 명확한 프롬프트: "푸른 하늘 아래에서 산 정상에 있는 작은 오두막집"
- 장소와 맥락이 담긴 프롬프트: "큰 창문 옆에서 책을 읽고 있는 사람이 있는 아늑한 방"
- 기술적 상세를 포함한 프롬프트: "밤 하늘의 은하수를 배경으로 한 현대적인 건물의 사진"

이러한 일반 프롬프트를 어느정도 익혔다면 다음엔 네거티브(Negative) 프롬프트를 학습할 차례다. 네거티브 프롬프트란 AI모델이 출력할 내용에 대한 제약을 더해주어, 사용자가 원하지 않는 결과를 걸러내기 위한 도구이다. 즉, 일반 프롬프트는 "생성"을, 네거티브 프롬프트는 "제거"를 하는데 사용한다고 생각하면 되겠다. 예를들어, "도시 전경의 아름다운 풍경"이라는 일반 프롬프트에 "건물에 그래피티가 있거나 낡은 건물의 모습은 피할 것"이라는 네거티브 프롬프트를 입력하면 최종적으로 "건물에 그래피티가 없고 낡아 있지 않은 도시 전경의 아름다운 풍경"이 입력되는 것이다. 네거티브 프롬프트를 작성할 때도 일반 프롬프트 작성 시의 유의사항을 참고하면 좋다.

7. 이미지의 세부 조정 - 인페인팅(Inpainting)

생성된 이미지가 바로 내가 원하는 결과물일 수도 있지만, 그렇지 않은 경우가 더 많을 것이다. 내 머리속에 상상했던 이미지의 모든 요소 하나하나를 프롬프트로 만들기도 쉽지 않을 뿐더러, 모든 프롬프트를 입력했다고 가정해도 AI가 내가 원하는 결과물을 정확하게 이해할 확률이 높지 않기 때문이다. 따라서 이미지의 기본적인 틀이 어느정도 내가 원하는 결과물에 부합한다면, 세부적인 부분을 조정하여 내가 원하는 결과물에 최대한 가깝도록 수정할 수 있다. 그러한 기능이 바로 인페인팅(Inpainting)기능이다.

인페이팅 기능을 이용하는 과정은 다음과 같다.

1) 이미지 준비
- 앞서 텍스트를 기반으로 생성된 이미지를 준비한다.
- 이미지를 로드하고, 인페인팅 작업을 위해 사용할 적절한 형식 (PNG, JPG 등)으로 저장한다.

2) 수정할 영역 선택
- 이미지에서 수정하고자 하는 영역을 선택한다. 일반적으로 포토샵의 브러시와 같은 인터페이스를 갖는다.

3) 텍스트 설명 작성

- 어떤 방식으로 이미지를 수정할지 텍스트 설명(프롬프트)을 작성한다. 예를 들어, "여기에 고양이를 추가" 또는 "배경을 더 푸르게 변경"과 같은 구체적인 설명을 작성한다.

4) 모델 실행 및 수정

- 인페인팅 기능을 실행하여 선택된 영역이 텍스트 프롬프트에 따라 어떻게 수정되는지 확인한다.

5) 결과 확인 및 추가 수정

- 수정된 이미지를 확인하고, 원하는 대로 수정되지 않았다면, 프롬프트를 조금 변경하거나 선택 영역을 다시 설정하여 반복 작업을 수행한다.

인페인팅의 기능을 조금 더 쉽게 설명하자면, 이미 만들어진 이미지의 특정 영역만을 재생성하는 단계라고 말할 수 있겠다. 우리가 직접 그림을 그릴 때 전체적인 구상도를 먼저 그리고 그 위에 세부적인 그림을 덧칠하는 과정과 비슷하다고 보면 된다.

그렇게 한 장, 한 장, 필자가 기획했던 보드게임의 구성카드들에 삽입될 이미지를 생성해 나갔다. 양이 방대하긴 했지만, 나오는 결과물들을 아이들과 공유하고 아이들이 원하는 방향으로 수정하는 과정 자체가 아이들의 성향이나 취향을 이해할 수 있는 좋은 교감의 시간이 되었다. 그렇게 게임에 삽입될 모든 이미지들을 생성하고 난 후, 필자는 이미지들을 문서파일로 만들어 인쇄소로 향했다.

8. 제작과 사용 후기

인쇄소에서 보드게임에 적합한 용지를 선택해 인쇄를 하고 난 후, 절단을 하고, 케이스를 만들어 위치에 맞게 카드들과 주사위, 게임말 등을 정리하자, 마치 전문제작업체에서 만든 것 같은 그럴듯한 모양이 나왔다. DIY보드게임 "라이벌 시스터즈"의 탄생이었다. 학창시절 미술선생님에게 받은 모욕감이 깨끗하게 사라질 정도의 성취감이 느껴졌다. 두근거리는 마음으로 아이들에게 선물을 하였고, 아이들은 세상에 단 하나밖에 없는 보드게임을 플레이하며 너무나도 즐거워했다. 자신들을 모델로 하여 만든 주인공 캐릭터 덕분인지, 게임에 더 많이 몰입하였고, 우스갯소리지만, 많이 몰입하는 만큼 플레이 도중 하게 되는 사칙연산도 즐거운 표정으로 하는 모습을 보면서 필자 역시 많은 즐거움을 느낄 수 있었다. 아빠를 향해 엄지를 치켜세워주는 아이들을 바라보는 것보다 아빠로서 뿌듯한 순간이 있을까? 아이들에게 더 많은 즐거움을 주도록 노력해야겠다는 다짐을 하게 된 소중한 경험이었다.

에필로그

AI의 무한한 가능성 - 동화, 소설, 음악 등의 연계와 결합

필자는 현재 또 다른 보드게임제작을 마무리하고 있다. 앞서 제작한 게임의 직업에 "탐정"이라는 직업이 있었는데, 그 때 제작된 탐정 캐릭터를 그대로 이용하여 추리게임을 만들면 좋을 것 같다는 생각에서 출발한 작업이었다. 이른 바 "스핀오프(Spin-off)"다. 이번에 제작되는 보드게임에는 많은 캐릭터들이 등장하고 그 캐릭터들은 모두 필자의 가족들을 모델로 해서 만들었다. 명절에 온 가족이 모여 필자가 제작한 보드게임을 플레이하며 다 같이 즐거운 시간을 보내는 모습을 목표로 제작에 몰두하고 있다. 이 작업이 마무리 된 후에는 기존에 만들어진 캐릭터로 소설제작까지 도전해 보려고 한다. 소설의 챕터마다 분위기에 맞는 음악을 AI로 생성해 배경음악으로 들으며 읽는 체감형 소설제작이 목표다. 이처럼 생산형 AI는 전문분야로만 느껴졌던 창작분야에서 두각을 나타내며 필자처럼 재능이 없다고 생각하며 살아온 사람들에게 새롭고 무한한 가능성을 제공해주고 있다. AI를 사용해 보드게임을 제작하면서, 필자는 AI와 함께하는 미래가 효율적이고, 창의성이 넘치는 세상이 될 거라는 확신을 가지게 되었다. 이 글을 읽는 독자들도 필자처럼 정복하지 못했던 분야를 AI를 통해 새롭게 도전해보는 계기를 갖게 되기를 바라며 글을 마친다.